吟遊的鳥

沈 定 濤 著

文 學 叢 刊
文史哲出版社印行

國家圖書館出版品預行編目資料

吟遊的鳥 / 沈定濤著 -- 初版 -- 臺北市：
文史哲, 民 102.12
頁; 公分（文學叢刊；311）
ISBN 978-986-314-163-1（平裝）

855　　103000012

文學叢刊 311

吟遊的鳥

著者：沈定濤
出版者：文史哲出版社
http:// www.lapen.com.tw
e-mail：lapen@ms74.hinet.net
登記證字號：行政院新聞局版臺業字五三三七號
發行人：彭正雄
發行所：文史哲出版社
印刷者：文史哲出版社
臺北市羅斯福路一段七十二巷四號
郵政劃撥帳號：一六一八〇一七五
電話886-2-23511028・傳真886-2-23965656

定價新臺幣五八〇元

中華民國一〇二年（2013）十二月初版

ISBN 978-986-314-163-1　　09311

吟遊的鳥

目 次

吟遊的鳥

過去二十多年來，有好幾次，埋頭搜尋教材、或信手翻閱年輕時代使用過一本原文教科書時，早年在美國修讀「古英語」課程一份期末考卷，常會不經意地從老舊厚重讀本滑落出來！

8 copies

Ding-Taou Sheen

Eng 524 Old English
Final Examination

Part I. Grammar

1. Give meaning and the missing principal parts for the following:

1. ______ gewāt ______ ______ ______
2. weorþan ______ ______ ______ ______
3. gelimpan ______ ______ ______ ______
4. ______ ______ ______ bunden ______
5. brecan ______ ______ ______ ______
6. cēosan ______ ______ ______ ______
7. ______ ______ stōdon ______ ______
8. onfōn ______ ______ ______ ______
9. grōwan ______ ______ ______ ______
10. ______ healp ______ ______ ______

2. Give the past singular and past participle of:

a) lufian

b) sēcan (or sēcean)

c) fēran

3. A. Give the singular forms of sē, sēo, and stan.

B. Give the plural forms of hē and noma (or nama)

C. Give the 3rd person singular present forms of witan, magan, mōtan and sculan.

D. Give the 3rd " " past " " magan, mōtan, and sculan.

E. Give the masculine singular, accusative, strong and weak adjective forms of gōd.

Part II. Translation. Translate any two passages into good modern English, altering word order when necessary. Do not change tenses, voices, numbers or moods unless there is a very good reason for doing so.

1. Swā ic modsefan　　minne sceolde
oft earmcearig　　ēðle bidæled
frēomǣgum feor　　feterum saelan,
siþþan gēara iū　　goldwine mīnne
hrūsan heolster bewrāh,　　and ic hēan þonan
wōd wintercearig　　ofer waþema gebind,
sōhte sele-drēorig　　sinces bryttan.

2. Ðā ic ðā ðis eall gemunde, ðā wundrade ic swiðe swiðe ðāra gōdena wiotena ðe giū wǣron giond Angelcynn, ond ðā bēc ealla be fullan geliornod hæfdon, ðæt hīe hiora ðā nænne dǣl noldon on hiora āgen geþīode wendan. Ac ic ðā sona eft mē selfum andwyrde, ond cwæþ:"Hīe ne wēndon ðætte ǣfre menn sceoldon swā recceleāse weorþan and sīo lār swā oðfeallan: for þǣre wilnunga hīe hit forlēton, ond woldon þæt hēr ðȳ māra wisdom on londe wǣre ðȳ wē mā geþēoda cūðon."

3. And þǣr is mid Estum þēaw, þonne þǣr bið man dēad, þæt hē līð inne unforbærned mid his māgum and frēondum mōnað, gē hwīlum twēgen; and þā cyningas, and ðā oðre hēahðungene men, swā micle lencg swā hī māran spēda habbaþ, hwīlum healf gēar, þæt hī bēoþ unforbærned and licgaþ bufan eorðan on hyra husum. And ealle þa hwīle þe þæt līc bið inne, þær sceal bēon gedrync and plega, oð ðone dæg þe hī hine forbærnað. Þonne þy ylcan dæge þe hī hine tō þæm āde beran wyllaþ, þonne tōdǣlaþ hī his feoh.

一、

今夕是何年？

二月。電話鈴聲響起。好友：「我想開溜去賞桃花，路被樹下一輛手推車擋住。回頭一看，一座小黏土座上，盤著一條小蟒蛇。蛇身是兩層顏色，下層翠綠，上層金黃。另一堆土座上盤著兩公尺長，下翠上金，一模一樣的大蟒蛇。醒來後，想會兒，這是好預兆。蛇年行大運。」

猶記。側目，聽聞第一聲蛙鼓蟲鳴天籟合奏曲那個夜晚，是去年三月二十一日晚上八點三十分左右。那時候，剛闔上拜倫詩集，跨出人文社會學院圖書館，一腳踏進夜空下清華園，仰望月空。

沒幾天，朦朧中，不知何時？側耳，鳥啾聲，不可思議像似一群群，不間斷地一波接著一波傳入枕上耳畔。輾轉間，思忖，難不成精靈已悄然溜走、夜已逝？屬於人間的黎明序曲已登場？

「一夜，就這樣從記憶裡褪去？」

「怎麼忽然有這麼多鳥聲此起彼落，喧鬧於春曉？」

這些疑問盤旋腦際。

帶著一夜未好眠，猶疑，半睡半醒。最終，毅然起身，不顧任何後果，略帶悲壯！

醒過來，心境迴轉，「為何不接受鳥喚催邀？」於是，休閒短衫短褲，外披一件薄毛衣外套，推開木門，望向園子，想一探這究竟是錯覺？還是確實是群鳥，而非落單三、兩隻？快聽！陣陣、綿密麻麻眾鳥華麗叫喚聲，來自於眼前綠地樹叢枝葉間。固然驚喜。鮮豔彩鳥呼朋引伴，約三、四十隻興致勃勃地到訪，「稀客！稀客！」受寵若驚，但為何不見平時或日或夜都安安靜靜、棲息於綠園黑冠麻鷺——樸實度日好鄰居，躲到哪兒去了？

眼前，難得眾鳥聚集而成壯麗景象。想到萬物養育群生，飛鳥樂在水畔棲息、在樹枝上啼鳴。雀鳥在佳美、盈滿汁漿的黎巴嫩香柏樹上搭窩，鶴鳥在松樹上築巢。

目不轉睛大飽眼福，消磨了十來分鐘。不知哪隻領導帶頭一聲清脆吆喝，一溜煙，整批彩羽大軍拍翅升飛，棄我揚長而去。一時間，空中優雅長波弧線律動，宛如閃爍流金，似精靈。牠們帶走了沸騰，留下無痕，頓時，小園重回寧靜如昨，撇下佇立樹籬邊的我。

一排澄黃、螢白交錯路燈，仍盡忠職守挺直腰桿兀自地亮著。眼看，含蓄天光悄悄亮開了。

無風樹靜。破曉序幕，預告著大地將會有一個晴朗舒適的春日，四月十九日。

瞧！昨夜睡前原本鉛黑天空，如今漸漸轉成為濃灰，淺灰藍，淺藍，終至正藍晨天。

幾天後，朋友來信說，四月，一隻羔羊斷奶，一道寒氣將牧羊女眼中嫣紅蘋果帶走！至於貓，卻在一場梅雨花叢間，以一種從容步態閑逛，悠然自得。

二、

夏天第一個節氣，萬物至此蓬勃滋長，五月六日這天，立夏。

立夏後，曙光時辰提前了，太陽落山延後了；晝長夜短，氣象先是濕悶、梅雨季，然後逐漸演進炎熱炙夏。

依稀記得，十九世紀，隱沒在美國麻州鄉間詩人曾寫下：「希望，是個帶著羽毛的東西。」日月星辰流轉。何時？我開始夢想著像一位遊唱詩人，踏足天之涯、海之角，去尋找存在感，去躬耕一畝清輝，認同自我價值。

寡歡地，像一隻棲息在曠野中一口千年古井裡青蛙，意識到心靈僵化、想像侷限，和人生有限。

交大宿舍九龍新村，紗窗門外寧靜青草地，常常被人漠視、視而不見？更遑論會想像出風吹腳步經過，所揚起綠波時，瞧見一位隨心所欲改變自己面貌海神 Proteus，從綠色海面升起。又在那片深綠裡，彷彿聽到人身魚尾老海神 Triton，悠悠吹響海螺號角，不但瞬間能綠海波濤洶湧，也能剎那間使綠波平靜。這些希臘神話創意想像，就連桂冠詩人華茲華斯亦神往不已？

面前，河流默默隱入汪洋大海。至此，河水原先娉婷風姿和身分，終將稀釋、消失得無影無蹤，河海合一。古代希臘神話竟會想像出一篇淒美愛情故事：河神苦苦追求山林中仙女，這時，一向崇尙貞潔的月神，爲了幫助仙女逃脫糾纏，把她化爲泉水。多情河神見狀，遂將自己化成河流往前奔騰，終與泉水會合。巴望兩條心鎖在一起，連結成一條心！一段鳳求凰創意劇情，確爲神來之筆。

曠野沙漠。一口井。這些，感官上單調、平庸，又了無生趣。

一天，美麗如天邊彩虹的彩鳥，悠然地飛降，停歇井邊。

「簡直就像是一隻天堂鳥！」我從井底抬頭仰望，驚嘆連連。

聽完俗人喋喋訴苦，天堂鳥瞪大雙眼、十分訝異竟然有人對曠野和古井嘮叨與無知。牠以一種不以爲然口吻：「曠野和水井，可都是和人生有關。」看出我眼眸流露一絲困惑，天堂鳥於是接著解釋道，曠野和水井就好像中國書法一樣，在在表現出某種意涵。「不是有人說，寫字原是一種記事形式、技法、一種視覺。一旦寫進書法中，唯有放進書寫者情感抒展、心情抒發和文學抒情，且照明那早已消沈在時間沙流中歷史人物、事件的生命情境後，方孕育出書法藝術中靈魂與內涵？王羲之的蘭亭序，不就如此？」

天堂鳥又言：「所以說，曠野是一種文化，水井是一個時代氛圍！環顧，周遭其他如皂莢木、橄欖樹，葡萄園、葡萄樹和無花果樹等等;連紅海、約旦河又何嘗不沾附著人文情韻？」

欽羨仰慕天堂鳥，忍不住對牠說：「真想飛！展翅上騰，遨遊五湖四海，穿梭古今，如你。我願是一隻吟遊的鳥！看見美夢……」又嘮叨幾句：「強壯的羽翅，飛到陌生地。盤旋，想見識更多景象，好去淺嚐寫意滋味。」「我可不在乎僅能覓食穀類和馬鈴薯，也不怕旅途上風塵。」

禁不住哀求，天堂鳥終於心軟：

「人說，酒後寫字，才顯靈動自由。我說，在你苦苦請願裡，唯有虛心、全然孤獨和憂傷，你的魂魄或許依附海鳥身上，展翅，飛越不同時空……憂傷夢迴時所見，和醒來後所聞……」說到一半，旋即，天堂鳥想起一件事：

「你聽過，古英語詩歌『流浪者（The Wanderer）』中，描述一位日耳曼部落戰士，因爲無法面對一向慷慨賜予財富、黃金、美酒的首領陣亡，頓失依靠，而湧上滿腔孤舟風雪滿腹愁苦，無處可訴，四處飄泊？戰士深悟到變遷無常 lǣne（transitory、brief fleeting）的人生？」那是一位孤立、隔離所有人情交流、飽受苦痛的戰士景況。

不待我急欲追問，爲何要在憂傷情境？虛心是何意？天堂鳥繼續說：

「改天，送給你一對翅膀和一顆跳躍的心，孤零人的魂魄或許依附在海鳥上。讓我牽引你的心靈和記憶，好翱翔在故事的光和熱，親近誠實，經歷智慧。」

「故事？」

「故事從鳥語花香、瓜果滿枝的園子裡發生！園子內有咒詛和救贖。話說，在巴勒斯坦，葡萄是在九月收成，不久，雨季會來。葡萄園內，聞出葡萄香氣，也聞出忿忿不平抱怨聲。天國的故事好像一位家主，他從清晨就忙著，先後去雇人進入葡萄園工作。家主和工人講定一天一錢銀子，就打發他們進葡萄園去。晚上，園主給工人工錢，從後來的算起，依序到先來的爲止。後來的，各人得了一錢銀子。及至那先雇的來了，他們以爲必要多得，誰知也是各得一錢銀子。他們拿到工資，就抱怨家主：『我們整天勞苦受熱，那後來的只做了一小時，你竟叫他們和我們得一樣的工錢嗎？』家主回答其中一人說：『朋友，我不虧負你，你與我講定的不是一錢銀子嗎？拿走你的份吧！我給那後來的和你一樣，這是我情願。我的東西難道不可隨我的意思用嗎？因爲我作好人，你就紅了眼嗎？』這個在前的將要在後，在後的將要在前，這故事凸顯神的恩愛、慷慨，襯托出那先來人自以爲義、狹窄和嫉妒。伊甸園在園子裡，桃花源記在園子裡，西廂記也在園子裡發生。」

「啊！紗窗外，正是一片婆娑碧綠園子！」忍不住說出。

還來不及問天堂鳥：「說故事、寫故事的人，也像葡萄園裡的工人？同樣意味著有人說故事或前或後？」「一個會說故事的人，如招魂師，召喚聽者讀者進入昨天，重新回顧，接受古老靈魂的召喚？」等等好多其它疑惑。

牠自顧拋下幾句似懂非懂鳥語：「寒冬似憂傷，長翼伴你夢迴，憂傷進入夢境所見不僅是海鳥、海濤和冰雪。」欲言又止：「……醒來所見……」

不待說完，天堂鳥撲翅飛天。

返屋，迫不及待地在書架上翻找當年在美國上課使用過古英語課本。快速翻到三二四頁到三二九頁「流浪者」詩文，藉機重溫昔日筆跡和詩心。急促地翻閱古詩，試著尋找天堂鳥所提 lǣne，人生無常，這個字和前後詩句：

324 OLD ENGLISH POETRY

第一頁沒有讀到 lǣne 這個字。

It is not possible to decide with finality whether there are one or two speakers in the poem, nor where individual speeches begin and end, and there is no general agreement on these points. For the sake of simplicity we have assumed that "the wanderer" speaks everything except eight lines (1–7, 111) of authorial comment; furthermore that 92–96 are a speech within his speech. But this is theory only. Our paragraphing (like that of Dunning and Bliss) conforms to the use of small capitals in the MS, but it is well for the student to remember that the rhetorical structure of the poem is by no means self-evident and is far from being a matter of common agreement. While the student may adjust the quotation marks and paragraphing as his understanding of the poem prompts him, he should bear in mind the probability that arguments about the precise tailoring of these elegies to modern editorial conventions (and therefore preconceptions) are *īdel ond unnyt*, reminiscent of nothing so much as Procrustes' bed.

R. F. Leslie's edition, *The Wanderer* (Manchester 1965), contains a thorough treatment of most of the problems and has an excellent bibliography; the complementary edition of T. P. Dunning and A. J. Bliss, *The Wanderer* (London 1969), is particularly helpful on semantic and syntactic matters, as well as on larger questions of theme and structure. Serious students will also want to consult P. L. Henry, *The Early English and Celtic Lyric* (London 1966).

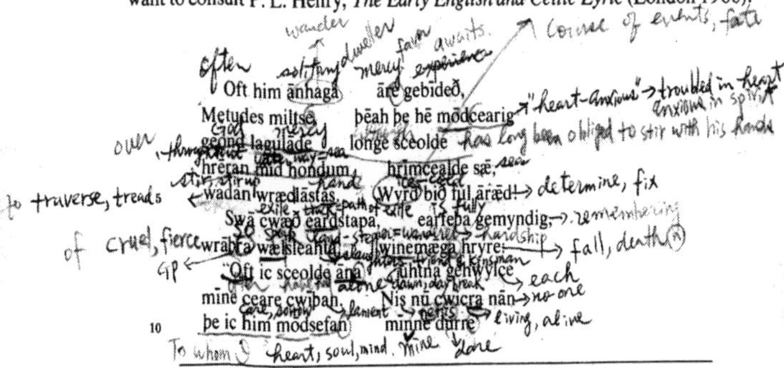

Oft him ānhaga āre gebīdeð,
Metudes miltse, þēah þe hē mōdcearig
geond lagulāde longe sceolde
hrēran mid hondum hrīmcealde sǣ,
wadan wræclāstas. Wyrd bið ful āræd!
Swā cwæð eardstapa, earfeþa gemyndig,
wrāþra wælsleahta, winemǣga hryre:
"Oft ic sceolde āna ūhtna gehwylce
mīne ceare cwīþan. Nis nū cwicra nān
þe ic him mōdsefan minne durre

1b **gebīdeð** Whether the word means "expects, awaits, seeks" or "experiences" is still a moot point (see *NM*, LXIX [1968], 172–75), though the distinction is crucial for our understanding of "the wanderer's" situation.

4a **hrēran mid hondum** A circumlocution for "to row."

6a **Swā** Both *The Wanderer* and *The Seafarer* exhibit the nonconjunctive use of *swā* and *for þon* which is characteristic of the homiletic rhetoric of the Blickling Homilies. In these homilies *swā* is often used to introduce quotations; cf. 9/7 n. and the examples in Ericson p. 9. We have followed this hint in punctuating the present passage, taking 1–5 as an authorial preface and 6 f. as introducing the quotation which follows.

7b **hryre** It is simplest to take this as acc. sg., the d.o. of *cwæð*, though it is also possible to regard it as a comitative dat. complement of *wælsleahta* ("battles accompanied by the fall of kinsmen").

10a **þe ic him** "To whom I. . . ."

第二頁翻過。

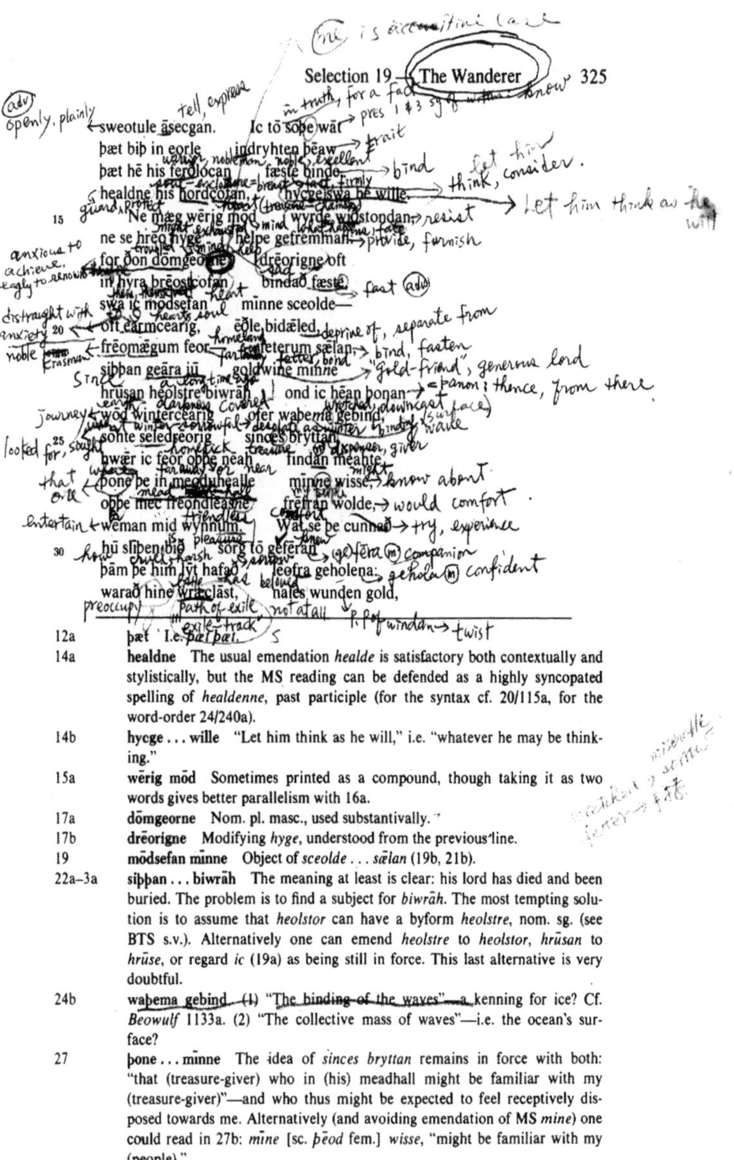

sweotule āsecgan. Ic tō sōþe wāt
þæt biþ in eorle indryhten þēaw,
þæt hē his ferðlocan fæste binde,
healdne his hordcofan, hycge swā hē wille.
Ne mæg wērig mōd wyrde wiðstondan,
ne se hrēo hyge helpe gefremman.
For ðon dōmgeorne drēorigne oft
in hyra brēostcofan bindað fæste;
swā ic mōdsefan minne sceolde—
oft earmcearig, ēðle bidæled,
frēomægum feor— feterum sǣlan,
siþþan gēara iū goldwine minne
hrūsan heolstre biwrāh, ond ic hēan þonan
wōd wintercearig ofer waþema gebind,
sōhte seledrēorig sinces bryttan,
hwǣr ic feor oþþe nēah findan meahte
þone þe in meoduhealle mine wisse,
oþþe mec frēondlēasne frēfran wolde,
wēman mid wynnum. Wāt se þe cunnað
hū sliþen bið sorg tō gefēran
þām þe him lȳt hafað lēofra geholena:
warað hine wræclāst, nales wunden gold,

12a **þæt** I.e. *þæt þæt*.

14a **healdne** The usual emendation *healde* is satisfactory both contextually and stylistically, but the MS reading can be defended as a highly syncopated spelling of *healdenne*, past participle (for the syntax cf. 20/115a, for the word-order 24/240a).

14b **hycge . . . wille** "Let him think as he will," i.e. "whatever he may be thinking."

15a **wērig mōd** Sometimes printed as a compound, though taking it as two words gives better parallelism with 16a.

17a **dōmgeorne** Nom. pl. masc., used substantivally.

17b **drēorigne** Modifying *hyge*, understood from the previous line.

19 **mōdsefan mīnne** Object of *sceolde . . . sǣlan* (19b, 21b).

22a–3a **siþþan . . . biwrāh** The meaning at least is clear: his lord has died and been buried. The problem is to find a subject for *biwrāh*. The most tempting solution is to assume that *heolstor* can have a byform *heolstre*, nom. sg. (see BTS s.v.). Alternatively one can emend *heolstre* to *heolstor*, *hrūsan* to *hrūse*, or regard *ic* (19a) as being still in force. This last alternative is very doubtful.

24b **waþema gebind** (1) "The binding of the waves"—a kenning for ice? Cf. *Beowulf* 1133a. (2) "The collective mass of waves"—i.e. the ocean's surface?

27 **þone . . . mīnne** The idea of *sinces bryttan* remains in force with both: "that (treasure-giver) who in (his) meadhall might be familiar with my (treasure-giver)"—and who thus might be expected to feel receptively disposed towards me. Alternatively (and avoiding emendation of MS *mine*) one could read in 27b: *mīne* [sc. *þēod* fem.] *wisse*, "might be familiar with my (people)."

31 **lȳt . . . lēofra geholena** Litotes.

ferðloca frēorig, nalæs foldan blǣd;
gemon hē selesecgas ond sincþege,
hū hine on geoguðe his goldwine
wenede tō wiste. Wyn eal gedrēas.
For þon wāt se þe sceal his winedryhtnes
lēofes lārcwidum longe forþolian,
ðonne sorg ond slǣp somod ætgædre
earmne ānhogan oft gebindað,
þinceð him on mōde þæt hē his mondryhten
clyppe ond cysse ond on cnēo lecge
honda ond hēafod, swā hē hwīlum ǣr
in geārdagum giefstōlas brēac.
"Ðonne onwæcneð eft wineleas guma,
gesihð him biforan fealwe wegas,
baþian brimfuglas, brǣdan feþra,
hrēosan hrīm ond snāw, hagle gemenged.
Þonne bēoð þȳ hefigran heortan benne,
sāre æfter swǣsne. Sorg bið genīwad
þonne māga gemynd mōd geondhweorfeð,
grēteð glīwstafum, georne geondscēawað.
Secga geseldan swimmað oft onweg;
flēotendra ferð nō þǣr fela bringeð
cūðra cwidegiedda. Cearo bið genīwad
þām þe sendan sceal swīþe geneahhe

34–57 It has recently been suggested that this moving evocation of the wanderer's haunted memories, dreams and fantasies is under heavy debt to a passage in St. Ambrose' *Hexaemeron* (*PL*, XIV, col. 275); see further Peter Clemoes, "*Mens absentia cogitans* in *The Seafarer* and *The Wanderer*," in *Medieval Literature and Civilization: Studies in Memory of G. N. Garmonsway*, ed. D. A. Pearsall and R. A. Waldron (London 1969), pp. 62–77.

37a–41a **wāt sē . . . ðonne . . . þinceð him** "He knows . . , (that) when . . , it seems to him." The syntax of this passage has caused much discussion, but this solution of Leslie's seems to take care of most of the problems.

42b–3a **ond on cnēo . . . hēafod** An ancient gesture of submission and homage; see *Íf*, II, 179 and n.

43b **swā** "Just as (when)."

44b **giefstōlas** For the late gen. sg. in *-as*, see SB ʃ237 Anm. 1.

47b **brǣdan feþra** Either "preening their feathers" or "spreading their wings."

49a–55a **Þonne bēoð . . . cwidegiedda** A very perplexing passage which has been interpreted and punctuated in a number of ways. Students will find a convenient summary of the problem and the many solutions in Leslie's notes to these lines.

50a **sāre æfter swǣsne** "Painful (from longing) for the beloved (one)."

51a **gemynd** This is the d.o. of the three verbs which follow, *mōd* being the subject.

53a **Secga geseldan** This is best taken as a further reference to the *brimfuglas* of 47a. On their ironic role as "men's companions," cf. 20/19b–22b.

53b **oft** Frequently emended to *eft*.

54a **flēotendra ferð** "The minds (lit. mind) of the floating ones"—another allusion to the birds.

下一頁，沒有任何 lǣne 蹤跡。

第四頁，依舊找不著想要找的古字。

ofer waþema gebind   wērigne sefan.
"For þon ic geþencan ne mæg   geond þās woruld
for hwan mōdsefa   mīn ne gesweorce,
þonne ic eorla līf   eal geondþence,
hū hī færlīce   flet ofgēafon,
mōdge maguþegnas.   Swā þes middangeard
ealra dōgra gehwām   drēoseð ond fealleþ;
For þon ne mæg wearþan wīs   wer, ǣr hē āge
wintra dǣl in woruldrīce.   Wita sceal geþyldig:
"ne sceal nō tō hātheort,   ne tō hrædwyrde,
ne tō wāc wiga,   ne tō wanhydig,
ne tō forht, ne tō fægen,   ne tō feohgīfre,
ne nǣfre gielpes tō georn   ǣr hē geare cunne;
beorn sceal gebīdan,   þonne hē bēot spriceð,
oþ þæt collenferð   cunne gearwe
hwider hreþra gehygd   hweorfan wille.
Ongietan sceal glēaw hæle   hū gǣstlic bið
þonne ealre þisse worulde wela   wēste stondeð,
swā nū missenlīce   geond þisne middangeard
winde biwāune   weallas stondaþ,
hrīme bihrorene,   hryðge þā ederas.
Wōriað þā wīnsalo,   waldend licgað
drēame bidrorene;   duguþ eal gecrong,
wlonc bī wealle: sume wīg fornōm,
ferede in forðwege;   sumne fugel oþbær
ofer hēanne holm;   sumne se hāra wulf

58b **þās woruld** As opposed to the eternal world of God. Note that *þās* alliterates and is heavily stressed.

59a **for hwan** "Why."

61b **flet ofgeafon** I.e. "died."

65b **Wita** etc. A gnomic passage begins here. Ellipsis of *bēon* or *wesan* after *sceal* is a characteristic feature of gnomic style; cf. Selection 25.

66a–72b It has recently been urged (*NM*, XLIX [1968], 191–98) that the poet, far from counseling moderation in the qualities listed here, is suggesting—through understatement—that they should be avoided altogether.

67a **wiga** MW and Pope[2] suggest *wīga*, gen. (pl.) of reference: "in war." Stylistically this is perhaps superior: it makes the polysyndetic sequence (*ne* . . . *ne* . . . *ne* etc.) wholly adjectival and it is supported by the syntax of 69a.

69 **gielpes . . . cunne** "Too eager for vaunting (i.e. making heroic pledges), before he really knows" the whole situation and what his vaunt will entail. A man was expected to fulfill any vow he had made, even an irresponsible one uttered while he was drunk.

72a **hreþra** Cf. 17/63b (n. on *hēafdum*).

73b **bið** "(It) will be."

76a **winde biwāune** "Windswept, wind-beaten."

80b **sume** As the text stands it is best to take this as collective and the following three *sumne*-clauses as distributive, spelling out the various ways in which the bodies of those who fell in battle *bī wealle* were disposed of.

81b **fugel** "An actual bird would of course remove a body piecemeal" (Leslie). The bird is probably the Gray Sea Eagle; see 5/63a n.

dēaðe gedǣlde;   sumne drēorighlēor
in eorðscræfe   eorl gehȳdde.
Ȳþde swā þisne eardgeard   ælda Scyppend
oþ þæt burgwara   breahtma lēase
eald enta geweorc   īdlu stōdon.
    Sē þonne þisne wealsteal   wīse geþōhte
ond þis deorce līf   dēope geondþenceð,
frōd in ferðe,   feor oft gemon
wælsleahta worn,   ond þās word ācwið:
'Hwǣr cwōm mearg? Hwǣr cwōm mago?   Hwǣr cwōm māþþumgyfa?
Hwǣr cwōm symbla gesetu?   Hwǣr sindon seledrēamas?
Ēalā beorht būne!   Ēala byrnwiga!
Ēala þēodnes þrym!   Hū sēo þrāg gewāt,
genāp under nihthelm,   swā hēo nō wǣre!
    "Stondeð nū on laste   lēofre duguþe
weal wundrum hēah,   wyrmlīcum fāh.
Eorlas fornōman   asca þrȳþe,
wǣpen wælgīfru,   wyrd sēo mǣre,
ond þās stānhleoþu   stormas cnyssað;
hrīð hrēosende   hrūsan bindeð,
wintres wōma,   þonne won cymeð,
nīpeð nihtscūa,   norþan onsendeð

83b **drēorighlēor** Construe with *eorl.*

86 **burgwara breahtma lēase** "Deprived of the noises of (their) inhabitants." Or this might be asyndetic parataxis: "deprived of citizens, of noises." *Lēase* qualifies *geweorc.*

87a **enta geweorc** Cf. 25/1b–3a and n.

88a **Sē** "He (who)."

88b **wīse geþōhte** Usually taken to mean "(has) wisely pondered," but "with a wise mind" (instrumental) is just as likely and does not raise the troublesome issue of a change of tense (*geþōhte . . . geondþenceð*).

92a **Hwǣr cwōm** "What has become of" (cf. 9/79 f. and BTS *cuman* II, *hwǣr* I.(2)). The passage which begins here is an imitation in OE of the *ubi sunt* sequences frequent in Latin homiletic literature.

93a **cwōm . . . gesetu** Probably analogy with the preceding phrases is responsible for the lack of agreement between subject and verb, though such a construction "is not infrequently found in Old English poetry, especially when the predicate precedes the subject" (Leslie).

96b **swā** "As (if)."

98b **wyrmlīcum fāh** "Decorated with serpent(ine) forms." It has recently been suggested (*Speculum,* XLV [1970], 287) that this phrase is nothing more than a close rendering of the Latin term *vermiculatus* ("inlaid so as to resemble the tracks of worms, vermiculated").

99a–107b **Eorlas . . . heofonum** The punctuation of this passage is very uncertain.

99b **asca þrȳþe** "Hosts of spears" (BT).

103b **won** Usually taken as an adj. with *nihtscūa,* though this raises syntactic difficulties. Dunning and Bliss take it as an adj. used substantivally: "the dark one" (i.e. night). Perhaps it is the rare noun *wan/won* ("want, lack, dearth").

來到下一頁……

終於在第六頁一〇八行至一一〇行，看到 lǣne 這個古英語單字而歡欣！

hrēo hæglfare hæleþum on andan.
"Eall is earfoðlic eorþan rīce;
onwendeð wyrda gesceaft weoruld under heofonum.
Hēr bið feoh lǣne, hēr bið frēond lǣne,
hēr bið mon lǣne, hēr bið mæg lǣne;
eal þis eorþan gesteal idel weorþeð!"
Swā cwæð snottor on mōde, gesæt him sundor æt rūne.
"Til biþ se þe his trēowe gehealdeþ, ne sceal nǣfre his torn tō rycene
beorn of his brēostum ācȳþan, nemþe hē ǣr þā bōte cunne,
eorl mid elne gefremman. Wel bið þām þe him āre sēceð,
frōfre tō Fæder on heofonum, þǣr ūs eal sēo fæstnung stondeð."

104a–5a **nīpeð . . . hæglfare** In his *Vita Beatorum Abbatum* (II.xiv), Bede quotes an unidentified Latin verse which seems very close to this: *Nox ruit hibernis algida flatibus* ("Night falls, cold with wintry blasts"). It occurs in a passage contrasting the night of human life with the day of eternity.

105b **hæleþum on andan** "As a vexation for men."

106a **Eall** This could be the subject (in which case *eorþan rīce* = "in the kingdom of earth") or *rīce* could be the subject, with *Eall* either an adj. or an adv.

107a **wyrda gesceaft** "The ordained course of events."

108a–10b Extraordinarily close in language and sentiment are some lines at the end of the *Hákonarmál*, a poem written by the court poet Eyvindr skáldaspillir to commemorate the death (c966) of the Norwegian king Hákon the Good:

Deyr fé,
deyia frændr,
eyðisk land ok láð

("Cattle die, friends and relatives die, land and sea are laid waste").

109b **mǣg** "Kinsman." Pope[2] would read *mæg*, "maiden, woman," but see Campbell p. 260 n. 1.

111a **Swā cwæð . . . mōde** With regard to the wise man's thoughts throughout this poem, cf. 25/54b–5a. With *Swā* begins a new paragraph and a series of hypermetric lines.

111b **gesæt . . . rūne** Cf. Eadwine's behavior in the passage cited on p. 110.

112b **torn** Object of *ācȳþan*. The subject of *sceal* is *beorn* in 113a.

113b **þā bōte** Object of *gefremman* (which is itself dependent on *cunne*).

114b **Wel bið þām þe** "(It) will turn out well for the one who" etc.

115b **ūs** "For us."

手捧唸著古詩人藉著戰士開口述說感懷身世、並省悟否泰無常的哲理：

「Hēr bið̆ feoh lǣne, hēr bið̆ frēond lǣne,
hēr bið̆ mon lǣne, hēr bið̆ mǣg lǣne:
eal þis eorþan gesteal īdel weorþeð̆!

地上國度，滿是艱困漂泊；天國之下的人生旅程，命中註定挫折不斷。
世間財富珍寶、朋友、親屬、世人，種種人事物是何等短暫、變遷無常。」

放下古舊讀本。

此刻，留下獨自沈思的我。

滿眼小園風情，風吹草聲，知祂經過。

三、

不知何種因緣際會？歐洲中世紀和我之間，似乎有一種彼此看對眼的情愫！一直對歐洲中世紀，六至十五世紀，那一個久遠年代感興趣，有一種撩撥的情思。尤其是對當時人民日常生活生動畫面，所呈現微觀歷史。

秋天，苗栗山城作客。主人是從小一起長大鄰居阿強，久居三義。他不雕刻木頭，卻竟日捏陶、燒陶、玩陶之雅士。召喚我坐在黑色沙發長椅上，兩人並肩於午後慵懶。忽然，他逕自幽幽地開口：

「今人，看不清夜空裡星斗繁星。固然，可琢磨古文遣詞用字、作者心境、歷史背景、時空等所遭受到情緒波動。更想面對古人，盼可感動到作者或普羅眾生的心意。」

「隔山風景，他山無法窺視、體會。所以，古人不是今人，今人也難料古人。故如何搭橋？讓古今兩個世界交流及對講。大膽、多方向思考平台，猶如工作室，所有需要工具備妥一旁，方可研發、組裝、創作和修理。『兩手空空，無以爲繼！』因而眼看歲月白白流逝！」

「時空轉換，不同潮流。古代，古文。今人亦會成爲古人，古人卻無法瞭解現代人思考，反之亦然。」

「夜窗外世界，吵雜、複雜。可想了解古人簡樸生活中，他們如何在萬里晴空下思考哲學？對人生真善美觀點？」

「猜測，相較下，古時，乾淨純樸大環境所醞釀出的心境和情境，今人能掌握多少？值得埋首在古代史料、文學、經典，去探討當時文學靈魂？對他們這樣疏遠，以致我們無法透視當時世界有多乾淨？今世，如未開發國家不丹，雖窮缺，但無汙染，卻也是世上擁有快樂之地，是因爲乾淨清心？欲將古人一無所有卻快樂的理由找出來，盼提供給處於似乎擁有一切，但缺乏快樂困境的現代人。一面觀照明鏡？那麼爲何不乾淨？今天人類在享受盡其所能取得的五光十色世界，然而，在數字追逐下，我們和乾淨世界是相對陌生！乾淨寧靜一畝土地孕育出哲學家、文學家，因爲就如同母親子宮是最適合培育新生命。記錄著人類智慧最美妙的文字、語言，且用最美妙文字來歌頌最快樂人生境界？」

「西方古文學流芳，也有千年，有偉大哲學家和文學家。人類只使用科學家遺留下來智慧科技，卻忽略了文學家和哲學家對思想珍貴的建言，其重要性，不亞於科學發展。認爲，科學文學均重要。科學普及讓人享用，但只是少數權貴掌握，怎比得過哲學家隻字片語金科玉律、具啓發性思考邏輯，及文學家智者言論，不分世人貧富貴賤，人人受益匪淺。非內容而已，亟欲淺探古文學家寫作當下心境、故事背景和心靈狀態爲何？」

阿強自顧一連串滔滔不絕獨白後，「這哪是一般人閒談內容?咬文嚼字拉拉雜雜，他到底要對我說什麼?」簡單總結來講，「他是不是希望我能夠將英國古老文學一小部分介紹給他吧？」我猜想。

秋去冬來，早忘了天堂鳥。

幽幽冬日，我驚喜地從紗門外小園啓程，躍躍飛翔在蒼穹，在淵源——飛過滄海、大地、大山、小山、田野……

上路遠征，往前行，不回首。

遠征路上，沒有國家和國家界線，忽東忽西，暢行無阻，無拘無束。

四、

飛竄，在冬天。

秋轉冬了！

「先享受一下今天台灣的夕陽！」自言自語。

接下來，準備第一次遷徙而遨翔飛行，自奔一段冒險旅途與前程，前往陌生地！

趁著月色展翅高飛，黎明抵達歐洲大陸。

經過漫長飛行，亟欲休憩恢復一下體力，不時駐足片刻，觀賞起西方新領土。

歐洲，凍原大地，太陽落下。「這一次，要期待下次太陽從地面上再度昇起，將是好幾個月以後的事了。」

冰天雪地。冰原覆蓋，連海都結冰。

挪威北方，常綠針葉林被輕飄而下冬雪所覆蓋。

積雪林地上，狼獾撕開冰凍動物屍體，金鵰鳥隨後吃著剩餘骨頭和碎肉。冬季雪林內，身高兩公尺麋鹿，是一種可消化松針的草食動物。

鳥瞰野地狼隻，大啖一隻因在厚雪地上逃跑不及、才出生沒幾天小麋鹿。

狼爲了捕殺馴鹿，分頭追獵，並將鹿群一分爲二。見一頭母鹿跑著跑著竟跟大夥分開，我捏了一把冷汗大叫：「萬萬不可！快歸隊！」果真，狼群分進合擊，終於把離群母鹿一推而摔滾倒地，就此不起。

「不論是阿拉斯加，還是格陵蘭凍原或歐洲，對馴鹿而言，最可怕的敵人不是狼，卻是天氣，使得不少馴鹿活不長命。」

有些動物熬不過寒冷冬季。首先注意到，有些鳥遷徙躲避北方惡劣氣候，有些鳥卻仍留下。嚴寒北風，冰冷寒風，鳥易受寒害，有些過不了冬季。尤其弱小和生病的，難活不下來。對鳥而言，成年，意味著牠們要度過幾個冰雪滿佈冬季，才會成年。

不似灰狼，生存在攝氏零下五十度低溫嚴峻環境中，一旦狂奔起來，時速可達一百公里，麝牛多以動物屍體爲生。

凍原上，冬季長達九個月。獨居但以驚人速度繁殖哺乳類動物，旅鼠，穿越凍原覓食。見一隻名爲雪鞋野兔，一蹦一跳現身，渾身白色和雪地呼應得天衣無縫，成了最好僞裝衣裝。眼看，令人捏了一把冷汗，野兔最大天敵大山貓也露面了。一場生死追逐焉然展開在開闊雪地，野兔速度反應出奇敏捷；如果換在樹林地，大山貓就顯得靈敏多了。

另一邊，體型嬌小交嘴雀，聚精會神地啄食雲杉的種子，然後，用鳥喙用力撬開松果。

瑞典北方，二月，母熊才在洞穴裡產下一對雙胞胎不久，僅一個月大。四月，小熊才生平第一次離開洞房，大熊這時才會外出捕食。

俄羅斯一帶，落葉林一片，草木不生。兩隻大型黑美洲鷲爲了殘骸，爭食於角落。兩歲才會獨立，野生東北花豹英姿煥發地亮相，一兩隻小鳥在花豹頭頂上啾啾飛過。

野外雪地，是北極熊最自然生活環境。大熊可重達一千兩百磅，在冰層上活動、海裡游泳。他們在冰層上用厚腳打洞，抓海豹。惋惜：「全球暖化，北極熊棲息地漸縮。」唯有，雪，會激發出祂新創意。

中歐，冬之神降臨，森林沉睡於冬雪。

野生動物活動四方，忙著尋找水域和覓食地點，此刻，較少看到人類活動跡象。

山區雪地，偶見歐洲村莊。村民身居自然荒野林地，他們擅長木工以及木雕，栩栩如生野生動物傳統工藝，蓬勃發展。

大型鳥類黑色渡鴉在雪中玩耍，白色大天鵝在冰上低頭覓食。水獺把足印留在雪地上，紅鹿身影乍現。

北海，丹麥德國之間，杜恩島。

中歐雪地乾坤，林鼠存糧過日，紅狐狸卻以林鼠爲獵物。

在冰封森林裡，野豬分娩。狼是機會主義者，且階級分明，而灰狼以野豬爲大餐美食。粉雕玉琢世界，動作優雅大山貓不吃腐肉，最愛可口美味大型鳥松雞。

西歐英國，積雪深。二月，野兔在冰雪中忙於交歡前戲，你追我跑跳躍畫面。然而，驚見一向過著陸上、水中雙棲生活灰海豹，雄雌異性交配前戲，爲何看起來和同性爭取交配權彼此決鬥，都是激烈狂野？

山雪中，山雀和櫨鳥，比不上環頸鸜鵡來得豔麗。不過，牠們都想敲開松毬，吃松籽。要不然，營養豐富雪杉籽也不錯，可比乾草好吃多了。吃飽後，牠們都愛打理羽毛，顯得閒適滿足。

啊！霜降，棕熊準備冬眠，尋求樹林庇護。

啊！雪降，大地恢復寂靜，直待春天來喚醒這片廣大山林地。

讚嘆：「歲冬期節，歐洲森林藏著許多秘密。」

中世紀是農村文化展現。我披著一身鳥羽好奇地穿梭於城堡、修道院、村莊。

首先，城門旁，遇見了一位名叫希塞拉夫（Heatholaf）的古人。看似博學又熱情的希塞拉夫告知，在英國，冬季，村莊內牲畜圈在柵欄內。

至於十一月和十二月，農夫把飼養豬隻趕進橡樹林裡，並屠宰牲畜、醃肉和製作香腸。至於農婦，則忙著紡織、裁剪、縫衣、針織、剪羊毛、打亞麻和洗衣服。冬季，農家才有休閒時光，這時候，男女老少會歡聚在家庭裡或村子內，吃喝談天。除夕夜、婚禮、洗禮。一月，寒冷冬天氣候裡，農人無事可做。二月，忙著狩獵以及用鏟翻地。

冒失地向希塞拉夫討教有關英國古文學，表明想現學現賣，好回去對苗栗的阿強有個交代，敷衍他一下。免得他老是煩我，叫我講些英國古代經典作品給他聽，以滿足他求知慾。

「那麼就來一段貝爾沃夫吧！」

希塞拉夫十分帶勁兒地講起，英國早期經典文學「貝爾沃夫（Beowulf）」，是在所有日耳曼語言世界中，爲最古、最早被存留下來一則史詩。古英語，雖然始於日耳曼部族移居不列顛島的五世紀，但是，八世紀前，罕見文字記錄。長篇手稿出現，得等到九世紀末阿弗列大帝（Alfred the Great, 849-899）登位爲西薩克遜（West Saxon）皇帝。這位大帝在英國史上不但文治武功赫赫有名，而且非常重視學術，所以十分熱心將拉丁文書籍翻譯成早期西薩克遜方言。因而，奠定了這種方言在古英語研究中領導地位。十一世紀英國著作，乃是屬於後期西薩克遜方言。這讓我回憶以前在美國校園內，教授在課堂上曾說，如果要以一種更嚴謹角度來區分，在這些稿本出現前，六至八世紀的英語叫史前古英語（prehistoric），它缺少文字記錄佐證。那麼更早先六世紀前古英語，則歸屬重構出來的原始古英語（primitive）。

我對英國文學「貝爾沃夫」史詩有興趣，如同對中國文學最早詩歌總集「詩經」；或者對耶穌在加利利的迦拿婚宴上，施行將水變成酒這頭一個神蹟；或者對第一位登上月球太空人阿姆斯壯有興趣，原因是它們都屬於事件第一次。另外，當年在印第安那州求學，古英語教授Bob Evans在課堂上使用古英語原文讀本教材裡，並沒有選入「貝爾沃夫」，這更勾起我想去探索它的興趣。

希塞拉夫也大概介紹一下英國早期詩歌、散文：

現存古英語文學手抄本、最早詩歌作品，是七世紀盎格魯撒克遜基督教詩人凱德蒙（Caedmon），於六五八年至六八〇年間所作「凱德蒙的讚美詩Caedmon's Hymn」。凱德蒙全部詩作均以宗教爲主題，他是留名最早的英國詩人。

除此之外，現今仍保存下來古英語文學重要作品有三：史詩「貝爾沃夫（Beowulf）」，講述故事是公元七至八世紀之交，流傳於民間，一位曾與水怪、火龍等搏鬥英勇戰士貝爾沃夫。記載早期英國人歷史「盎格魯撒克遜編年史the Anglo-Saxon Chronicle」。「法蘭克家族的寶庫（The Franks Casket）」，則描述早期鯨鬚手工藝品。

除了詩歌，古英語散文作品，包括了講道和聖人生活、聖經翻譯、早期拉丁教會神父作品之譯文、法律文件、法律和遺囑、和有關文法、醫學及地理方面著述。然而，詩歌作品仍被視爲古英語文學核心。除了凱德蒙和聖比德（Saint Bede），其他幾乎所有文學作者都是匿名。

民族史詩「貝爾沃夫」藉由離題、討論同時期歷史事件來鋪陳。這部史詩內容可分爲三部分：貝爾沃夫與格蘭道爾（Grendel）搏鬥、貝爾沃夫與格蘭道爾的母親決鬥、及貝爾沃夫和火龍之火拚。本故事採用善惡之間掙扎線路來發展。整首長詩裡，貝爾沃夫被描寫成渴望成名，即使在最後對貝爾沃夫讚揚悼文裡，也是如此。

長約三千多行古英語詩作貝爾沃夫（Beowulf）成稿，介於七世紀中葉和十世紀末之間。

我打斷希塞拉夫的談話：

「既然能超越之時空而流傳至今，那麼，元素雖然屬於古早年代，然而就藝術成就而言，貝爾沃夫儼然已蔚然成一部普世經典。其闡揚的人性，不但爲現代世界所認同，也必將走向未來。」

待我說完，這時希塞拉夫才又切入：「這首盎格魯薩克遜古史詩，是在西歐英國書寫，其所描繪歷史事件背景竟在北歐斯堪的那維亞。詩中英雄貝爾沃夫，是瑞典南方耶阿特人（the Geats）最知名武士。他跨海遠赴丹麥，爲了要清除巨妖名叫格蘭道爾。這一次遠征爲民除害，貝爾沃夫凱旋歸，從此留在祖國爲王，並統治了五十年。未料，一隻巨龍開始在鄉間橫行，鄉民深受威脅不安，貝爾沃夫再度面對危難。在人龍接觸最後一場高潮裡，他終將巨龍殺滅，但自身卻也難逃死亡命運。這下子，他也成了子民眼中英雄武士。」

試問：「這篇長詩聽起來，它所隱現日耳曼民族相關民間傳統、傳奇，以及依據詩人所引用諸多典故，去嘗試建立一套瑞典、耶阿特和丹麥三者之間歷史與血統關係，並思考詩中所隱含世界觀？是嗎？」接下來，我迫不及待催促：「你趕快先講貝爾沃夫故事內容吧！我非常想聽。說不定，聽完，答案就會呼之欲出！」希塞拉夫清了清喉嚨：「我就試著說說這個流傳民間文學故事吧！但願沒有遺漏或不足的地方！」這時候，好戲可謂堂堂皇皇上場了：

怪物襲擊雄鹿殿

丹麥老國王希爾德（Scyld）過世並舉行葬禮後，其子貝奧（Beow）繼承王位，繼續統治王國一段時間。

接著貝奧那位高傲兒子海夫丁（Healfdene）繼位，且生下三子一女。其中一子赫羅斯格（Hrothgar）爲王，屢在戰役中揚名立萬，人馬日漸壯大。凱旋歸來，他下令建造一座瀰漫有蜂蜜酒香全新宮殿，來象徵戰場上英勇事蹟，並在殿廳內犒賞下屬戰利品，唱歌狂歡，以表明一位領主對鄉紳感激之情。

「先打個岔。這讓我想起古英語哀歌抒情詩『流浪者』。詩中流浪者緬懷過去在大殿飲宴，並領受首領獎賞那些歡樂時光。『流浪者』是一首感懷人生在世，前後身世不同遭遇，引發尋求保護和嚮往永恆一首哲理詩。因爲那首古詩，讓我理解到古時候，大殿也可以被用來國王論功行賞的地方。請繼續吧！」

希塞拉夫臉露驚訝：「你知道這些，還不賴嘛！」

「別忘了！在美國，我可修過古英語這門課。」

希塞拉夫沒有在意我一再搶話，繼續講下去：這一座偉大宮殿在眾多部落同心協力下，終於如期完工，國王將它取名爲雄鹿殿（Heorot），因爲鹿象徵王權。

「雄鹿殿？這讓我想起當年在美國印第安那州讀書，大學城蒙西市（Muncie）中心胡桃南街上，有一家小酒店就叫做雄鹿殿。還記得小店當時有提供七十多種生啤酒和百多種來自世界各地瓶裝啤酒。」我興奮地又插話。

希塞拉夫這回淡淡地看了我一眼後，才再說下去：金壁閃爍、歡樂的雄鹿殿，是赫羅斯格國王宮殿，是一座蜂蜜酒大殿，也是象徵人類文明、文化和代表丹麥國王權力威望中心。對比之下，妖怪格蘭道爾則居住於黑暗一片沼澤地。又接著說：丹麥王在宮殿裡舉杯祝福國泰民安之同時，吟遊詩人（scops）也在殿中傳述一則則英雄故事。詩人唱著自古創世（the gleemen）開天闢地以來，人類一切起源，造物主創世與萬物萬象的美好。然而祥和滿足這好景不常，起因於居住在沼澤黑暗之地那位惡魔名叫格蘭道爾。惡魔被雄鹿殿中歡樂人聲樂曲，以及吟遊詩人傳唱歌聲所匯集成喧鬧給激怒了，於是開始侵擾作亂。而這惡魔，就是人類第一位兇手，該隱（Cain，創世紀第四章中亞當的長子，殺害其弟弟亞伯Abel）的後代。該隱，被上帝放逐到無人荒野，在那兒孳繁了食人魔、怪物，還有巨人等一堆妖孽。不論他出現在何處，那兒就有邪惡和毀滅事情會發生。

被認為是黑暗中鋸齒、夜晚中利爪，怪物對於宮殿內狂歡宴會喧鬧聲，激憤不已。於是，冰天雪地入夜時分，狼嚎時，惡魔伏出。入侵宮殿，奪走了三十位正在熟睡戰士性命，生吞活剝吃下肚。黎明，經怪物蹂躪過後滿目瘡痍景象，不但引發哀痛哭號聲，國王亦憤慨不已，悶坐愁煩！未料，隔夜，惡魔再犯。因此，國王下令關閉雄鹿殿，因為害怕狂歡作樂嘈雜聲，會把惡魔格蘭道爾再引來。不過不少受驚嚇人們早已紛紛離鄉背井，另覓安身居處。丹麥人，也就是後來中世紀侵入英國的北歐人，和惡魔之間無休止爭戰，一連持續了有十二年之久。怪物和丹麥人，無和平可言，怪獸無法被殲滅，人們也無法用金錢將其給打發走。而且只要天一黑，國王士兵常被居住在沼澤地死亡陰影——格蘭道爾，無情地襲擊。怪物，常侵擾雄鹿殿。丹麥人不忘籲求他們民間信仰諸神庇護。當時，丹麥人似乎還沒有向基督教上帝祈禱這種清晰概念。

聽到這兒，我問博學希塞拉夫基督信仰意義？

「基督從死裡復活了。若沒有復活，歌林多書說，我們所傳的便是枉然，你們所信的也是枉然。」

我又問，人的盼望和喜樂是什麼？

「如啓示錄第七章十七節所說，就是當神擦去人一切的眼淚。」

我再問，人活著，該如何面對來世今生？

「善用今生，人生每個階段都有不同意義，替神工作。至於來世，要默想天堂、默想永恆！地獄，沒有出口，只有懊悔。」

貝爾沃夫來到雄鹿殿

希塞拉夫繼續講古。

飛雪大地。

丹麥國王赫羅斯格獨自愁對惡魔格蘭道爾橫行，降禍百姓，而一籌莫展。這暴行遠傳到耶阿特（the Geat）王國海格拉克（Hygelac）國王其外甥兼侍臣、一位英勇武士名叫貝爾沃夫（Beowulf）耳裡。武士決定拔刀相助，於是挺身遠赴丹麥去救援，並下令備好船隻，又挑選出十五位戰士後，準備啓航出征。事實上，貝爾沃夫不是盎格魯撒克遜人，而是具有斯堪的那維亞血緣關係的耶阿特人。另一方面，當時丹麥國王和貝爾沃夫的父親，艾克賽奧（Ecgtheow），早在之前，兩人就早已熟識且有深厚友誼。貝爾沃夫啓航，茫茫大海航程中，暴風捲起一波波巨浪。狂風大雨怒海中，把槳舉高用力划。海上暴風雨不停，像是海妖在興風作浪，但武士不屈撓。海面上木船，像隻飛鳥在浪頭上加速前進，乘風破浪，又在星辰引導下航行，不致迷失方向被大海吞噬。武士心中一直想要橫越北海直奔丹麥，追求榮耀。第二天，陽光下黃金海岸、峻嶺和寬闊陸地浮現，目的地丹麥王國在望。登岸，貝爾沃夫和跟隨他的英勇戰士們，初遇岸上一位丹麥海防哨長。一時忽見大批人馬，海防長官驚訝不已，不識來者何人？基於防衛任何敵人軍兵和拖船上岸侵犯國土入侵者，他嚴厲但有禮貌地盤問大隊人馬身分。另一方面，他也見識到貝爾沃夫和隨從們個個相貌堂皇、正氣凜人男子氣概，留下了深刻印象。海防長官於是對貝爾沃夫說，在環宇中，從未見過像貝爾沃夫如此偉大富貴的伯爵大人，旋即，又馬上表示，爲了國土安全，仍要貝爾沃夫說出自己身分，並說明此行遠航前來丹麥主要任務。

貝爾沃夫不僅說明自己來歷、身分，並指出他父親就是極富盛名的艾克賽奧，這個名字對遠近賢人和吟遊詩人而言，絕不陌生。貝爾沃夫繼續說，基於對丹麥國王好感，他自告奮勇願助一臂之力，向王獻策，且要證明給國王看惡魔終將被他馴服。期許，堂皇富麗雄鹿殿，能重振當初歡樂榮景。經此一說，海防官確信登岸者，是與丹麥國王友善。於是，指引他們前行去見國王，接著保證會護衛剛登岸船隻安全，直到勇士們返回耶阿特故鄉之日。從貝爾沃夫崇高言談舉止，這位海防官感受到貝爾沃夫絕不是丹麥人的敵人。

翻越一段石頭路，貝爾沃夫和跟隨者來到了金碧輝煌大名鼎鼎雄鹿殿。這時，一位頗爲高傲國王傳令官兼親信，上前盤問勇士們。私下卻忍不住對前來所有團體成員在舉止軍裝上，留下好印象。因此說道：我從來未見過任何人或哪個陌生人，是這麼光彩體面。再一次，貝爾沃夫說明自己來歷身份和使命，並求見國王。此時，身爲國王顧問兼管家一位汶德人（**Wendel**）名叫烏夫加（**Wulfgar**），告訴貝爾沃夫讓他先去稟告國王，再把國王答覆作一個回報。旋即，管家當著國王面，大力讚揚貝爾沃夫和跟從者，均爲可尊敬之士，接見無妨。

召見時刻來到。丹麥國王當場憶起貝爾沃夫小時候模樣，且稍詳述自己與貝爾沃夫父親彼此之間，一度起誓結盟堅定交情和往事。貝爾沃夫此番到來，不可諱言，讓國王油生一絲希望，即刻宣稱要是貝爾沃夫和戰士們能爲國除害，則必重賞金銀寶物。貝爾沃夫當場高呼擁戴丹麥國王，還用一種誇大言詞來生動地描繪自己，過去是如何地爲耶阿特人俘虜了五位巨人、殺死海怪等功勳偉業，並發下豪語未來要如何直搗怪物巢穴，挑戰惡魔。之外，還誓言要將雄鹿殿淨化，重現風華。

貝爾沃夫進一步表示，他信上主一切命定。因此在未來與怪物決鬥過程中，不會配戴任何盾或茅之類兵器，準備徒手全力以赴。接著又說，如果怪物獲勝，大不了就一死之途。末了，提到命運（wyrd）之說：「一切聽天由命!生死在天！」

這時，國王繼續回憶著貝爾沃夫父親是如何英勇地殺了對手希瑟拉夫（Heatholaf）。突然，國王談話又回到主題，那就是眼前正面對不幸遭遇和苦難，可想而知，怪物侵擾是主因。國王一邊訴說，自己年紀漸長，看著瀰漫蜂蜜酒香的雄鹿殿被閒置，等於剝奪了家臣和戰士們樂趣。馬上，一個轉身，老國王下令重開雄鹿殿，要暢快痛飲一番並藉機款待貝爾沃夫。於是，國王當面迫不及待地邀請貝爾沃夫赴約，前去享酒宴樂、飲蜂蜜酒之外，並追問貝爾沃夫心中還有什麼要求嗎?

雄鹿殿歡宴

貝爾沃夫和隨從人馬，歡樂地與丹麥人一起入殿歡宴，人人盡情地痛飲美酒和坐聽吟遊詩人吟唱。

飲宴進行中，坐在國王身邊且嫉妒貝爾沃夫榮光的昂佛斯（Unferth），挑釁且嘲弄地說，過去曾聽聞過貝爾沃夫這個名字。此人在一場和首領布雷卡（Breca）下海競賽過程中，兩人掙扎了七天，但不幸敗陣下來，可是同一個人嗎？「布雷卡可要比貝爾沃夫強得多了！」如果是同一人，那麼，今日怎好汗顏地說要來丹麥伏妖格蘭道爾？一聽，貝爾沃夫立即承認，他就是那位被描述的落敗者。不過，馬上解釋那一次比賽，是年輕氣盛時所爲。貝爾沃夫還原當時真相，那時候，兩位年輕人都同意而且承諾來一場海上冒險競賽。每人只配有軍刀來對抗海怪以保護自己，同時，他們得一起在冰冷海水游上五天五夜後，才可分開。一開始，兩人一直都是難分軒輊。直到比賽途中，貝爾沃夫被一隻海怪攻擊且被強拖至海底，貝爾沃夫奮力對抗，結果反而將對方致死。之後，貝爾沃夫又描述他是如何殺死其他九隻海怪，累倒，隨海浪推移，被帶上芬蘭海岸。說完事件始末後，貝爾沃夫立即反過來嘲弄昂佛斯說，他殺了兩位兄弟，這種人乾脆下地獄受苦吧！貝爾沃夫又冷言道，既然昂佛斯號稱自己勇敢，那麼怪獸格蘭道爾現在還大肆殺戮，怎不奮起抵抗？話鋒一轉，自炫地說，像他自己這樣一位耶阿特人，才是打倒惡魔最佳人選，讓人民重回雄鹿殿尋歡作樂。丹麥老國王聽後，慶幸人民有救星了。王后薇芍（Wealtheow）現身，她拿著酒杯一一遞給國王和隨從們。末了，皇后舉杯走到貝爾沃夫面前，感謝他前來拯救丹麥人民。貝爾沃夫接過酒杯並再次誓言屠魔，這回，不但皇后滿意，隨從和人民都欣喜若狂。突然，國王起身表示要在離席前講幾句話。

這時，丹麥國王開口，堅決地表達對貝爾沃夫十足信任，並託付雄鹿殿安危，交在勇士手中。還勉勵要有勇往直前不畏勇氣去追求榮耀，如生還，則必有重賞。

貝爾沃夫大戰怪獸

國王從雄鹿殿大廳退下休息，留下貝爾沃夫和戰友們來對付即將夜襲可怕怪物。貝爾沃夫卸下戰袍、盔甲和佩劍後，將配備交給身邊一位隨從看管。又再誇耀地說，身爲勇敢戰士，將徒手應戰和怪物決鬥，不認爲惡魔的力氣和戰鬥技巧會比他強多少。至於勝負生死，就交由萬能上帝，神聖天主了！不過，身邊伙伴們暗地裡對貝爾沃夫是否能獲勝返鄉，都持保留態度。貝爾沃夫安然入睡，戰友們卻輾轉難眠。暗夜，怪物離開沼澤地獸窟，潛行，一步步朝向金碧輝煌雄鹿殿方向。

怪物格蘭道爾躡手躡腳地穿越荒地，用結實火掌撞開宮殿大門，爬行至大廳，眼冒火光站在一群熟睡戰士群中。怪物下手抓拿一位沉睡戰士，且把他給活剝生吞吃下肚。當妖怪逼近滿腔憤怒、睜眼靜待與怪物拼命的貝爾沃夫身邊時，發現靜待多時的貝爾沃夫一躍而起。這時，惡魔手臂反被貝爾沃夫大力地抓牢緊緊不放。牠驚訝人的臂力勁道有如神力般地猛武，以致無法掙脫，而被嚇退想逃。然而，貝爾沃夫就是不鬆手，怪物手指斷裂。見狀，牠想抽身躲回沼澤地，貝爾沃夫緊追不捨，繼續格鬥。怪獸死命掙扎脫困，決戰過程中所產生巨大響聲幾乎掀頂。妖怪痛苦嚎啕，嚇壞了宮外丹麥人民。

那些熟睡、貝爾沃夫共患難夥伴們被打鬥聲給驚醒，立刻團結一致，紛紛揮劍抵禦怪獸且護主。不料，怪物對他們施妖術，所幸無果。惡魔難忍疼痛和肩膀裂口，如此情形之下，只有把自己手臂拉得脫臼離身，才掙脫這場混戰。帶傷急奔沼澤地，既驚嚇又痛苦地尖聲喊叫，漸漸隱入淒寒黑夜。回到了沼澤地，妖怪眼見自己正在垂死掙扎。當貝爾沃夫看到怪物被擊退且逃跑，慶幸丹麥人無需再遭受災難，而大肆歡慶自己無比勇氣和榮耀。貝爾沃夫將格蘭道爾留在現場的斷臂肩膀，高舉在宮殿牆沿示眾。

雄鹿殿的慶功宴

第二天一早，丹麥各地戰士和部落首領們齊聚一堂，爭相目睹惡魔昨晚所遺留下來足印和勝利紀念品，無不讚揚貝爾沃夫過人勇氣。連帶地，赫羅斯格也爭相被譽爲是一位好丹麥國王。

另一頭，湖水被鮮血染紅，氣霧上騰血泡，怪物格蘭道爾在自己獸穴奄奄一息。不少年輕人從湖邊騎馬返回雄鹿殿，沿途上，談論內容都是貝爾沃夫光榮勝利。大殿內，一位國王侍從，善吟詩唱歌，當場填詞，吟誦貝爾沃夫偉業傳奇，詞簡意賅琅琅上口。

街坊上，貝爾沃夫英勇事蹟被民眾傳唱著。不久，所有人都移步至宮殿親睹戰利品。

皇后這時也和眾女侍們來到宮殿，加入國王及戰士們一起歡慶。

老國王走進殿中，舉頭，觀看貝爾沃夫釘住怪獸脫落的單隻手臂，懸掛屋頂，而感謝上帝。國王追憶，怪物一度帶給王國諸多苦難與災難，以及感念這次貝爾沃夫所展現出來勇武氣概，爲民除害。國王對貝爾沃夫說，會愛其如子，又其壯舉將留傳下去，並將享有美好回報。另外，國王也會謝酬貝爾沃夫予大批財寶美物。

當下，貝爾沃夫又述說一遍自己與怪物決鬥景況，並斷定身負重傷怪獸，終將遭天譴歸天家，來日無多。

之前嘲弄貝爾沃夫人士，昂佛斯，孤身處在大家都肯定貝爾沃夫不用一刀一劍、單憑赤手以擒拿怪物之際，靜默不語。

這時，老國王下令雄鹿殿要整修打掃並裝飾一番，爲即將舉行筵席做準備。金色手織掛毯，懸掛在大殿牆面上，且推出豐富美味飲食。待一切就緒，國王親臨慶功宴，與來賓舉杯暢飲。接著，老國王爲了表揚貝爾沃夫這次勝利，贈送給貝爾沃夫一面描金的君主戰旗、胸前護墊和頭盔、寶劍。當貝爾沃夫舉杯恭祝國王康健乾杯後，國王又加送了八匹種馬和八座鑲著寶石的馬鞍作爲禮物，一併送給勇士貝爾沃夫。其中一座寶石馬鞍，還曾是國王以前騎馬上戰場時所使用過。

慷慨老國王又向貝爾沃夫夥伴武士們，贈送禮物。至於被怪物殘害受傷勇士，則被贈予一筆黃金，作爲補償。吟遊詩人上場，撥動琴弦，歌聲傳唱著英雄面對災難時，勇於面對挑戰。吟遊詩人歌聲甫畢，喧鬧歡樂聲更是飛漲。

王后現身，她向老國王敬酒，並說，聽聞國王有意收貝爾沃夫爲義子，另外她建議國王慷慨頒發各種獎賞吧！又說如果國王有一天辭世，相信國王的姪子，赫羅索夫，一定會念在他們夫婦倆曾善待過他，定會輔助王子，作爲回報。言畢，王后這回轉身，她遞杯給坐在她兩個兒子中間的貝爾沃夫。敬酒後，贈送貝爾沃夫不少禮物包括一具護身盔甲、金鐲、戒指和項飾，順道央求貝爾沃夫擔任兩位兒子人生導師。最後，她又祝福貝爾沃夫一切好運、長壽和幸福。王后說完話，預感一種不祥凶兆即將發生。……人們狂飲，無視過往命運、無情災難降臨之教訓，毫無遠慮。

入夜後，老國王退下返回寢宮休息。留守雄鹿殿眾戰士，把凳子搬到一邊去，在地板上就鋪設床枕起來。至於頭盔、胸甲、長茅，都堆放在長凳上，隨時備戰。

妖母夜襲

留守雄鹿殿，勇士們漸漸進入夢鄉。人們顯然爲了貝爾沃夫戰勝妖魔格蘭道爾，大肆慶功之際，完全忘卻了格蘭道爾的母親，那位妖母喪子之痛，忽略了居住在寒冷水鄉復仇者存在。

凶狠妖婦，爲子復仇，終於現身。她來到雄鹿殿，準備襲擊，戰士們驚見她樣貌，深陷一片混亂。戰士即刻從長凳上拿刀槍，但因爲恐懼，忘記穿戴戎裝。女妖見狀，自己被人發現，於是急忙脫身以保命。離去前，她抓走了一位國王非常寵信勇武戰士，逃回沼澤地。女妖在匆忙逃離現場之際，順道從城牆搶走了兒子的斷臂。

雄鹿殿內，滿是一片驚恐叫喊聲。事發當晚，貝爾沃夫沒有睡在殿中，而是被安排在另一間私人寢宮內安歇。貝爾沃夫被國王召見，國王沉痛地指出丹麥人噩夢苦痛重現。老國王身邊一位親密又忠實侍從，也在這一場妖女爲子復仇行動中喪生。內心傷痛，老國王詳細敘述兩個居住在沼澤、夜晚才出來走動怪物種種事蹟。這兩隻大怪獸身居在離雄鹿殿不遠處無底大深潭，潭面上冒著火光。當暴風雨來襲，潭水便翻騰又有黑霧升飛。國王相信傳言中怪獸，就是格蘭道爾和母親。於是，當面吩咐貝爾沃夫去尋找妖母下落，並將其毀滅。如果成功，就會像第一次殲滅怪物格蘭道爾一樣，另有重賞。唯有殺死女妖，惡魔就會永遠回到虛無幽闇。

貝爾沃夫體貼地回覆國王說，與其哀悼朋友，不如爲友報仇。貝爾沃夫又說出極富哲理言語，諸如每個人在走完人生旅途之前，必須要做完老天賦予特殊任務，才會有未來美好盼望。死有輕於鴻毛，也有重於泰山，然而，對一位武士而言，轟轟烈烈地犧牲，才是最美滿歸宿。

貝爾沃夫並承諾丹麥國王會找出怪獸，保證不論在地心、山林裡，還是在深海底端，都會把妖母追查出來，一決勝負。國王因貝爾沃夫這麼一席話，欣慰地向他致謝，感謝上帝。

然後國王親自策馬帶領一隊戰士，跟隨貝爾沃夫，一路越過沼澤地，直抵無底池潭。在那兒，大夥發現了先前遇害的國王寵信侍從血淋淋頭顱，也看見一些噴火龍和海龍優游池中。

戰爭號角吹響，許多如蛇形怪物和水怪，紛紛躍入潭水中，消失了。一位耶阿特勇士射箭，射死其中一頭怪物，將其拖上岸。貝爾沃夫穿戴一件精心製作盔甲，全副武裝，準備潛入水中探險。採取行動前，國王傳令官昂佛斯，一改先前態度，慷慨地借給貝爾沃夫一把寶劍，劍名爲霍朗丁（Hrunting），一把舉世無雙寶劍，用它去應戰妖母。貝爾沃夫收下寶劍。昂佛斯並說，之前，未曾將劍借給比貝爾沃夫更合適的武士。同時，也表達兩人初見面，酒後曾說出冒犯貝爾沃夫言語，來道歉。

貝爾沃夫大戰妖婦

當貝爾沃夫處於準備就緒狀態，投身征戰前，曾央求國王說，要是他在這場除害任務中陣亡，請作他夥伴戰士們的護衛者。同時，將他日前收集金銀財寶通通轉送給他祖國耶阿特的國王。另一方面，貝爾沃夫轉身，答應昂佛斯會帶著他慷慨借出的寶劍，霍朗丁，出征並凱旋歸，否則以死謝罪。向兩人交代完後，一躍潛進池潭，一直下沉，花了一天工夫才觸摸到潭底。女妖察覺到有人來自水上，入侵者正闖入她居所。貝爾沃夫也察覺到妖婦向他靠近，並一把抓住他、攻擊他，撕咬他身上盔甲。雖然有鐵甲保護，但是貝爾沃夫被怪物緊緊抓住，以致無法出手。女妖拖帶著貝爾沃夫逃回巢穴。這時，貝爾沃夫環視四周，眼見好多奇形怪狀又充滿敵意的巨獸，意識到自己落在一個極不友善之地，它是怪獸居所大廳。潭水分開了，廳內無水，頂部一處火光，把大廳照得通亮。一待看清女怪，貝爾沃夫舉起霍朗丁寶劍攻擊怪物，但第一次沒成功。把寶劍棄置一旁，貝爾沃夫轉靠自己巨大勇氣和巨手，無畏地肉搏扭打怪獸。女妖怪立刻以利爪掐住武士，用力地把貝爾沃夫推倒在地，正要用短劍刺殺他。幸好，再一次，多虧堅固鐵甲，貝爾沃夫終幸免於難。

千鈞一髮，正值緊急關頭，貝爾沃夫在背後一堆兵器中，瞥見一把神奇古劍。這是巨人曾使用過巨劍一把，非一般凡人可想像到非凡兵器。順手取劍，然後往怪獸頭上刺去，擊中妖母脖頸，砍斷她肩骨，刺穿身軀，她終於不支倒地。貝爾沃夫接著在洞窟內，見到怪物格蘭道爾屍體，立刻揮劍，身首異處。岸上，留在潭邊的老國王和武士們，望見染成鮮豔血紅色潭水，打旋起泡，劇烈翻騰。站在水邊，他們推測貝爾沃夫必被殘害無疑，於是，撤退，哀傷地遣返雄鹿殿。至於貝爾沃夫身邊夥伴，來自於耶阿特武士們仍留在原地，悲傷地望著緋紅潭水，盼望能再見上英勇領袖一面。出乎意料，神奇古劍開始熔化。貝爾沃夫一手提著怪獸格蘭道爾頭顱突然升出水面，游回岸上。這下子，原本哀苦面容部屬們，立刻歡聲雷動喜迎貝爾沃夫，並感謝上帝。不久，一行人都歸返，朝向雄鹿殿。頭顱被綁在長茅杆子上，由四名壯漢抬著。耶阿特勇士一行十四人，全部步行走回雄鹿殿。帶著自豪、光榮心情參見國王。在殿中，貝爾沃夫把怪物格蘭道爾頭顱，放在國王和皇后腳前。

雄鹿殿內第二次慶功宴

貝爾沃夫不僅提交怪獸頭顱給國王，而且敘說一遍大戰女水怪驚險戰況，但能全身而退，乃是上帝庇護。另攜回戰利品就是榮耀的實據。又說，霍朗丁名劍未發揮預期果效，反而是一把古代巨劍，才是將女魔置於死地之利器。不過巨劍在沸騰鮮血噴湧中，融化掉了。如今，呈獻給國王他從格蘭道爾獸穴奪來的奇妙巨劍劍柄，並保證現在一切歸於平靜。丹麥人，不會再受到任何怪物侵擾了。國王仔細端詳了一下劍柄上刻有幾行古代北歐如尼文字（runic）銘文，上面記載著該劍乃於滅世大洪水之前，巨人們所製作。劍柄上，還有蛇類飾紋圖案。老國王忍不住發表了有關「榮耀」長篇大道理，並勉勵貝爾沃夫，應以丹麥早期暴君國王海勒摩德（Heremod）爲戒。要以慷慨爲懷，戒除驕氣，做一名偉大武士。當然，貝爾沃夫再一次，被讚揚爲英勇地協助丹麥人的英雄人物。

論到榮耀這個主題，統治丹麥已五十年的老國王反省地說，自己一度傲慢自大，直到有一天無法自保於惡魔橫行。因而感嘆，現今擁有諸多榮耀之士，常會忘卻對未來之遠見。國王以一種身爲父親口吻，來忠告貝爾沃夫得避免這些陷阱，要去選擇那較高、具有永恆價值的智慧判斷。老國王因怪物被消滅而謝天，並邀請貝爾沃夫出席盛宴。第二天，還依約重賞金銀財寶。來自耶阿特勇士們歡喜入席，慶祝勝利。由於急欲踏上返鄉之途，貝爾沃夫和隨從早早從慶功宴退席。次日，一早，貝爾沃夫將霍朗丁寶劍歸還給昂佛斯，並致了謝，但未說出這把劍在擒妖時，其實並未發揮多大作用。末了，貝爾沃夫和跟隨者準備上路返鄉，離開丹麥。臨行前，貝爾沃夫再一次來到老國王寶座前致謝。

貝爾沃夫返回家鄉

來自遠方耶阿特王國英勇武士貝爾沃夫，踏上歸鄉路前，感性地表達出對於丹麥國王熱情款待，沒齒難忘。且許下承諾說，丹麥人在未來如有需要他再效勞之處，定會相助。老國王回答說，在他有生之年，從未聽聞如此得體周到的交談，接著又把貝爾沃夫擁有好口才、品行、膽識和智慧，大大讚美了一番。預言有朝一日，貝爾沃夫一定會成爲一位偉大國王。老國王感念貝爾沃夫把和平帶給他丹麥子民，並稱兩國邦誼永固。丹麥國王又分發十二件寶物爲禮物，且對貝爾沃夫即將離別深表依依不捨，甚至落淚。貝爾沃夫和跟隨者這才上路，好搭船歸鄉。

衣錦榮歸英勇戰士來到海岸邊，受到先前丹麥海防官熱情地招呼，並開口預言說耶阿特族人會樂見他們轉回故鄉。貝爾沃夫贈送海防官一把寶劍爲禮物後，戰士們一一上了船，整艘船滿載著丹麥國王所贈與諸多財寶。這些財富都會敬呈給貝爾沃夫的上主——耶阿特國王海格拉克。

木船被推移離開沙灘，進入深水，駛離丹麥，航向耶阿特。浪花連浪濤，浪濤接浪花，勇士們終於盼望到了眼熟耶阿特故鄉景物，懸崖、海岬。上岸，海港衛士們歡呼遠離家鄉戰士們，今凱旋歸。載譽歸國英雄們，被召進宮廷內，晉見海格拉克國王。貝爾沃夫向國王致敬後，舅甥兩人並肩而坐。

「舅甥？」

看出我臉露疑惑，希塞拉夫主動解惑：「事實上，海格拉克國王是貝爾沃夫的近親，也就是貝爾沃夫的舅舅。」又說明：

「事實上，對我們日耳曼民族而言，舅舅和外甥是極為親近親戚關係，例如敘事詩『馬爾敦之戰』也提到這一層關係。」

希塞拉夫見我解惑後，再繼續描述。

耶阿特國王和皇后歡迎貝爾沃夫凱旋歸來，國王慈聲地詢問貝爾沃夫遠征丹麥路上所見所聞和冒險事蹟。國王透露，先前，他一度擔憂貝爾沃夫，所以曾祈禱上天：「願貝爾沃夫別遇上任何怪物以保平安，至於除妖一事，讓丹麥人自己去解決吧！」今日，國王感謝蒼天，得見貝爾沃夫平安往返。貝爾沃夫略述他為人除患傲人成就，以及丹麥皇后如何分發禮物犒賞隨行英武戰士們。之外，貝爾沃夫還傳達，丹麥國王希望耶阿特王國國泰民安的心願。

貝爾沃夫把丹麥國王贈送禮物，陳列在自己國王面前。禮物包括四匹棗紅色配對駿馬和盔甲、頭盔、寶劍和一面戰旗。貝爾沃夫也把丹麥皇后贈送給他一串項圈，展現在自己皇后面前。皇后當場就把項圈套上胸前。以前，在國內，貝爾沃夫聲望其實並不如想像中偉大，不僅曾被跟隨他去瀰漫著蜂蜜酒香雄鹿殿的伙伴們看輕，就連自己國王也不怎麼抬舉他，例如未曾在宴樂大廳頒發任何榮譽獎賞給他。然而，貝爾沃夫從未在酒醉時，誤殺任何一位酒友。他的實力總是保留在最適當時機，才出鞘，比如在戰場上殺敵，或對抗惡魔或怪物等事情上。如今時來運轉，自己的國王當場送給貝爾沃夫一把鑲金古劍，這把劍可是在耶阿特人心目中，被視爲極珍貴寶物。之外，貝爾沃夫還獲贈一些土地和一座宴樂之用蜂蜜酒殿。

貝爾沃夫與火龍

接下來幾年，海格拉克國王和赫德瑞德王子（Heardred）兩人相繼被殺，前者陣亡，後者被瑞典人殺害。因此耶阿特王國王位繼承給貝爾沃夫，貝爾沃夫治國有方，前後長達五十年之久。當貝爾沃夫年邁，人生將盡，一條火龍出現，尤其選在黑夜伏出，危害人民。

話說這起不幸禍害起因，源於一位誤闖龍窟的農奴，他不是基於惡意或貪婪，乃是基於需要。這位不爲主子滿意罪犯，是一位逃亡農奴，急於尋求一處避難。一個不經意絆倒，摔進火龍獸窟。當他進洞遇見火龍，一時驚慌，逃跑前，瞥見一個鑲珠寶金杯。閃念，欲盜杯，藉此金杯安撫對他不滿的主子，遂順手牽羊，才驚恐逃離現場。事實上，火龍一直在守護這寶庫，過去三百年來，一直相安無事，無人入侵竊盜。而這寶庫在更早前，被一位貴族所埋藏。這位貴族當時奢想自己歲數能增長，那麼，在世享受財富日子就能長久些。最終，年邁貴族還是撒手人寰，寶庫落得無人看管。這時，火龍適巧也正在到處尋找安身洞穴。不經意看到了這個天然石塚寶庫地，坐落岩岬上，入口隱蔽。於是乎，這隻火龍順理成章自在地睡在寶庫邊、兼擔任守衛。直到有天，竟然有人入侵，竊走稀世珍寶金杯。發現珠寶杯被偷竊，這可惹火了寶庫守護者即凶狠的火龍，激起牠復仇。決心，向人追討珍貴金杯。震怒之下，憤怒的龍用噴火猖獗大地，直到破曉，牠才急返洞穴。此情此景，令貝爾沃夫頓時陷入一陣哀痛憂鬱裡。

當火龍把貝爾沃夫居家也給毀了，年老國王貝爾沃夫誓言復仇。似乎唯有如此，方可將他從憂傷麻木狀態，拉回到現實。一心備戰爲民除害，而人民也一直認爲：「北海英雄貝爾沃夫，你一直是惡魔的剋星和毀滅者，讓我們來殺死這隻火龍吧！這樣，咱們好繼續過活兒！」於是，貝爾沃夫下令製作了一面堅實鐵盾，而非一般木盾。

另一方面，挑選了十一名戰士夥伴，一夥人在盜杯者嚮導的指引下，貝爾沃夫率隊勇往殲龍。那位竊犯原本不願加入屠龍行列，但想到自己是陷人民和王國上下於大災害唯一起因，加上唯有他知道龍窟地點，才答應隨行。當年邁貝爾沃夫和戰士們坐在離洞窟不遠石崖上，瞬間感到生命將至盡頭，心情難免低落憂傷起來。雖然如此，貝爾沃夫不絕望，忍住心中憂傷，反而主動向朋友一一道別。貝爾沃夫這時懷想起青春少年時期，被外公雷賽爾國王（Hrethel）扶養以來人生片段。又想到耶阿特國王海格拉克的長兄赫巴德（Herebald）王子，意外地被其弟、即另一位王子赫斯辛（Haethcyn）弓箭給誤射，而身亡悲傷往事。

回憶，外公爲舅舅赫巴德不幸遭遇斷腸之際，連帶勾起貝爾沃夫回想外公死後，耶阿特人和瑞典人之間衝突和鬥爭不斷。瑞典國王奧根索（Ongentheow）的眾子拒絕和平，而貝爾沃夫的兩位族人，赫斯辛和海格拉克，堅持要求對瑞典人粗暴行爲，予以報復回應。雙方交戰，導致耶阿特國王赫斯辛被瑞典奧根索國王所殺。不久，當瑞典奧根索國王死在耶阿特武士，奧佛爾（Eofer）手上，耶阿特國王海格拉克也為自己兄弟被殺，終報了一箭之仇而大快人心。貝爾沃夫不用刀劍僅靠握力，就在一次打鬥中，把法蘭克部落一名武士，達來芬（Daeghrefn），置於死地。

貝爾沃夫大戰火龍

回到現實，貝爾沃夫向同伴戰士們作了最後告別，就直接去會戰火龍。

預知火龍的烈焰和毒氣，所以先把自己全副武裝起來，才單刀赴會。至於其他戰士，則在墓塚邊等候，靜待命運結果。

年邁貝爾沃夫依然無懼地走向火龍，接受挑戰，盼英名遠傳千古。

貝爾沃夫獨自走下懸崖底。當舉頭，懸崖中有流水傾瀉一座洞穴。流水火焰，使他無法接近寶庫。

火龍聽到洞外人類挑戰吼叫聲，大怒。接著，墓塚下，老武士貝爾沃夫持盾抵抗火龍。他拔出寶劍砍龍，但未能砍進龍身。貝爾沃夫用堅固盾牌來抵擋火龍猛撲，暫保性命。但老國王被毒火攻擊，痛苦至極。隨行侍從、貴族子孫們一個個嚇得鑽進樹林內，避難保命。

隨行中一位年輕戰士名叫威格拉夫（Wiglaf），對於伙伴膽怯之舉，不以為然，口出責備又傷心。因為遺憾他們一夥人，曾經在宴樂廳允諾貝爾沃夫國王，主公未來有何危難，大夥一定會為國王赴湯蹈火。如今怎麼對得起國王過去曾賞賜許多珍寶，以及早先國王如何視大夥兒爲真正戰士。更怎麼對得起當初被國王千挑萬選出來，參加這次出征榮譽？

威格拉夫之所以挺身力助貝爾沃夫，乃感念貝爾沃夫不凡特質和慷慨大度之故。這位年輕人鼓舞老戰士貝爾沃夫說，只要活著，他一定會和貝爾沃夫年輕時一樣英武作爲，偉大又高貴。年輕武士後來攜著一把瑞典國王奧尼拉（Onela）所贈寶劍，激昂地也投身在火焰中。一時間，盛怒火龍發動了第二次攻擊，撲向兩位戰士，噴火攻擊。濃濃火焰燒毀了年輕戰士的木盾，他趕緊跑到老戰士貝爾沃夫鐵盾下尋獲庇護。至於貝爾沃夫刀劍，在戰鬥中，無法護衛主人，還啪的一聲折斷了。火龍在第三次，也是最後一次朝向貝爾沃夫猛撲過去時，這一次，火龍把毒牙扎進貝爾沃夫頸部不放。頓時，鮮血湧流至國王全身。

緊要關頭之際，年輕武士展現不凡機靈和勇氣。他無視於救援國王行動中，手遭到火龍燒傷。他沒有用劍刺向龍頭，卻機靈地，將金色寶劍刺進龍身較易受傷的腰部獸皮。這一刺，火龍原本張揚火焰熄滅下來。當貝爾沃夫回復知覺，從盔甲上拔取短劍，對準龍身腹部刺進後，刀刃扯裂一陣。貝爾沃夫和威格拉夫，最終兩人合力弒龍除害。貝爾沃夫意識到方才被龍咬傷，其毒液注進人體漸發作。他走到懸崖邊坐下，等待死亡來臨。年輕勇士見狀，跑去拿取清水來幫貝爾沃夫清洗傷口，且摘下頭上鋼盔，靜聽貝爾沃夫臨終前最後話語。貝爾沃夫不僅簡略地回憶一生事業，也請求年輕勇士前往一探被藏在岩石下的財寶，然後把財寶箱拿來給他瞧瞧，讓他死而無憾。

二話不說，年輕勇士直奔龍窟拿取戰利品金杯、臂環、金絲織成的戰旗、頭盔、珠寶等，愈多愈好直到拿不動爲止。速返，只見貝爾沃夫身在瀕死邊緣。當貝爾沃夫看著眼前紀念品，忍不住謝天，能在死前爲國人獲取這些財寶。順道交代，爲他建構火葬用柴堆時的一些細節。之後，取下身上金戒指、頭盔、胸甲和項圈送給年輕人威格拉夫，並勉勵他要善用這些禮物。貝爾沃夫嚥下最後一口氣前，對威格拉夫說道：「你是我們 **Waegmundings** 族最後殘存者。命運，已將我們先前所有族人引到上帝面前，所有已故伯爵都是驍勇戰士。我現在這就追隨他們腳踪而去。」

貝爾沃夫的葬禮

年輕武士威格拉夫哀痛心目中既是英雄、又是領主和族人的貝爾沃夫之凋逝。殺死貝爾沃夫那隻火龍，也倒地，毫無生命跡象，鮮血還一直流出體外。傳說中，沒有一位英雄人物曾勇敢地面對火龍、或敢動牠財寶箱絲毫念頭。相較之下，那些躲進森林避難事後才敢露臉年輕夥伴，遭到威格拉夫責備他們如逃兵般膽小，沒有勇氣站出來解救貝爾沃夫。他感慨地對他們說，勇敢地面對死神，遠比苟且偷生來得光彩多了。

另一邊，成群勇士在懸崖上，孤坐一上午，靜待國王音訊。

威格拉夫下令將人龍大戰結果，告訴駐守海崖城堡的勇士們。接下傳達指令重任使者，騎著快馬，誠實地詔告天下有關貝爾沃夫和怪物雙雙死訊，以及威格拉夫是僅存活下來的英雄。使者又預言，一旦英雄殞落消息傳遍，王國恐會陷入爭戰危機。

使者追憶，一度由瑞典國王奧根索（Ongentheow）所領軍，和耶阿特國王海格拉克所統帥，兩軍爭鬥激烈情況。耶阿特武士奧佛爾（Eofor）殺了奧根索國王此舉，不僅獲得極大賞賜，而且也娶得海格拉克國王的女兒爲妻。使者認爲當日彼此反目，奠下了往後耶阿特人和瑞典人不停紛爭之因。

民眾聽到噩耗，全體起身前行，去瞻仰殞落戰士貝爾沃夫遺體，並一瞧被刺死的火龍屍體。除非是上帝所揀選，現場無人敢碰觸財寶箱。

火龍屍體旁邊堆著黃金、寶劍等寶物遺產，均已被下過符咒鎖住，希望無人入侵盜取直到世界末日。年輕武士威格拉夫下令，開始準備火葬貝爾沃夫的柴堆。接著，他召集七壯士，連同自己共八人，拿著火把進入火龍穴洞。齊力將火龍屍體拖出，翻倒推至斷崖下，立即赤色海潮拍打著海岸。穴洞內所有寶物和國王屍體，則被裝置在一輛四輪貨運馬車上，載回。

耶阿特人遵循貝爾沃夫生前遺願，爲火葬儀式忙碌著。柴堆四周吊掛著頭盔、盾和閃亮胸甲。士兵們哀悼地把貝爾沃夫遺體放置在柴堆中央，點火。熊熊燒柴巨響、混雜著哀悼者哭號聲響，一直到火焰漸消退、英雄遺體火化成灰爲止。他們又在伸向大海方向的海岬高處，花了不到十天工夫，巨塚陵墓被築起。這陵墓成了貝爾沃夫英雄紀念碑。遠在海面上船隻水手，從老遠，一眼即可看見。十二位貴族子弟首領，騎馬唱著輓歌繞塚幾圈，以表達他們失去一位英雄人物而悲嘆。耶阿特王國百姓，悲悼他們的主公殞落。

希塞拉夫講完了古英國文學「貝爾沃夫」經典故事，做了結尾：「史詩『貝爾沃夫』，是盎格魯薩克遜文學裡，人們緬懷貝爾沃夫不但是一位最勇敢英雄人物，也是王者之王。吟遊詩人將會吟唱這位北海英雄英勇事蹟，爲他編寫很長詩歌，他的名字將流傳千古，這首古詩將永遠傳唱！」

「那麼悲觀地想到人的無力感、命運的盲目。既然如此，命運漠視人類，那麼，什麼才是持久力量？」古詩人自問。藉由貝爾沃夫這個角色來解答：除非命中早註定，否則一個人要支配微小自由意志，盡可能做出對的決定，如此，命運就會恩待這些勇者。同時，自由意志，等同勇氣。自由意志，等同一位勇於面對世俗挑戰且有所作爲之士，獲取成功名就。

我聽完這個故事後，忍不住說出：「這種男子漢，配得擁有史上最偉大的詩歌，他的故事，即使萬物盡成灰燼，也將不朽！這一則英國古典文學，我一定要講給苗栗阿強聽。我相信這是他一直想聽到。」

內心，我深深佩服「青年貝爾沃夫」，代表無名英雄，一位青年人急欲參與英勇事蹟。他看似一位深具抱負野心，略顯自負，但基本上來說，還算是寬宏大量、誠實，同時也不會是欺負弱者的欺壓者。

「老人貝爾沃夫」，代表經歷多次搏鬥後所浮現出些微倦怠感、憂鬱氣質及深陷沉思情境。雖然如此，貝爾沃夫舉止之間仍難掩英雄氣概光芒之外，也是人民心目中一位好國王、跟隨者所仰慕領頭好牧人。不難看出詩人試將目前、過去和當代三個時空交錯，編織出史詩整體性之企圖。

不一會兒工夫，我忍不住接著又好奇地問：

「史詩裡面有北海武士、妖怪、火龍等等，而這些在現實生活裡怎麼可能發生？聽起來像是杜撰構思而成，中世紀早期古英語文學其真實性價值，實在值得考證推敲！」

「我瞭解你的意思。我們文學敘述故事本身，不具真實內涵，但是真實部分乃在於文學背後的意圖啦，承載者的心態和意識啦，或者是文學想表達出來情感和情感生活吧！」希塞拉夫回答。

「經你這麼一說，好像有點道理了。」

如此說來，世俗虛幻，是古英語文學中常常被提到主題之一。盎格魯撒克遜人對戰士面臨人生低潮挑戰，都會賦予超自然基督精神這種概念，以闡明「往昔的日子」和「幻覺的迷霧」雙重真相。這種憂鬱氣質亦出現在「水手（The Seafarer）」這首古詩裡：世間財富即帶不到天堂去，也留不在身邊。羅馬神話中命運三女神威脅人類，其所降下三種災禍爲疾病、老年和敵人的劍。宇宙是無常和短暫的，這種多愁善感觀點和「天意」或「命運」（wyrd）這種人生觀緊密相關。上帝（Wyrd）立於外觀世界身後，注定了榮枯盛衰命運，對照出人類智力和知識均顯徒勞。史詩中丹麥國王赫羅斯格講到驕傲：「人如果寄託於知識假象裡，或建立在自己聰明才智上，都屬有罪。」因爲在「貝爾沃夫」詩中，誇耀，即象徵一個人自傲並僭越了造物主真正的信仰。赫羅斯格說，不管一個人是如何有錢財或有權柄，無不都帶著悲傷和幻滅離開人世。

古英語作品中宗教主題，讓人想起，不僅耶穌在世年代，任何時期的人類，總有人提出信仰挑戰：「神在哪裡？我要親眼看見，才相信。」我還是問了希塞拉夫這一道棘手問題。他答：「有些東西，肉眼雖看不到，但確實存在，如風、電或空氣。」又舉例使徒約翰爲光作見證，喊著：「從來沒有人看見神，只有在父懷裡的獨生子將他表明出來。」這就像沒人見過某人的父親，但從這位人子樣式舉止，他人也就可以大略勾繪出其父的存在和特質。洞悉人性，耶穌對一位法利賽人但一度做到猶太人長官的尼哥底慕說：「我們所說的是我們知道的；我們所見證的是我們見過的；你們卻不領受我們的見證。我對你們說地上的事，你們尚且不信，若說天上的，如何能信呢？」

我想我理解希塞拉夫的說明，推想，教會，不只是社會社區服務、愛心推廣、品德教育或做環境保護，而是福音的核心內容。那就是歌林多前書十五章第一節到第十一節所強調「基督的復活」：基督爲眾人的罪而死，且埋葬了，第三天復活了。因這福音，人不但得救、站立得住，也是人類今生到永恆的法寶。福音的核心，恰如問到位於台北外雙溪故宮博物院的核心。故宮核心價值，在於它是文化藝術宮殿，而非走進故宮喝杯咖啡就離開，空手而返。福音，就好像梭羅（Henry David Thoreau）看待人生的核心，既在於吸取生命美汁（suck out the marrow of life），活得精彩，不讓光陰虛擲、懵懵懂懂地度日。

不過，我覺得古英語史詩中吟遊詩人，這和歐洲中世紀吟遊詩人，加上我自己對「吟遊」這兩個字詮釋，和希塞拉夫對談起來，你來我往：

古英語單字 the scop，吟遊詩人。

古文學裡出現吟遊詩人。早期文字記載文學，大都源於古代口語相傳的吟詩歌唱。英國盎格魯薩克遜文學爲例，早期口語文學得追溯到當代居住在歐洲大陸的日耳曼支族。「scop」一字（字義上而言，是「shaper」、「creator」、「designer」），則引申爲一位漫遊在不同宮廷，於貴族中尋找資助人的吟遊詩人。吟遊詩人角色功能，主要是在盛宴中，吟唱著抒情或英雄詩。他傳唱內容不論是真實、還是傳奇故事中英雄人物，都會流名遠傳。這首史詩，描述一位吟遊詩人在赫羅斯格的王宮裡，用詩歌頌讚傳說故事中日耳曼英雄人物 Sigemund，他如何擊退巨龍。

講到中世紀吟遊詩人，在鄉間小路悠然漫步。他們是一群雲遊四海的發現者，想體驗「君子好逑的愛情、聆聽良知、順循本性、沉思死亡、造訪鄉間隱士居所、吟風弄月、熱切過活」，只爲了雕琢詩歌，滿篇有純潔想像和自由之聲。

行遊於法國南部、義大利北部，時約十一至十三世紀期間，吟遊詩人似乎闖入了一塊屬於旅行和語言領域。旅行於蜿蜒路徑、或陡峭崎嶇山道；行跡盡是孤獨幽靜；偶而遁離塵世，隱遁森林，幽居，身心安然棲息。

語言，將情感昇華至奧妙的活力、生命。

制約牢籠的世界，和想像自由的世界，兩者之間唯一橋樑，是文字。

語言有如流瀉溪水一樣澄澈，事物真相之原貌。

文字，使他們遇見美麗，恰似教堂內天窗、礦脈砂礫堆中微閃黃金。語言，是詩人存在和流浪主因。詩人行吟豐富人生所窺探的蒼涼！

還記得有人對我說過：「中世紀宮廷舉行慶典之因，不外乎是婚禮、國王加冕、遠征歸來、征戰的凱旋、重大宗教節日，以及爲年輕騎士舉行授劍儀式。在宮廷裡，這類慶典活動包括音樂、宴會、跳舞、觀看表演和雜耍，還有傾聽詩歌。」

又說：「中世紀歐洲吟遊詩人不僅是詩人，他也會講故事、演唱自己所寫或他人寫的詩歌。他們是音樂家、演奏樂器者（豎琴、三根弦小提琴），從一個宮廷遊蕩到另一個宮廷；是宮廷流言蜚語的傳遞者。早在古典年代，就已經保有中世紀吟遊詩人的前身，例如先前在英國日耳曼時期，吟遊詩人指的是那些歌者和豎琴演奏家，專爲人助興。」

末了，「吟遊詩人、小丑、戲子、玩雜耍的人，屬於宮廷娛樂一種。十一世紀，他們要依賴貴族尋求庇護，被長期雇用，且都集中在宮廷裡。吟遊詩人有時是創作史詩的詩人。」

至於我所理解「吟遊」兩字意涵，我對希塞拉夫說：「清澈的想像、自由的清流。只想在如小鳥升飛滑落的雲遊中，昇華」。

五、

慢飛，在春天。
壯觀一片海鳥群，在海面上。

歐洲海岸、河谷、肥沃平原和山地。

南部山地，中部高海拔山區，北部沿海高燥地、低濕地和沼澤地。

歐洲的降雨、霜冰、乾旱和溫度及濕度。

日照歐洲遼闊山林，廣闊視野。

歐洲三月下旬，春分。春天開始，晝夜等長。雪水將滋潤沉睡多時大地，不久，精采生命將爆開，不可收拾，美不勝收。這一季，是另一個繁殖季節之始，因爲看見鳥巢內有一枚剛產下的卵。

河水開始流動，魚兒產卵。

春季。橡樹挺直樹幹高低處，是不同鳥兒們棲息公寓。鳥兒公寓區內，黑啄木鳥和大斑啄木鳥是建築師，忙於在樹幹上挖洞築巢。春天，鳥兒們清理樹洞內垃圾、大掃除。啄木鳥巢有時被鬼鴞占爲己有。

山區泥沼地，四千年前形成，是一處高海拔棲息地。蟲子都沾帶花粉，飛舞於花間忙授粉。

瑞典，喜見棕熊從洞穴走出來。出生不久，小熊三兩隻在春雪地面留下深深爪印。趁著冰雪融化前，牠們在野外翻滾以除蟲和清潔，打打鬧鬧助肌肉發育。天天，快樂地吮食富含蛋白質的母奶。

芬蘭北方廣大森林，驚見好像被塗上艷紅眼線的松雞大鳥，正在吃松針。公松雞心神不寧起來，忙竄觀望，起因爲春天是交配季節。雪融後，土地上，大熊挖地找樹根吃，小熊爬樹。不少小熊活不到一歲，不是病死、餓死，就是被吃掉。

春來，北極各地出現季節變化，冰融了！氣溫在攝氏零度以上，冰化成水。母馴鹿在一塊草地、一塊冰的土地上產下小寶寶。頭腳從母體掉落小生命，頭幾分鐘，就要站立。出生一天後，要跟上媽媽腳步，才有存活機會。因爲，此時，凍原各地，也是灰狼生小狼之處。公狼，則出征幾公里去獵狩馴鹿。

春光，翠綠凍原植物冒出，加拿大麝牛生小牛。

陽光愈強，植物生長愈理直氣壯。雪化地面，土地又硬又冰。凍原，本爲純白冰雪，轉成水塘和遼闊濕地處處。

春至，空中，上億隻燕鷗從遠方，一路上飛了成千上萬公里來到濕地。此時，水塘內，昆蟲孵化，幾十億隻蚊子，是鳥類期待美食。陸地上，雪水融化湍急河流，馴鹿千里長征，途中，得在水中以每小時約十公里速度過河。過河代價之一爲，一旦和群鹿分散而落單，虎視眈眈大灰狼在側。沒錯，必須前進，因此，張慌失措小鹿萬一離群，母鹿來不及也顧不了，只有眼睜睜地看著心頭肉被割捨。

「高空下，怎麼飛來到北美阿拉斯加？」我自己驚訝了一下。

五月陽光出現在北美凍原上，食物埋在雪底下。阿拉斯加馴鹿在冰滑路面上，展開又一程幾千公里大遷徙，走向準備生產之地。

「不要飛得偏離歐洲太遠！」趕緊修正飛行路線，奔回歐洲。

五月，晝長，陽光溫暖，冰雪已融，水泉湧現。芬蘭國土十分之一被水覆蓋，多湖水。游泳健將海狸，咬斷樹幹樹枝，在水域築巢養家活口。林中，吸汁啄木鳥愛吃螞蟻，也和小昆蟲搶著吃甜如糖漿的樹汁。

五月底，陽光夠強，是以，融雪把涓涓細流變成洶湧河川。

春天河流裡，魚兒產卵，生機盎然。這時，河流有游魚，是飛鳥和動物如狐狸、獾的完美獵場。

棕熊不但是山區生存高手，也是技術高超漁夫，魚類爲其主食，尤愛吃含高熱量魚皮，例如文魚扁魚。

森林地表，繁花盛開。

春天，歐洲山林是一個錯綜複雜的立體世界。

濃密羽毛，伴我遨遊天際，不禁拋下一句：「野性歐洲，絕非浪得虛名！」

近處，皇宮，拱廊、花園、小徑。

遠處，壯闊高山自然景象。

更遠處，偏遠高海拔山區，那兒，天氣瞬間轉變，氣象常驟變。不變，唯高山冰川，終年冰凍寒冷。

山谷、小島上、萊茵河附近地區和湖畔，修建有修道院。

僻靜鄉下，人口稀少，農業當然是相當落後。

城門口，我結識了一位名叫亨拉夫（Hunlaf）的古人。

亨拉夫說三月和四月，在英國，農家會修整葡萄莖枝、鋸木頭，畜牧群被牧放到牧場上。五月，花季裡農民會把牲畜牧放到草原上。五月一日，穀物入倉，農家都會喜氣洋洋地度過。

想到萊茵河修道院，我好奇地問亨拉夫有關古代英國修道院景況。

亨拉夫解釋道，修道院，是修道士和宗教的象徵。修道院也是宗教權力的象徵。

中世紀修道院，對當時宗教、文化、社會、政治、經濟等生活層面，都具有影響力。它是教會一部份，是一個自給自足小單位，同時追求個人靈魂關懷、教育和社會救濟這些理念。

「修道院在教育和文學上，也具有特殊意義、價值。」亨拉夫補充說。

修道院是重要教育機構，相信古典教育對信仰和神學研究都會有所貢獻。早期，主教教堂和慈善教堂，都設有學校。在較大修道院裡，內部學校則以培育未來修道士爲己任。到了晚期，才成立大學，且脫離教會管理。

世俗和宗教雙結合，是中世紀修道院特色。例如聖日耳曼修道院內賦稅冊，明載著八二○年前後，農莊上農民和他們家庭成員名單。

愛爾蘭人發展出以修道院爲中心的教會生活形式。往後，幾次改革，常都是因爲修道院生活的宗教色彩，和修道院的社會功能，兩者之間矛盾所引起。十一世紀「禁慾的虔誠」主張，也一併納入教會改革考量中。十一世紀中葉，修道院被轉到教皇手中。

我對於修道院在文學方面積極角色、院內圖書館館藏感到極大興趣。亨拉夫說明，一般而言，修道院圖書館收藏有語法、修辭學、辯論術、算術、天文、幾何、音樂等自由藝術領域（Liberal Arts）外，卻也包含了百科全書、科學和聖徒傳記等方面群書。

中世紀最重要生活面相，是修道院生活，它被視爲積極參與民間社會最完美的生活方式。這種生活起源於東方埃及宗教團體共同生活概念，而不是離群索居獨居隱士生活；源於禁慾願望，在罪惡和世俗交戰與追隨基督磨練中，過一種貧窮宗教生活。修道院內設有共同就餐食堂，還有墓地院子。

「有趣的是，我發現，你們一些城市就建在修道院的旁邊。」我又對亨拉夫說：「還有，你們修道士被放在怎麼樣的一個位置上？」

亨拉夫解釋，穿著黑色長袍修道士，早遠印象，他們遠離人類文明，尋覓荒漠偏地一角，或像是古羅馬兵營遺跡，設僻靜陋室，安靜生活。一方面，內心要和情慾魔鬼拉扯，另一方面，對外要趕走如荒僻野熊。

修道士介於教士和世俗人之間，過著一種使徒式生活。他們爲別人祈禱，在社會上享有威望。修道士和貴族都屬於領主階層。他們早期理想是孤寂，隱居的、貧窮的、勞動的，過著一種聖經使徒式生活。對修道士而言，勞動是真正生活，生活中就是要準備勞累度日，而且被規範在修道院內。他們耕田、飼養牲畜、墾殖、管理田莊、下田勞動，有如生活在一個莊園裡。

亨拉夫分析：「三世紀，修道士既已獨立於一般基督教團體之外。九世紀後，不少修道士同時也是教士。到了十一世紀，有人把修道士隱修生活和修道院群居生活結合在一起，也就是他們住在自己的房子裡，卻和教會、社團有所相連。」中世紀晚期，修教士對心靈關懷、科學、與異端辯論上，付出心力。

修道院對中世紀早、中期的影響，層面遍及宗教生活、政治生活、經濟生活、思想生活等方面。

歐洲中世紀發展到十一、十二世紀，轉變成一個流動、旅行的時代，道路上有著來來往往朝聖者、流浪藝人和學生。路過商人，提供人們資訊來源。

亨拉夫接著講解，中世紀，當羅馬帝國逐漸式微，耶穌教會興起。傳教之際，不但會去學習當地語言，而且會將聖經翻譯成該語言，供人閱讀。如此，使得原本沒有文字的民族，有了文字，讓聖經和文學都記錄在文字中。

「文字？」這讓我想起口袋裡放著一張寫著現代英語字句，於是，將它掏出口袋來出示給亨拉夫看：

「Father of ours, thou who art in heavens,（我們在天上的父）
Be thy name hallowed.（願人都尊你的名爲聖）
Come thy Kingdom（願你的國降臨）
Manifest thy will, on earch as also in heaven.（願你的旨意行在地上如同行在天上）」

只會讀懂古英語的亨拉夫困惑了，完全不解文意，嘆：

「對我來說，這簡直陌生如閱讀外國文字！」他嘖嘖稱奇。

「不，這不是外國文字，這是現代英語！我知道，古英語單字大都是來自日耳曼傳統，有些則是借自拉丁和斯堪地那維亞兩種文字。然而，英語後來發展，由於說英語的人不斷和世上說眾多不同語言的人接觸影響，而擴充了表達不同思想的詞彙內容，產生了豐富同義字。也就是借用大量外來語單字，來取代古英語單字。結果，現在英語常用單字當中，仍源自於古英語部分不太多了。對講現代英語人來說，若是拿起古英語原稿來讀，同樣地，也會認為它像是外國文字般陌生，原因不是古英語的詞形變化，也不是它句子中有關『字的排列順序』或句法，而是古英語中日耳曼單字使然。」由此可見，「英語語言發展的奇特性和趣味性。事實上，你剛讀到那四行字，是主禱文前四行的內容。」亨拉夫驚訝不已：

「什麼？是主禱文？那應該是我們西撒克遜方言（West Saxon dialect）所說的

Fæder ūre þū þe eart on heofonum,
Sī þīn nama ġehālgod.
Tōbecume þīn rīċe,
ġewurþe þīn willa, on eorðan swā swā on heofonum.

這樣才對啊！主禱文，是耶穌教導眾人如何禱告，其精神是願上帝掌權，主禱文跟人們代禱的生命息息相關，進入禱告中的實際。」

「禱告不就是一般祈禱嗎？」我問。

——那只是其中一部分。一般人禱告內容，大抵為自己需要，例如肉體中日用飲食供應、心靈層次釋放與自由，和生活中平安。例如雅各逃離哥哥以掃的追殺，在伯特利第一次遇見上帝，經歷了神。當時，他所求和關心，只限於日用飲食和生活中平安。雅各許願如創世紀二十八章二十一至二十二節所記載。其實，生命的質量，不在乎信主有多久，在於禱告到什麼程度？

「程度之別？」我又問。

——就是更深代禱的地步，關懷神國度的事工。藉著獻上自己為活祭，聖靈會引導我們進入更深代禱領域裡，提升自己生命。進一步思想，如何榮耀上帝且助人得幫助，在世人、教會中間做見證。羅馬書十二章一至二節，告訴我們成為得勝基督徒成功祕訣。馬太福音六章三十二至三十四節，告訴我們生命層次，先求神的國，需要的一切就會賜給我們，不要為明天憂慮吃穿。提摩太前書二章一至二節，告訴我們讀了神的話語，要進入真理，跨出信心第一步，進入約旦河。馬太福音十六章二十四節，告訴我們信主當捨己，將自己奉獻在祭壇上，為主活，為主死，或死或活都是主的人，這是身為基督徒重要涵義。

「就是這兩種層次嗎？」

——還有一種層次是，生活中，上帝常會將我們放在一個關鍵禱告位置上，產生某種程度影響力。也就是在所處時代與環境裡，產生決定性影響。例如以斯帖為族人、為國家代求。獻上活祭的人生，不是逃避世界，而是進入世界。歷史，不在我們手中，在主的手中。上帝在尋找、尋求代禱者。耶利米書九章一節和十四章十七節提到聖靈感動，用說不出來嘆息爲禱告。以西結書二十二章三十節是上帝的感傷。

說完這些，亨拉夫回過頭來又提到古英語，他說，古英語時期受教育者和具有讀寫能力的英國人，對拉丁文都挺熟悉。而整個歐洲大環境在學術上和外交上，更是以拉丁文爲通用語。

先說，古英語（四五〇年至一一五〇年）單字爲純日耳曼單字，這些單字是當初朱特人（**Jutes**，古代居住在北歐的日耳曼人一個部落集團成員，丹麥的大陸部分；公元五至六世紀時，有些朱特人入侵英國東南部，在今天 **Kent** 地區定居）、撒克遜人（在公元五至六世紀曾征服英國部分地方的西日耳曼人）和盎格魯人（世居北歐的西日耳曼部落，公元五至六世紀亦入侵英國不列顛）這三種族群將日耳曼單字從歐洲大陸帶至英國。

至於古英語裡非日耳曼單字，則大都來自於拉丁文。之後，英語豐富詞彙則經常引自於許多不同外國語。

古英語單字在英國發展七百年間，和凱爾特人（**Celts**）、羅馬人及斯堪的那維亞人接觸的結果，一些古英語採用了這三種外來語。其中影響古英語單字最深，爲羅馬人說的拉丁文。其中，北歐斯堪的那維亞的文法，如第三人稱單數現在式的動詞，要加 **s**，影響至今。尤其是拉丁文，六世紀，羅馬教廷派遣奧古斯丁（**St. Augustine of Canterbuty**）到英國東南部傳教，而愛爾蘭教會也早派人到英國北部傳道。教士們不但說拉丁文，更把聖經翻譯成古英語，同時，當他們記錄古英語事物，也都採用拉丁字母。到了九世紀，會使用拉丁文的阿弗烈大帝把拉丁書籍譯成古英語時，自然也使用拉丁字母。於是乎，在宗教和學術雙重影響下，不少拉丁單字取代了日耳曼單字，成爲英語單字至今。又古代日耳曼文字，其字母大抵參照了希臘、拉丁字母所制定。

丹麥人，在九世紀末控制了英國北部和東部大部分地區後，在當地施行的律法，稱丹麥法。

從現代英語角度來看，古英語原先純日耳曼單字約百分之八十五都消失不再使用，流傳至今的少數古英語單字，僅爲一些表達基本概念的字如：「男人」**mann**（**man**）、「好」**gōd**（**good**）等這些名詞和形容詞等。

古英語特色除了純日耳曼單字，還包括了詞形變化、和沒有受到法國語言的影響等。法語單字對英語產生影響，始於中古英語時期。詞形變化的語言，就是說一個句子中，字和字之間關係和意義，取決於屈折變化的詞尾，也就是形容詞和名詞字根（**root**）後的黏附形式，例如英語名詞中複數**-s** 和動詞過去式**-ed** 這些黏附形式或格尾變化。字根相同，但由於詞尾附加物不同，而呈現出該字在句中爲主格、或所有格、或間接受格、或直接受格；有了這個身分證，因此，這個字不論放在句首或句尾、句中，整個句子的意思不變。

古英語文法，在不少方面都和古典拉丁文類似。不過有趣現象，是當古英語和現代英語、現代德文和冰島文三者相較，德文和冰島文反而比較接近古英語的文法。

我從二十一世紀歷史角度，對亨拉夫聊了一下英語發展大略過程，例如，古英語時期終結，在於一〇六六年法國諾曼人（**Normans**）征服了英國。此後近兩百年，在英國土地上，除了本身英語外，征服者威廉所使用的法語，反而成爲英國政府使用語言、主流語言。從此，英國境內語言使用因而產生巨大改變。

中古英語，一一五〇年至一五〇〇年，是英語發展重要階段。

從十一世紀中葉一〇六六年至十三世紀初一二〇〇年；法國諾曼人（十世紀定居於法國諾曼地北歐斯堪的那維亞人和法國人的後裔）於一〇六六年征服英國，從此諾曼法語橫掃英國約一個半世紀之長。這時，在英國，新統治階級是講法語的征服者諾曼人，竟然不諳英語。此後兩百年，英國上流社會貴族們主要語言，是外來語法語而非本國語英語。至於英國民間百姓經由通婚和工作上主僕關係，也意識到學習法語諸多好處和便利性。此時，英國人講英語或法語，不再是種族背景爲考量，而是社交因素了。平民講英法語的雙語能力，是當時英國的特色。這期間，英國國王或上流階層貴族們，對英語持著漠不關心態度；也不想去學英語，因爲他們無須使用英語，對內對外，只要講法語即可應付有餘，通行無阻。

一直到一二五〇年，十一世紀至十二世紀期間，諾曼人（Anglo-Norman）移居英國，也就是這些講法語的統治者，將大量法語單字取代了英語單字，當中也包括一些與教會有關語辭。

約翰國王統治期間，英國於一二一六年失去控制法國西北部諾曼底地區權利。接下來的一二五〇年至一四〇〇年這一個半世紀，是受到了法國中部影響，當時中古英語單字，竟有五分之二起源於法文，大都有關政府、法律、宗教、文學、防禦、封建制度、藝術、建築、音樂、教育、時尚、家庭事務和烹飪。如前所述，法國諾曼人軍事征服英國，以及在一二三六年，英國亨利三世國王娶法國東南部普羅旺斯地區女子埃萊諾（Eleanor）——她曾與法王路易七世離婚後再嫁英王亨利三世——爲女王後，大批法國人和平地湧入移居英國，這是法文單字大量輸入中古英語詞彙的兩大體系。

一四〇〇年，這一年，英國詩人喬叟逝世。

「我喜歡喬塞，因爲他是一位具有世界觀（a man of world）中世紀作家。我喜歡他的代表作『坎特伯利故事集』。因爲從作品中，讀者可以透視十四世紀當時英國社會各階層生活面向，同時，作品也呈現出喬叟對人性觀察、對人文主義思想的體現。」我忍不住抒發一下。

喬塞過世那年，粗略地被界定爲中古英語（the Middle English）時期的終點。自此之後，英語發展進入早期現代英語時期，這時，英語單字不斷地接受不同外國語輸入而擴充，這和英國對海外擴權的興趣和日漸壯大影響力息息相關。

從一五〇〇年至今則歸納爲現代英語，如果要細分，那麼，一四八〇年至一六五〇年可謂早期現代英語，一六五〇年以後則爲現代英語。

不管是英國人歷史，還是英國人與世界上其他國家互動關係，全反映在現代英語所使用的單字上。

六、

渡海飛，在夏天。

當凍原上，夏日，龐大強悍北美麝牛，和所有掠食者目標一致，瞄準了肥滋滋的旅鼠。另一角落，白毛北極狐，如今蛻變成棕色，白來棕去，棕來白去，都是爲了僞裝色。夏日，一胎可生下二十五隻小狐，這些，無非就是在嚴峻荒野求生之道。北極野兔生命延續，也在此時爆發，不可收拾。

北極夏天，太陽永遠不下山。

夏季，食物豐富，但一閃，就快結束了，

因爲，夏天逗留期，僅短短幾週！

「五週左右嗎？」

北歐夏天不長，涼濕有雨，富饒夏日啓動植物、昆蟲生機蓬勃發展。這一季，是生物存活重要考驗。挪威在一年當中生長季節，只有寶貴的一百天。

屬夏日子裡，樹木是地球的肺。歐洲森林裡有白樺樹和雲杉。

夏季，爲求生而爭鬥和發情的戲碼一再上演。

北歐斯堪的那維亞上空，喜見雪鴞身影，每年此時，大量繁殖。

雪鴞不但愛吃旅鼠，雙眼更是緊盯著母鵝帶小鵝下水塘千載良機。母雪鴞逮住機會，發動攻擊，不但趕走成鵝，母鵝也落荒而逃。至此，母雪鴞注意力全集中在小鵝身上，然後，低飛，輕而易舉將小鵝一銜帶走，飛上天，叼回去餵食鳥巢內小鴞。

溼地上有許多繁殖鳥。傳來雛鳥乞食嗷嗷待哺叫聲，劃破寧靜樹林。雛鳥仰賴父母關愛和餵食。

冒出的新生命，會出洞、離巢去探索新世界。

野地，嬌小河烏鳥能潛水十秒。

鳥兒打獵和覓食，忙著捕捉湖泊、水道內多種新鮮淡水魚。

六月，芬蘭，生機盎然國度。瞧！大型草食動物麋鹿生產季登場。小麋鹿呱呱落地，母鹿把胎盤吃掉。然而，令我緊張不已，因爲危險狼群虎視眈眈環伺在側。壯碩母鹿會誓死抵禦，保護還走不穩心肝寶貝。不過，仍只有一半小麋鹿會存活下來而已！

麋鹿會潛入水中吃水生植物。攝氏二十度，夏天，欣見小麋鹿日漸強壯、獨立。但是，只要頭頂生長出漂亮鹿角的大公鹿一出現，小鹿會嚇跑。秋天，鹿角屆時將會成爲打鬥利器。水面是危急地，因爲如吸血鬼般幾百萬隻飛蟲會圍攻那些涉入水中覓食的麋鹿。嚇得鹿群轉身，從水中或水畔躲進森林裡去！

小棕熊降生草地後，母棕熊亦步亦趨跟隨在稀世珍寶身邊，不敢有任何懈怠。小熊喜歡水，同時跟隨母熊身邊吃素，大部分以吃植物、漿果爲主，直到兩個月大，才會離家獨立。

相對照之下，七月底，近白令海峽阿拉斯加熊隻，可要比北歐斯堪的那維亞熊隻幸運多了。北美熊聚集在河域，只消佇立水中或岸邊守株待兔，靜待從大海一路游上兩千里的鮭魚出現。屆時，熊群死盯著奮勇逆流而上約五億條鮭魚，看準目標再行動，即可輕鬆張口或啣食那極富蛋白質肥鮭。這絕對是一場季節性盛宴。鮭魚產卵後死亡，化解爲氮、碳、磷養分滋潤土壤。

熊追鹿，爲了養家活口，落得鹿只有拼命逃離，甩掉任何危險閃失。熊家鹿家都有嗷嗷待哺一張張小口。

北歐出現陌生人，是貉貍。

盛夏，綠色針葉林，宛若微型超級城市。山毛櫸，葉子變大變寬，其樹頂如傘，如一片綠海。光合作用，讓地球發展出生命。少許陽光，照到樹林地面。落葉層真菌和昆蟲靠枯樹爲生，狐狸則賴森鼠爲生。

夏天一場暴風雨，強風吹亂了我的羽毛長尾羽，震動大到幾乎受不了。幸好，我那強而有力鳥喙和鳥爪、彎刀鳥嘴、巨大翅膀，靈活地減低飛行阻力，以驚人俯衝速度像閃電一樣，從天而降，覓得遮風避雨一角。不得不感嘆著：

「林地生命週期，呼應季節更替。大自然有它一定秩序和運作，但不可諱言，它易失序。」

聽到公鹿求偶聲，迴盪山林否？

夏逝，小熊慢慢長大；自然界是一片熙攘嘈雜。

夏天結束，大熊可重達四百公斤。他們彼此爭奪河流地盤大打出手。

另一方面，讚嘆著：「屬夏時節，歐洲林野是一個多樣化世界。」

夏季，村莊的牲畜待在野外。

一般而言，六月，英國人翻耕土地、犁地；七月，割草月；八月，收割莊稼。

村路，積滿泥漿。

村莊，住有領主、管家和農民。

眼前，一男子熱絡地自我介紹：「我叫古德拉夫（Gudlaf），是一位農夫。」

我好奇地問他，就教有關中世紀英國農家和農村生活點滴？流露出樸實健壯神彩的古德拉夫，非常熱情好客地道出：

「農民日出而作，日落而息。關心季節週而復始、晝夜交替，和雞鳴。」

中世紀人們生活中，以農民爲例，要是有人對領主侵犯，他們可是會奮力抵抗。另外，農民對自己命運是坦然接受。他們被限制在村莊內生活空間裡，唯有透過路過商人，擷取一些訊息。農村每日勞動，清晨雞鳴拉開了一天序幕，日落西沈就是休息時刻。夜晚，是漆黑一片。用油燈或蠟燭照明，是富人家特權。至於時間推算，則是目視太陽位置，要不然，就是耳聞教堂催促村民祈禱的鐘聲來判定。農民對季節循環、晝與夜，反而比較重視。土地，對中世紀不論是地主還是農民來說，是食物來源，也是生存園地。

心想：「一個較遙遠年代的日常生活，人們是如何迎接每一個工作天？空閒日子和歡樂節慶又是如何度過？」幸好，透過古德拉夫言談，我才明瞭中世紀人雖然在農村、城市、城堡，還是修道院，於不同角落裡生活，卻也相互影響。他們比較少離開居住環境，也不時興像貴族和主教一樣有交際生活。因此，視野有限。普通人不注重年份，也不清楚出生在哪一年？因此甚少人過生日，當然，也就不時興吹蠟燭、切生日蛋糕了！

古德拉夫扼要地說，生活，整體上來講是不自由，主要原因在於諸多制約、依附和義務。「這是典型中世紀封建制度社會型態。不管是修道院、村莊，還是城堡和城市，統治關係是在一個或幾個領主手中。」於是，市民、農民爲領主所需；修道士乃爲了修道院長和修道院的領主所需；騎士爲封主和邦君所需。

一聽到不自由，我暗地慶幸自己沒有活在歐洲中世紀。

早期，人口稀少，森林覆蓋大地。到了十一、十二世紀，演變成爲一個旅行流動年代，道路上湧現朝聖者、流浪藝人和學生。修道院和民宿容納不下眾多遊客，因此商業客棧設立。

講話間，隱約聞到古德拉夫身上散發出來一抹微酸異味。我委婉間接地探聽英國古人洗澡一事，他瞪大眼睛不可置信：

「洗浴是奢侈！」

我沒說什麼，同時，也觀察到周遭他們也不太常洗手、注重衛生。但這，我也不好說些什麼，否則豈不太無禮了？卻僅婉轉問：「你們生病怎麼辦？」

古德拉夫說，一般平民百姓生病，大都會使用草藥來治療外，放血竟也是治百病方法之一。要是不幸重病在臥，他們就會尋求宗教上奇蹟神秘治療。更甚者，遠行去朝拜聖者遺物，盼獲痊癒。當時，不管是營養不良，還是瘟疫、痲瘋病，這些確都和飢荒有關。中世紀早期，醫療技術落後，修道士還得扛起救護病人之職；中期，當地醫學能有所發展乃拜阿拉伯人影響；晚期，城市內才出現專門救護病人醫院這種機構。

我換了個話題，聊些農家愉快農作。於是，我笑臉盈盈聽古德拉夫繼續說下去，譬如黑莓酒、啤酒、水果酒、陳年葡萄酒還有蜂蜜酒。

磨坊、狩獵區、牧場、橋樑、果園等畫面，一一浮現眼前。

雞、鴨、鵝和牠們下蛋。

園圃裡種有豌豆、黃瓜、芹菜、南瓜、洋蔥、生菜和藥草。果園裡結著蘋果、梨子、栗子、櫻桃果林及一片葡萄園。樹林裡、田裡均可看見被牧放野豬群。古德拉夫忽然微露不勝其擾地表示，農人爲了保護牲畜、莊稼、瓜果，有時不得不獵殺農地最大禍害，野狼。

耕牛忙著拉犁、拉車外，也提供人們大量肉類、牛油、乳酪及牛奶等豐富經濟效益。草場上馬匹。還有更多綿羊和山羊。

仙樂傳來，沒有典雅、精緻人生的宗教音樂。我卻似乎聽到民間貼近土地和活動力飄飄音樂，高山平野處處聞。尤其，小提琴和手風琴合奏出飛翔老鷹、葡萄園工流下辛勤汗水和葡萄酒香各種旋律。我忍不住脫口：「音樂，亙古以來，果真是人類共同的語言！」

隔日，我飛到英格蘭西北部切斯特（Chester）古城。從道旁高處頂上一躍，飛降在一個十字路口。在那兒，我結識了一位城市居民，大名是奧斯拉夫（Oslaf）。藉由他口述，得知一些真相，舉例中世紀盎格魯薩克遜時期，切斯特城郡主，雖不像歐洲大陸封建郡主那樣擾民，但是只要身爲一位英國郡主，他的確也掌控了手下侍從的幸福與災難。防禦工事建築諸如牆垣、碉堡，也常會衝破城牆天際線，就如英格蘭西南部埃克塞特（Exeter）封建主所爲。

或像一〇六六年至一〇七〇年征服英國的諾曼底公爵，征服者威廉，所興建高偉塔樓，就永久聳立在那兒，煞有威嚇倫敦市民之意味。

「在我眼中，你們古代英國人看起來都很正面、友善！我苗栗朋友阿強也這麼認爲呢！」

「什麼意思？」

「就是每個人都很善良守法。」

「那簡直是痴人說夢話，怎麼可能？我們和任何時代的人一樣，有好有壞，不是嗎？」奧斯拉夫說完，立即舉證。他指出，郡主手下官員或代理人，傳聞他們會去干擾威嚇佃戶。一位掌權英格蘭中部萊斯特（Leicester）城，掌管農場業務名叫賽門（Simon le Maudit）這個人爲例，一度向鎮民聲稱，要徵收定期租稅以繳交給莊園郡主。百姓依據契約，提交貢金多時。未料，正式文件在一次火災中付之一炬。市民苦無證據用來證明自己已繳交租稅，可惡的賽門膽敢再一次強徵稅租，不顧民苦。這種封建壓制情況幸好並非常態，只是有些好戰郡主會經常找他們佃戶麻煩。

隔了幾天，我飛降在英格蘭中部古城，城門洞，我抬頭一看，是考文垂（Coventry），遠離繁華中心一個小鎮。

算是幸運吧！每到一個古城陌生地，總是能和那麼一位友善英國古人爲友。這一次，亦不例外，對方自我介紹：「葉曼拉夫（Yrmenlaf）。」

大抵而言，「好像和名叫拉夫、拉夫的人特別有緣！」說完，我忍不住大笑起來。

葉曼拉夫以地頭蛇身份自居，熱心地聊起自己家鄉。他講，偶爾，遠從倫敦來的達官顯貴，遠赴切斯特（Chester）大城或西部地區，大抵都會途經考文垂這個城市。雖然如此，基本上，都不會對當地居民日常生活有任何干擾。一位重要大人物來訪，諸如貴族國王和大批隨從人員，這時候，鎮上居民就要忙著爲他們安排住宿、食物、交通工具諸事張羅一番。

這個小鎮離狩獵區皇家莊園如 Marlborough、Clarendon、Woodstock 都還有段距離。然而，卻不失爲一處迷人又便利的旅居地。聽說，「連亨利二世還有約翰國王都曾來此逗留片刻。甚至，征服者威廉一世當初爲了要鎮壓背叛的薩克遜人，特地從英格蘭中部城市沃里克（Warwick）領軍出發，奔往中部另一個城市諾丁漢（Nottingham）途中，也曾穿越過考文垂。」葉曼拉夫驕傲地說。

城裡，流傳了一位傳奇性人物故事，他本來是個壞人，沒錯，但是到後來竟變成教會、居民都懷念的人物。

葉曼拉夫津津樂道，這個人，是一位姓蘭諾夫（Ranulf）的郡主，來自一個頗爲強勢種族。他可說是家族締造者。郡主的名爲單字「休」，威爾斯人因他粗腰而叫他「胖休」。不過，法國諾曼人因他兇猛好鬥，稱他「野狼」。蘭諾夫擁有征服者威廉在英國約二十個莊園。不但身爲切斯特城領地貴族，同時爲了要靠他抵禦威爾斯人而享有諸多資源特權。這使他幾乎脫離了王室掌握，佔據一方獨立自主。

蘭諾夫駭人作爲，就算是處在遭亂石擊斃、身爲基督教第一個殉教士，聖徒司提反時代，也不會爲百姓所接受，同樣地會對他所作所爲怨聲載道。當時英國人甚至將他比作爲鎮壓基督徒的猶太國王希律一世，和殘暴統治羅馬皇帝尼祿，這兩者綜合體人物，既殘酷又粗暴。

考文垂城，一度成爲蘭諾夫郡主和斯蒂溫國王同盟者、來自塔姆沃思城（Tamworth）的馬密翁（Marmion），兩人戰場。當馬密翁攻佔且在小修道院建築防禦工事時，修道士可說是飽受艱辛。另一方面，當市民夾在兩雄不是鋤頭就是鐵砧鬥爭之間，亦是苦不堪言。

馬密翁於開戰沒多久，由於陷入自己曾在修道院四周建造的戰壕裡，被一位小兵所殺。這可謂犯瀆聖罪、邪惡壓迫者自食苦果結局下場。

蘭諾夫郡主在考文垂城居住期間，倒也經歷一場命運翻轉人生際遇。他與馬密翁決戰數年之後，國王軍隊據守城堡。未料，郡主下令圍攻堡壘要塞，但國王史蒂芬現身戰場，郡主軍兵潰散而逃。至於蘭諾夫本人，也是負傷逃脫。這樣結局，對這位曾無法無天早該被毒死、要不被逐出教會命運的人而言，還算是個適切安排。郡主遺孀爲了丈夫靈魂能安息，不惜把Stivichall整個村莊獻給考文垂市的華特主教。

回顧，蘭諾夫曾是征服者威廉封建男爵的家族成員之一，代表了最後舊秩序。由於這些擁有龐大家產土地和像君主權威般男爵，一直以來，都是令英國歷代國王頭痛。

有趣現象，後來發展出不但民間歌頌蘭諾夫，對他猶如十四世紀人們心中尊崇英雄人物，羅賓漢，而且教會也感念他。前者，歌頌他主要有三個原因：對主子約翰國王忠誠耿耿，同時，身在國內英勇地對抗威爾斯人（the Welsh）；並在國外不但參與十字軍宗教聖戰、也於一二一九年親征被包圍的達米他城（Damietta）之役，十足表現出對付異教徒之決心。至於教會，則緬懷蘭諾夫曾慷慨贊助普騰城（Pulton）的修道院興建。從那兒，郡主一度把修道院修道士和城市居民，一併撤離至斯塔福德郡（Staffordshire）的黛拉克斯鎮（Dieulacres）安全之地。而這些種種可貴行爲情操，改善曾經惡名昭彰郡主的形象及其死後一生評價。更免於人民對他早先眾多過犯百般指責。

後來，郡主臨終時分，居住在瓦林福（Wallingford）小鎮一位離群索居隱者，忽見一群惡魔匆匆擦身而過。基於好奇，隱者從其中一位惡魔口中得知，他們一路匆忙原因，是要趕去郡主臨終床邊控訴他的罪行。惡魔說完，起誓三十天內會回來。守約，那位惡魔返回小鎮，並一口氣告訴當地隱居者，最後到底發生了什麼事：

「對於蘭諾夫惡行惡狀，我們達成判決，他該受地獄之災刑罰。詭異！當我們帶走蘭諾夫，黛拉克斯鎮一群高大兇猛獒犬，還有更多犬類加入，都狂吠不已。牠們持續叫喊喧鬧聲，遠傳至我們聚居地。我們首領魔王難以忍受，導致他下令將才被帶來不久的人類驅離，免得危害進了門入了院。就這樣，蘭諾夫的靈魂才在罪惡墮落之地獲得解脫。」

「逃過一劫，鬼門關前又回來以後，蘭諾夫最後結果怎麼樣？」我追問。

葉曼拉夫回覆：「最終，在無子無孫情況下，離開人世。生前龐大土地被姊妹們和她們的後代給繼承瓜分了。這個家族保有一些地產，一直到艾德華三世國王那個時代。」

單名休（Hugh）這位郡主，麻煩不只一樁。葉曼拉夫回憶著，時值全英國處於詭譎混亂狀態，僅靠亨利二世國王過人意志和果斷、以及一些對國王效忠跟隨者，方保住王位。但是，休，他參與一一七三年大封建造反活動。這次活動，連國內王子們也聯合心謀不軌的外力如法國國王、蘇格蘭人、比利時人，還有英格蘭和法國諾曼第諸多貴族。這些來自於諾福克郡（Norfolk）和中部的萊斯特郡（Leicester）等人士，群起對抗父王。

對國王而言，雪上加霜是自從貝克特（Becket）身亡後，教會也和國王劃清界線。

「誰是貝克特？」我提問。

「噢，他是Saint Thomas Becket（1118-1170），原本爲英格蘭國王亨利二世時期樞密大臣。後來他擔任坎特伯利（Canterbury）大主教，由於當時反對亨利二世控制教會事務，所以遭受殺害。」

「原來如此！請繼續。」

身兼英格蘭東北部達勒姆郡（Durham）主教的休，掌控了北方數郡，但按兵不動靜候，好投靠獲勝一方，求取自身最大利益。此時，東部大城諾里奇（Norwich）這一類城市，和認同好政府和好制度價值的群眾，支持亨利國王。然而，中部地區擁有大莊園的男爵們以及具有濃烈封建精神之士，對國王不滿可說是達到最高點。

葉曼拉夫又說，考文垂市民在這次造反行動裡，提供給切斯特郡主不少幫助。這情況，就好像萊斯特居民對他們郡主羅勃（Robert Blanchmains）所給予的協助模式，即有耕地的佃戶，親赴戰場以示效忠封建主子長官。

情勢後來發展，國王的對手一一被殲滅。休，這位郡主不幸地在法國西北部布列塔尼半島（**Brittany**）一次圍城戰役中被捕，被監禁在 **Falaise** 城堡中。郡主後來重獲自由和財產，亨利國王此時很顯然地不再信任他。順道一提，遭到圍城和焚城秋後算帳命運的，是萊斯特城，可想而知，這得追究於市民捲入當時造反一事有關。另一座則受到較少注意的城市，考文垂，雖然受到報復之苦較少，但是該市民在行動言論自由方面還是被剝奪，一直到休死後約八年，用二十個日耳曼村社公地代價，才贖回自由。

當初站在國王一邊，東部大城諾里奇城市居民悔不當初在那一次著名起義事件中表態。結果，一向反對國王，畢哥（**Bigod**）郡主由於自己部屬和市民都倒向國王那一邊，一怒之下，放火焚城以逞報復之心。

回到考文垂居民，他們往後仍對休心存感激之情，原因在於一位患痲瘋病的隨從。當時，休，他不但開始建造痲瘋病院，而且在城西郊外建 **S. Mary Magdelene** 小教堂。

「那個時候英國有痲瘋病？」我插問一句。

「當初痛苦地備受折磨的痲瘋，是十字軍從東方帶回西歐。」

相談甚歡。由於葉曼拉夫被他太太喊回去劈柴，我們也就互道珍重。

經過一夜甜美睡眠，晨起。

我決定要睜大眼睛，好好地遊蕩在這座活生生、人人操著古英語的古城一會兒。

破曉時分，鐘聲從鐘樓陣陣傳來，喚醒城內居民早早起身，開始爲一天生計忙碌幹活。

城門外，鄉下人、旅遊漫行者和叫賣小販，都紛紛推著或背負著貨物商品，絡繹於進城途中，他們趕著路。晨光下，城堡輪廓、環形城牆和直立城門及小邊門景象，對我而言，都算新鮮有趣！環視散落在田野中、深遠平原斜坡地上幾處尖塔，日出大地。走進剛被打開的城門裡，進城者立刻走在鋪滿高低不平石頭路上。

黎明不久，街道上，望眼過去，充塞著喧嘩繁忙群眾。有時，自由來去閒逛牛隻鴨群，和佔據街道中央魚販攤商一樣，對來往馬伕和行人都構成寸步難行之困擾。怎麼少見狗兒？原來，小狗可是貴族所擁有，因此，牠們少有被放任在公共場所四處流浪、拋頭露面。

喧鬧聲也來自小酒店老闆和廚子，兩人拿著剛出烤爐美食，爭相在兩個緊鄰店家門口向過往行人兜售。而叫賣聲一個比一個大，爭取顧客。

在這也是一樣，時間推算方法，大都與太陽出現不同位置，要不然就得仰賴教堂和修道院每三小時一次的祈禱鐘聲來做參考。

這一次，來自於教堂頂端噹噹鐘聲，是召喚教徒進入教堂祈禱。教堂鐘聲也會用來提醒人們趕赴市集。如果暴亂鬥爭發生，鐘聲則更是召集人們前往公共會場聚集。

人群摩肩接踵，當中有工匠、屠夫、外地來此商人、或剛從海外歸來本地商人；穿著紅袍尊貴市長、高級市政官、身著工作服的法庭庭吏、服兵役者，和以服兵役換得土地的下級武士；配帶著徽章受人敬仰戰士、郡主的家臣。還有穿著白上衣黑長袍、戴兜帽的本篤會修士、一身棕色衣服和打結腰帶的方濟會修士、身穿白袍和棕色肩衣的加爾慕羅（Carmel）修會修道士、一身白色外套和兜帽屬卡爾特（Carthusians）修會修士，以及小教堂和牧區等牧師神父。所有這些世俗人和傳教士、戰士、商人在街上相遇、擦身而過、並打招呼！之外，隱居者和朝聖者身影，也會在街上現身。

時光流轉到了暗夜，夜鐘敲響。

夜晚一片漆黑。

街角，仍見一男子形色匆忙，在趕路。我攔下他，問其何事匆匆？霍克（Hoc）：「你有所不知！」然後，緊急地提醒我，除了拂曉，宵禁時間一到，教堂內神職人員也會再度鳴鐘。這時，鄉村居民得出城返回村落，留宿客棧旅者和城內居民，都得待在室內早早入睡。夜晚九點鐘後不准外出，留在外頭的只有巡夜人，要不然就是竊犯之徒了。黃昏後，人煙漸稀少。街道上燈火，爲掛在客棧和富裕人家門口盞盞油燈。除非不得已，才會用油燈。蠟燭是有錢人照明享受，一般人則是用火把來照明。城門也會深鎖。

「宵小之徒？」我隨口探問。

霍克講到，入夜宵禁時刻一到，如有人仍逗留在外，其跡必可疑。守夜人只要發現任何聲影有異遊蕩之士，就會準備逮人。若竊犯逃跑，値夜人一定會事不疑遲地分頭在黑夜中和空蕩街道上，大聲喊抓賊，叫聲迴盪遠近。這時，呼喚眾人去追捕逃犯捉拿聲乍響，驚動住戶。本著守望相助精神，民宅大門洞開，家中壯漢一個個奪門而出，大夥齊力擒賊。要是逃跑竊賊一旦被捕，二話不說，直往大牢裡送，成爲囚虜一名，絕不客氣。

「古今故事，都在挑戰人性。」聽完原由，我不禁恍悟。

幾天下來，在英國古城親身見聞，我決定回去和苗栗的兒時同伴阿強說清，免得他一直以爲古人就比較無邪乾淨。

七、

秋天。

秋景，爲開闊地景帶來豐富多樣色彩。

落葉林準備落葉。翠綠夏林，如今逐漸變成紅色金色秋林。

淒風起，枯葉在蕭瑟中飄墜，歐洲人內心是否也嘆息扼腕著：「深秋了！」

飛翔中，我相信，定有歐洲人在秋色蕭蕭意境裡，被挑興起一句詠歎，如詩人。

瞧！野熊胃口奇大，有什麼吃什麼，養肥一點，好面臨即將來臨寒冷苦冬。同時，鶴鳥南飛，海鷗也南飛了！

九月初，馴鹿發情期。小鹿，都會在明年春天出生。

公馴鹿頭頂著鹿角，大搖大擺在青青平原上閒晃，並物色對象。鹿角不但佔鹿身比例大，其大小和體重都很重要，在於爭取交配權時兩雄對決生死鬥的條件，爲了向母馴鹿展示生育品質。鹿茸，美麗得無與倫比。

一群群馴鹿，分組涉水游渡峽灣，氣壯山河。

翠綠濕地另一頭，小雪鴞羽毛漸豐滿，如果想要活命，冬天之前一定要會飛。母雪鴞上空監視著掠食者大灰狼，是否膽敢接近鳥巢！北極狐不是母雪鴞的對手。

馴鹿正南下展開最壯麗生存戰役，就是投身兩千五百公里遷徙長征。河流畔剛結冰，灰狼正等待不小心落入冰水中馴鹿，好飽餐一頓。

十月初，每隻健康公麋鹿重約五百公斤，大鹿角一公尺長，此時是發情期。爲了交配權，公麋鹿打鬥得你死我活，傷痕累累流血掛彩戰敗者一方，識趣地黯然神傷離去。

過幾週，嚴冬就要來了。初雪，飄落在北極狐和幼狐身上，也飄落在我的鳥羽上。

時令逢秋，歐洲樹林是一個無情世界。

歐洲農村，秋收秋種。

九月，重新播種、砍伐樹木。十月，忙碌地採收葡萄。

於是，秋天，眼前是農忙活動，諸如翻耕土地、犁地、播種、耙地平整、剷除灌木和雜草。收割之後，得在領主磨坊裡碾磨穀物。

我喜歡中世紀英國用傳統手工來做穀物麵包和熱粥。

我垂涎他們所做天然新鮮麵包，如同國內攝影大師舉例，一張十九世紀二〇年代末一位法國人拍下鄉村農莊天空的大自然光影相片。相較於虛擬網路世界，一百八十多年前，歐洲攝影者用沒有快門鈕的老式相機，在真實時間裡等待以捕捉優美景致，其所帶來純粹樂趣。

也好像咱們冬至吃湯圓慶團圓過冬時，不就是吃些循古法製作鮮Q濃醇的芝麻、花生、鮮肉三種傳統人情口味湯圓，而非創新潮流口味。台灣泡水的糯米、磨漿、揉皮等手工製作過程，所流露出來單純美味，如中世紀原味麵包。

物產豐富，小麥、大麥、燕麥、黑麥。蜂蜜、牛奶、奶酪。漿果、堅果、蘋果、梨、杏和櫻桃等水果，蔬菜則是芹菜、葡萄、南瓜、卷心菜。他們常喝很多葡萄酒和啤酒。

我也注意到十三世紀前，餐具和器皿大都是簡陋質樸木製或陶製品。

家庭、修道院、領地、宮廷中國王和貴族、城市生活。

我問曾在夏天結交的朋友霍克：「日常生活中，人們如何度過工作日、節日、假日和空閒時間？」

他回答，貴族、主教除外，一般居民視野受限，在於他們幾乎不曾離開所居住環境。不同社會群體，分別生活在農村、城市、城堡、行宮裡、修道院裡。

英挺煥發，霍克果然不出所料，是位彬彬又英勇騎士。

欣賞歐洲文學和藝術，我們常見騎士的影子。

「歐洲中世紀城堡和騎士，總是散發著一種浪漫情韻。」我神往地說出。

「騎士過的是宮廷的理想。城堡是統治權力象徵。」他說。

霍克馬上補添一句：對騎士而言，戰鬥是生活，而且爲了尋求聲望，留在城堡裡。城堡因騎士，故象徵著統治權力。

他進一步揭露，騎士一般活動空間大都在城堡和在宮廷裡作客，而競技、狩獵、交際是他們生活中心。他們是一群享有特權的士兵階級，騎著自己飼養和訓練匹匹駿馬，換言之，要成爲中世紀騎士，得要有相當財富。國王、教會和貴族的封臣均是騎士，因此不難理解，騎士和領主階級是同等級。然而，騎士的城堡空間不大。騎士城堡大都建在高處，象徵與村莊之間距離。事實上，早期城堡是土製或者是木製結構，九世紀以後，石頭堆砌城堡才出現。十一世紀，城堡建在峰頂處。十二世紀末，城堡築在山上，高聳城堡不但具備防禦功能，還象徵著統治者與被統治者之間存在相當距離。農民生活，是勞動；騎士生活，是悠閒和娛樂消遣所創造出來。

城堡、塔樓和牆垛，大都被壕溝以及堅固環狀城牆所圍繞。而塔樓也會是貴族居所。城堡內，有廄棚、穀倉、還有水井與儲存天降甘霖的蓄水池。我四處觀望，內心充滿了懷舊之情。城堡，霍克強調，從八世紀以來也是一個舉行宗教禮拜儀式中心，它有自己權力範圍跟領地。在歐洲，被廢棄城堡，會被改用爲一所修道院。

原來，城堡，是社會地位標記，也挺符合貴族排場；它是統治象徵、統治中心；它是貴族日常生活和社交空間所在。它有收取過路、過河、過橋等關稅功能。到了中世紀晚期，城堡也可被用作抵押資產。中世紀無數戰爭，都在爭奪城堡，又得勝的一方會去摧毀對方的城堡。

十一世紀，想要得到認可，需向國王和王子提出請求，以得到證明，舉行晉封騎士儀式，才成爲正式騎士。黑色戰馬，飛奔地穿越田野，馬頭抬得氣昂筆挺。騎士頭盔、徽章、長矛上繫著旗幟、劍、矛。騎士隨時準備作戰，代表理想的形象，常在中古藝術和文學中出現。

十字軍東征，基督教騎士對聖國外不信教者進行鬥爭，他們反對伊斯蘭教徒，誓言奪回耶路撒冷聖墓。從宮廷愛情角度來看，羅馬騎士、宮廷騎士，是宮廷文學中常客，其核心價值存於道德體系，用勇敢、（榮譽）舉止、忠誠、寬容、專制、來證明自己騎士風度。他們有三種類型：基督戰士、士兵、道德英雄。

歐洲中世紀晚期，騎士收入減少，變窮了，騎士制度原先意義和騎士威信也都隨之下降。此時，新的生活方式，要算中世紀城市生活。中世紀晚期，羅馬城市是行政中心，其周圍農村都隸屬它。城市內多了封臣、市民、手工業、幫工和傭人等居民。

告別了霍克，我不禁誇讚他真是一位靈明的真騎士、會悟的真君子。

次日，駐足在護城河附近，手機有了動靜。我趕忙低頭打開手機，一看，簡訊一則：

「貴戶有線電視繳費已收到，發票號碼 KR59361664 金額 1595 訂戶編號 3377276 請至公司網站查詢，新竹振道上」

我這稀鬆平常反應動作，還不打緊，卻引起擦肩而過、古英語環境中成長的伊絲（Yres）妙齡小姑娘極度驚奇。她主動和我搭訕，追問我這一切新奇與神奇。我們這一代人類科技發展現況，意識到，這可是她未知的未來！

懷著一顆對古英語人像是希塞拉夫、亨拉夫、古德拉夫、奧斯拉夫、葉曼拉夫和霍克，他們過去一段日子以來，對我殷勤款待和解惑。這一次，我心甘情願地角色互換，換成我不厭其煩地爲伊絲姑娘略述人類科技與文明發展軌跡。

「你的來世，是我的今生。那麼，我就從十八世紀工業革命開始講起吧！」

一七七六年，工業革命對人類生產和消費方式，帶來極大改變。

一九六六年，美國第一枚月球衛星發射升空，探測月球上奧秘。

一九六九年七月二十日，美國太空人阿姆斯壯登月，在月球踏上人類一大步，留下腳印，並把美國國旗插在月球上（甘迺迪總統時代）。

一九八九年，美國太空船「旅行家二號」首度傳回海王星一些照片。

一九九〇年，美國麥哲倫號太空探險器在發射十五個月後，進入金星軌道。

一九九〇年代初期，人類發明了網路，從此各式各樣資訊上傳。透過網路，很多事情都變得不一樣，這是一種科技革命和科技變化大爆炸時代。智慧手機連上了網路，使用 **Skype** 和朋友通話，平板電腦（**iPad**）以及臉書（**Facebook**）社群網站。簡言之，人類科技文明發展到了二十一世紀的今天，比方**i**系列的第一炮，是一九九八年 **iMac** 問世。隨後，**iPod** 終結隨身聽長期霸主地位。二〇〇七年，第一代 **iPhone** 開啓了智慧型手機新紀元。另外，電子小機具、應用程式和網路資訊等快速增加且普及。人類創新思維、科技之觸控世界，不但帶來新生活型態，也改變了全球看世界新觀點。

我一口氣從十八世紀講到二十一世紀時，順便提了一下二〇一二年，另一波節能減碳的綠色革命逐漸成形，人們開始思考在新一代綠色貿易中，如何提升綠色競爭力。

不過，「我難忘那一天，一片屏息，忐忑不安心情緊張時刻」，我仍沈醉在猶如夢幻之境神情，對伊絲說，時空裡，彷彿連一根細針落地聲音都清晰可聞。那一天，日曆上是二〇一二年八月六日清晨。位於美國加州西南部帕沙迪那城，「噴射推進實驗室」地面控管中心人員，靜待透過繞行火星上空軌道的衛星，它不停地觀測傳回地球的無線電訊號。美國政府花費二十五億美元，擔負行星探索任務的火星漫遊車「好奇號」（Curiosity），在「擎天神五型」運載火箭推送升空後，歷時八個半月，旅行了五億七千萬公里。太空漫遊車接近火星表面最終階段，以反向火箭推進器協助減速。距離地面八公里外，擺脫了防熱罩，啟動雷達，開始偵測著陸地點，也就是火星赤道以南附近巨大的蓋爾隕石坑（Gale Crater）邊緣。前有一大片礫石，以時速四百五十公里接近，同時，漫遊車內攝影機開始拍攝降落過程。著陸前十二秒，飄浮空中的火箭推進器放出尼龍纜繩，懸吊著「好奇號」緩降。在蓋爾隕石坑中心，高約五千五百公尺夏普峰（Mount Sharp）前緣著陸。此時，觸地速度降到每秒〇・六公尺。也就是，從當初全速，進入減速，在七分鐘內達到靜止狀態。

聽得入神，伊絲追問：「升入太空那個神奇東西到底有多大？」我回應，美國科學家無任何差錯成功地發射這長度三公尺、約九〇〇公斤重、寬二・八公尺、桅杆二・一公尺高、機械手臂可伸出二・二公尺距離的核動力探測車。意味著，太空船及其系統運作毫無瑕疵，完整無損。位於加州美國國家航空暨太空總署實驗室，地面控管中心人員，最終，歡欣雀躍，喊叫：「我們成功了！」

接下來，好奇號火星漫遊車透過天線，把探測火星結果傳回地球。加州控管中心再指示下一步行動。

「漫遊車的任務是什麼？」伊絲問我。

我回覆，「好奇號」主要任務預計為期兩年，但它的鈽電池能持續十年。兩年內身肩任務包括：科學家已知火星曾有水，現在要尋找是否有構成生命的碳基化合物？可能曾經適合生命存活的生物聚集處？

蓋爾隕石坑中央、約四千八百公尺高「夏普峰」，科學家可透過峰上岩石來研究火星歷史。漫遊車的輻射偵測器標示來自太陽、超新星和其他來源輻射線的強度，作為未來太空人登陸參考。

不過，最叫人嘆為觀止，「好奇號」是聰明絕頂火星探測車，因為它會自行思考接下來怎麼做。加州實驗室操控駕駛，僅可看到它最後決定，卻未必知曉「好奇號」思考過程。

美國國家航空暨太空總署（NASA）表示，我得意地對伊絲轉述，根據火星探測車「好奇號」傳回地球不少照片，哈塔（Hottah）岩床看似被鐵鎚敲過的石板人行道。研判是一條古老傾斜河床，「火星曾有河流」。歷史性這一天，二〇一二年九月二十七日，是中秋節前三天。

「中秋節？是什麼？」伊絲更是大惑不解起來。

「這個嘛，就是……」我鼓起耐心向清新如薄荷、新鮮如檸檬的妙齡少女娓娓道來。

八、

不提其他城市，朋友說，現今光是上海市，就有數十萬台灣人定居在黃埔江畔。逍遙遊。亞洲的中國大陸，也是一個令人嚮往神秘國度。

尋根於神州大地，不光是文化命脈，也是血緣臍帶牽連綿延，像是來自安徽的父母，出生於南京、成都的三位兄姐。

因此，凌空飛翔，來到世界最古老文明之地、人口超過十億、五十個民族在此落地生根中國大陸。輕快地飛越全世界最高山峰、感受到大沙漠嚴寒和酷熱、遼闊草原，同豐饒的熱帶海洋。

南方亞熱帶，一年兩百多天下雨，多山，多水，多水塘如此迷人景緻。我俯衝而下，達到近距離俯視一定高度，才又優緩慢飛。鳥瞰比英國大八倍的華南地區，天暖天涼不同月份所展現自然景觀。

「灕江景象，怎麼美得如中國傳統山水畫？」令人大爲吃驚。

長江氾濫，濕軟泥土上，種稻已有八千年歷史。

雲南南部水稻，種在山坡地勢陡坡上，細緻水稻梯田人工景觀裡，喜見久違了山谷原生動物水牛在犁田。

地無三里平，貴州，見苗族山村一戶人家，圍著大圓桌吃著午餐飯菜。拍打雙翅，一下子滑溜進了這家屋簷，我停留下來，決定待上一段日子。這時，瞥見家中老人家愁容。春天是種稻日子。老人煩惱的是播種日，得看天氣和金腰燕。天氣尚可，但是：

「燕子爲什麼還沒飛回來？每年，我都記下燕子飛回日期，這時辰，牠們應該出現在天空，今兒個怎麼無蹤影？」我聽到老人爲了一家生計擔憂著。

山村居民喜愛燕子，可能是成雙燕子都會終生廝守在一塊兒，所以人類視此鳥爲吉祥象徵。

春燕來得晚，插秧日子勢必順延。

預定山坡高處梯田播種秧苗的日子，終於來了！

這一刻，人鳥各自忙生計。苗族鄰里村民互助，農事忙。燕子飛來飛去，沒閒著在水田裡不但抓蟲吃，也銜泥好築巢。小白鷺在秧綠水田，抓食蝌蚪、小魚、昆蟲。母燕叼著鰻魚回巢，一窩小小鳥喙爭食魚鮮美味。

多雨華南，仍有缺水地域。面積比法國和西班牙加起來還大的中國大陸西南區，爲石灰岩地形，窮困居民仍在狹小田裡工作。眼看，鋒利尖頂石林景觀，嘆爲觀止。千年來，水，侵蝕了石灰岩，形成天然奇景，喀斯特地形下端，有神祕洞穴。入洞探險，某些地段有河道傾瀉，某些地段則有緩緩水流，還有石筍、鐘乳石奇觀，宛若一趟時光之旅。

珍貴黑葉猴，僅出現在貴州、廣西兩省，喜群居。

貴州多垂直峽谷，群猴在樹上枝頭大嚼當季嫩芽、水果、嫩葉等食物。一方面，愛舔喝峭壁上泉水，又愛來去自如地跳走在高岩縱切面上。寒冬，猴群鑽進更深地底，取暖。

洞穴內還有雨燕，牠們也愛在建築物頂端築巢。

瞧！桂林喀斯特的石丘。一條淨水是灕江，其北方八百公里處，呈高山景觀，像喀斯特地區，乃砂岩地形受到刻蝕而成。蜿蜒在張家界山間水道，應爲世界遺產無疑。

魚米之鄉，安徽，尤以花崗岩奇峰的黃山著稱。山上，千年古松，如畫。山谷陰涼地，有黃山獼猴爲彼此理毛哩！猴群更在樹梢上倒掛、打架、或躲避毒蛇。

中國米倉稻米收割之地，金腰燕仍在田地捕食昆蟲。

十一月，收割結束，南方仍有暖意。這時，飛來鄱陽湖過冬稀客鳥群，除了白身黑嘴黑爪、來自西伯利亞北極海岸的候鳥，小天鵝之外，還有西伯利亞來回九千多公里的白鶴。

北京人，春節，熱熱鬧鬧地忙著逛廟會，圖個吉利又舒緩心情。我喜歡廟會，理由很簡單，它是一種國泰民安、民俗傳統和飲食文化一脈傳襲。看到京城內低矮四合院、狹窄胡同。北京人這些胡同，讓我懷想在幽靜老舊庭院裡，那些爲生存、爲理想而掛念再三的芸芸眾生。

飛越喜馬拉雅山約萬公尺上空，空氣稀薄又酷寒，驚見一隻已進化可有效吸氣的斑頭雁，正努力地振翅。於山麓山丘，亦可忍零受下低溫爲黑頸鶴，也在飛翔，與我同飛，往回家的路上。

九、

漂泊者，多次，重返西方英國遠久的中世紀古老時空裡。從那兒，又振動著羽翼，飛行中，獨處，款款飛向夕陽，飛進晚霞，一路朝向東方。

像一個鳥人，灑脫不羈，化身為一隻吟遊的鳥，飛越不同時空，咀嚼不同信念和希望。自在地拿捏飛行中那忽高忽低變換高度，低些、更低、略高、再高一點，隨意地高高低低、不高不低、低低高高，變換莫測，妙不可言。

出生在台灣這片土地上，從小到大，親身經歷了物質匱乏、國際處境的窘境、經濟起飛、和共同的情感以及集體記憶的年代。

「該是看清自己生長地方！」於是，振翅，盤旋故鄉山水天地之間。

老天！不看還好，一看，台灣海岸退縮，因為侵蝕嚴重。又沿海殘缺，並出現廢鐵爐渣和藻礁泡在黑水裡，還有無數廢棄針頭。海域嚴重受到垃圾汙染，沒有風景可言，也看不到海洋文化。

還好，淡水河、大安溪、新店溪蜿蜒河道，岸邊沙壤土質肥沃。

台灣高山上奇異花草，於晚春和夏季，花影滿樹。橫跨四月至七月，高海拔陡峭地形，白、粉白、粉紅點點那是玉山杜鵑。從低海拔地區，淡粉到桃紅為紅毛杜鵑，延綿開花直往高海拔地區。山區屬夏花草，有亮黃蒲公英、白花瓣黃蕊高山菊、黃色貓兒菊，還有岩壁上滿滿玉山懸鉤子。另一邊，是繁茂淡紫玉山山蘿蔔、沙蔘，以及淡紫混著深紫的野薄荷。二葉松、鐵杉、冷杉僅落為配角相襯。

秋天第四個節氣，秋分。九月中下旬，夏冬交會，大地金黃豐收秋蟹和秋柿，熱鬧出場。

晝短夜長，天轉涼。人心微愁？沒關係！只要轉向市場裡堆積如山月餅，仰望湛藍天空、金黃陽光，就會心情轉好！

飛向亞熱帶群山，遁入台灣中、高海拔山脈深處。秋陽下，山林顏色從夏天青蔥，換裝成紅黃山野：青楓和楓香的葉紅、槭樹及欒樹的紅葉、山漆樹的黃紅葉片，山桐子的紅果。我迎向瑟瑟秋風，御著西風湧流而遐思：

「秋山呈百態，有別於情切切意綿綿春山景象，在於那獨特品味和細膩精神琢磨。」是否「非喜劇，是悲劇情境，反而牽引我們和救贖交會，讓人獲得身體與想像上自由？」默問。

哇！飛翔在南台灣綠色隧道上空。水道、野鳥和佈有海茄冬、水筆仔、欖李、五梨跤等風貌綠意紅樹林。於彈塗魚、招潮蟹家園，一葉扁舟竹筏泛水間，作客過冬候鳥群加入夜鷺與翠鳥，凌空相隨一段。

中秋一過，台南南鯤鯓沿海附近，可以看到成千上萬隻黑腹燕鷗，陸續飛抵北門潟湖來棲息。秋涼，伴隨著東北季風，也邀來黑面琵鷺登台亮相。

南臺灣另一角，海岸山脈，聽到烏頭翁、五色鳥和小啄木鳥啼聲。再飛向一千五百公頃大溼地，想到有人說過：「城市內能有一座濕地，是上天恩賜。」濕地廣大灘塗植被如綠肺，是罕見野鳥中途停留棲息地。時值初冬，大批候鳥、水鳥及留鳥停留在這片沙洲地、廢耕地、農墾區和木麻黃防風林。又飛往濱海區，迎面而來竟是展翅猛禽類，紅隼和澤鵟鳥。

飛升台灣海拔三千多公尺以上，日夜溫差大。冬雪景色，山群配著雲海雲霧，山頭冷峻。

吟遊的鳥高空橫越大甲溪源頭、濁水溪和立霧溪流域。

十、

下課，來自東加勒比海、熱帶海洋性氣候天主教國家——聖露西亞一位外籍生，馬麗莎，遞病假單給我。因尿路感染腎功能不良而送進急診室，才缺課。收下假單，聊了一下家鄉：她驕傲地描述全國十六萬餘人口，安居樂業在小安地列斯群島六百平方公里上。四周是熱帶海水、熱帶天空和燦爛陽光。

夜眠。慌張地左右尋找觀光旅遊巴士，先不果。幾秒鐘後，前方不遠處，見到了巴士才稍寬心。身旁外國人回答了幾個問題。這時，站在異國聖露西亞小山丘上繁忙街道旁，望著眼前平原上聳立拔起摩天建築群，「好像美國芝加哥、紐約大都會！」可是身爲客旅，我不免心中疑惑：「加勒比海島國怎麼可能巨廈林立？太像歐美大城市？」又不解：「我剛剛和他們語言溝通如此順暢！當地人不是講法語嗎？爲什麼彼此之間意念傳達，敏捷精準？這是如何辦到？」

醒來，原來是場夢。聖露西亞，想起來了，馬麗莎告訴我他們國語是英語。可是，夢裡怎麼一直認爲她家鄉人說法語？敢情是搞混了！原來是下意識裡，錯把班上另兩位海地外籍男學生家鄉母語法語，和馬麗莎故鄉情況混雜在一起了。

「夢中，什麼事都可能發生！真奇異。」念頭閃過。

奇異的夢。

冬至前幾天，選修英國文學課程大一至大四不同年級共四十一位學生，說出他們種種夢境，竟有三成五夢見自己成了飛人：

「能穿越時空，來回於過去和未來。看到自己小時候玩耍模樣，也看到一個假想未來的我——潛意識裡面所希望的模樣。」

「發明了時光機，穿越各個時間和地點。夢中，回想起歷史課本上畫像和圖片，像是經歷了英法百年戰爭、金字塔建造、古希臘時代的輝煌，直到正要準備前往未來，不知怎得，發生了事故，我就醒了。」

「在海邊城堡上觀望夕陽，視野中一切都被染成金黃色。然後，意識逐漸地離開地面，飛起。俯瞰夢中美景——閃著金光的大海、沙灘、城牆、巨石，還有我自己陶醉身影。」

「我在一棟建築物中，身旁是一道矮牆，對外是開放世界。像是被觸動一般，往外跳躍下墜，並向遙遠卻逐漸逼近的地面衝去。『我要飛！』心中想著，但沒有羽翼。然而，翅膀並不只有一種。我將視線，連同身軀朝向天際，這一刻，靠近的不再是土地，而是遠方天空。」

「整個世界都是顛倒的。可以走在『天上』，水會往高處流，走在『路上』，東西掉了都是往天上飛。看到的人，都覺得我很奇怪——因爲只有我是正常人類。還是說，其實我才是那個夢境世界裡不正常的？」

「夢見自己身處於一個桃花源。在中心地帶，有一座城堡。我走進城堡裡，忽然間，有大批軍隊入侵，襲擊原先安居樂業居民和我。於是，我奮力抵抗，想靠著僅存力氣打倒敵人。突然，我踩空地板，掉入了另一個四次元空間。刹那間，我置身於偌大羅馬競技場中心……」

「我會飛。夢見去了很多國家。最不可思議，我都是夢見冬天場景，每個國家都下雪。夢中，我和活生生雪人玩得不亦樂乎，一起去吃冰淇淋，一起飛到天上雪人家鄉。看見他們住在糖果屋，像冰雪糖霜。夢裡是溫暖，而非冰冷。雪人身體軟綿綿。然後，夢裡的我，睡覺了。」

「一開始，先跑到一個很繁榮、先進大都市，裡面場景就像科幻片中場景一樣。而我浮在空中滑行。之後，場景又跳到籃球場上，我突然變成一位職業選手，在場上主宰整個比賽。投進致勝一球，被隊友歡樂地當成英雄一樣抛起來，然後以慢動作方式掉下來，結果一直一直掉，掉入一個深淵之中，就驚醒了！應該是和睡前看了部科幻片和玩 NBA 2K12 的關係吧！」

「我在森林裡飛，飛到很高很高，很接近天空。天空是清澈水藍色，白雪也是超白。或是下飛，在森林中穿梭，整個景象有點像是童話世界。而且，飛翔，令人感覺非常真切，身體往上飄。連醒來，都還記得那種不在地面飄浮感覺。」

午飯後，坐臥沙發上翻閱學生夢境，不知不覺地昏昏睡去。

幻化成一隻吟遊的鳥，人必須兼具是瘋子，是戀人，是詩人，三位一體。

瘋子、戀人、詩人，對莎士比亞而言，其實都是一個樣。他們都有著豐富與誇張想像力。

三者之間，若有微小差異，也頂多是那想像力奔馳方向不同罷了。

對莎翁而言，瘋子，他那想像力已誇張至驚世駭俗，非常人所能理解。他聲稱眼中惡魔數量，龐大有如一波波潮水，溢出了廣大無邊地獄。戀人，則是美化其所愛、所視之物。就算四處流浪如吉普賽女孩，也美得如特洛伊城中絕世美人海倫，**Helen**。正可比擬中國古語「情人眼裡出西施」。詩人，更爲誇張，其靈感不單單常被俗世之物啓發，甚而來自天上。當詩人轉動眼珠尋找靈感之時，有時從地上看至天堂，接著轉移而下，又從天堂轉向地下，祈望著神聖啓發。詩人妙筆，勾勒出不予名狀之事務，給予這些虛無縹緲之物一個形體和生命。從而居住下來，名字也因此誕生了！好一個無中生有之能手。

未曾瘋狂過，未曾寫過詩。創意想像於我，依然貧瘠不足。雖然天堂鳥曾賜予一對翅膀，然而，多年過去，當還想再度浸潤於當初憂傷之靈飛鳥奇遇，但始終回不去了。如同一個人難再進入奇異的魂縈舊夢，可遇不可求！

如今留下回憶是，長途跋涉飛越千里旅程中，大開眼界。原來禽鳥世界，種類繁美多采多姿——鳥囀、羽色、習性，還是跳舞、覓食、喧鬧地你追我跑，要不然遊戲在一塊兒湊熱鬧、獨自幽幽休歇？在在都是好樣的，明明亮亮。

彼時，一度滑翔在古英語年代，曾被一隻鳥問到：「原本就住在英國的留鳥？」

還是「隨著季節變化來英國過冬，以及夏季繁殖的候鳥？」

要不然是「暫時停歇過境鳥，準備遠行飛到較溫暖南方？」

被一連三問，愣住數秒。一方面悠然記得，十五年前，曾經說過自己「就是那隻中世紀的鳥！」然而，一方面，想到，自己既不是於冬季南飛的雁鴨，也不是於隔年春天就振翅北回的鷺鷥或鴴鳥，靈機一動，脫口而出：「我是一隻吟遊的鳥。」

溯往，吟遊間，忘不了海嶼一角，一群看似笨拙、吵鬧海豹擁擠群居在岩塊上。來自東歐歐絨鴨，也是群居性。還記得北美獨行俠麋鹿，和北極孤伶伶地挖掘雪地，尋找地衣爲食、掙扎求生的馴鹿。群居或獨行，都是莊嚴生命的寶相。

午睡醒來，收音機傳來搖滾流行歌手 **Rod Stewart** 略帶沙啞但厚實歌喉，唱著「你曾見過雨落嗎？（**Have you ever seen the rain**）」曲目，旋律裡一再地問：「我想知道，你曾見過落雨嗎？我想知道，你曾見過雨水在一個陽光明媚的日子，從天灑落？」

我邊聽邊微微點頭、微悟：「我見過雨水和陽光一起出現奇異景象！我見過！」因爲，我想到吟遊的鳥。

浪漫成性紡織工人波頓（**Bottom**）於仲夏夜之夢，醒來，回味著：夢中，波頓似乎經歷了一場充滿奇異幻象夢境。這夢，不是一般人智力和想像力，說得出那究竟是一個怎麼樣的夢？就算有人試著解夢，定會被視爲瘋子或蠢蛋。因爲，它是一場人們眼目未曾聽見過，人們耳朵未曾見過，人們雙手未曾嚐過，人們舌頭未曾想過，人們內心也講不上來的一場驚異傳奇。唯感官紛至沓來，相互曲扭扭轉，打破想像侷限，透過奔馳想像方體認到，這一場夢，再真實不過。「我相信你的夢！在仲夏。」現在，當我再次閱讀莎士比亞戲劇時邊微語。那是由於我記起吟遊的鳥。

吟遊的鳥，不是文化——人們生活於共同價值當中，遵守特定教導系統。

吟遊的鳥，不是邏輯。

吟遊的鳥，是真理。

邏輯，是去解釋真理。

真理，乃包括不同相面的邏輯，包含不同邏輯的面相。

吟遊的鳥，是真理的實際，不是真理知識。

不再困惑！原來，是潔淨的心，使我得自由，使我等候。

十一、

哈！翅膀！

翅膀，當初，天堂鳥說要賜我一對，心中固然欣喜，但同時，不免擔憂起來。那是因爲想到希臘神話中伊卡魯斯墜海（**The Fall of Icarus**）一幕來。年輕人伊卡魯斯，其父親是位巧匠，爲了父子兩人能夠逃離克里特島，老父親造了兩對翅膀，一人一對。料想不到，年輕人忘了忠告，飛得太靠近太陽。結果，黏著翅膀給蠟融化掉了，墜入愛琴海身亡。

原本多慮，後來卻發現這真是奇妙。因爲一旦我振翅飛升向天，意識到，天堂鳥所精心預備雙翅，不但融入身體和心思，如出己身，如行家飛行大師，而且又自然又牢靠。樂得只管插翅，帶著好奇飛向古老日耳曼世界，去冒險、去犯錯，去邂逅一個接一個意外驚喜，去編織既有趣又奇異吉光片羽，如稀有罕見藝術品。

十二、

一股腦栽進交大校園內竹湖池水，沾沾水，洗掉旅途上風塵。返鄉漂鳥。

十三、

出門，迎向青山，漫行在雲彩下，靈魂歡呼！

四季，瀰漫著自然藝術。

時間，被嵌入年輪裡不同的生活體驗與文學氛圍，任鳥穿梭，隨人探索後，披染上一層人文奇景。

窗外，炊煙裊裊，小園深處歸鳥啁啾，不絕於耳。

螢河

「人生舞台上，我扮演別人角色，已經很久了！」她說。

看著微微迷惑的我，再嘗試：「一天，開車去海邊買生魚片，朝著頭前溪方向，在快速公路上看著中央山脈大霸尖山。邊看著連串山勢、石頭脈絡、無晴無雨淡藍色群山且雲霧繚繞，邊回顧人生邊思考著：人事時地因緣際會，無意中滑入一個角色，竟也扮演了一輩子！」

三月，譜完櫻花頌歌。

初夏鳳凰花開之前四、五月，春郊，大地忙不迭地再拾起歡欣心情掀起另一波祭祀活動——桐花祭。桐花在山間谷地溪邊路旁，預兆且歌迎即將來臨炎炎夏日；這時，也是人們走進鄰近山區林地去觀賞螢火之勝。賦詩情景，人文適閒。

一、

大背山。大山背。

記否？我們曾於不同年度，兩次，從光復校區驅車前往新竹縣橫山鄉和竹東鎮交界——大山背山區，趁日落前喜看桐花，入夜後樂迎飛舞閃爍螢火。

從平地長征海拔七百餘公尺高郊山前，我們忙著去7-Eleven 購置迷你手電筒，好在徒步河谷步道賞螢時，摸黑探路之用。

五月，山路，像戶外盛大宴會，湧進大批青年人，參與這一季自然野趣。鄉野，遠近，漫山遍野油桐樹花開。漫天飛舞、又輕盈飄降是盛開桐花，如雪如雨。掉落滿地桐花如氈。滿山滿谷，錯落著山黃麻、幽竹、五節芒、姑婆芋、野薑月桃，還有舞蝶。

天越黑，人越多。自然林野中，狹窄步行古道沿途，已經遇見腹部末端閃出點點螢光。然而，從山腰下行，愈近水文完整溪谷深處，或水量豐富石橋下草叢水邊，流螢在棲息地波瀾壯闊，如螢河。

「美麗得像天上銀河！」擦肩而過青年男女驚呼。

當多隻螢火優優雅雅地飛停在妳衣襟、髮梢、袖口，卻絲毫未曾動念離去時，妳嘖嘖稱奇，我們驚奇且振臂一呼！。

無光害黑濕山林裡，夜空中星河和山地間螢河，相互遙望。

天上星斗，睥睨寰宇，今卻爲桐花，褪去矜貴，步下凡塵，甘願將其皎潔輕灑於天下樹草人身。星情螢情，融爲一家人。

二、

瀰漫於山林、山溪，和木棧步道旁螢光小精靈，喚醒童年記憶：以前，不但河邊、樹林，就連一家人在竹籬巴小院子裡，各自坐在藤椅上搖扇納涼夏夜，螢火蟲常伴身旁，毫不稀奇。孩童們會捕捉螢火裝入透明玻璃瓶，霎時，罐內閃亮不停，猶如一盞巧奪天工有機燈籠。

依舊留在心版是幼童歲月那座「螢橋」，橫跨台北市和台北縣永和鎮之間木板橋，也就是發展至今中正橋。早年，螢橋下，溪河邊兩岸螢火流竄。某年，焦急慌張母親牽著我手匆促走過螢橋，爲的是飛奔對岸探視因爲一時衝動打群架而受傷的哥哥。橋下新店溪湍流，騰空長條枕木間隙，見到腳下大片奔流水域，叫人好奇且驚恐起來，深怕一失足墜落溪水。

小學。放學後，黃昏巷口，經常有位騎腳踏車叫賣熱包子老鄉。當時，雖然一家貧苦過日，母親二話不說，將手伸進大衣口袋掏出零錢，大方地叫我去買來吃。炎夏，和鄰居其他三位小男孩一起偷溜去水源地，跳進溪水消暑。聽聞不會游泳的我居然和別人去玩水，她嚇得火速去溪邊找我，深怕滅頂悲劇發生。當一群小毛頭在水洞和淺水裡玩得過癮後才又滿足、又幸福地返家。途中，驚見慌張母親迎面而來。一個夜晚，家父牽著我經過台北中山堂前賣五彩氣球小販，他低頭問我要不要買個氣球？當時，確實想要，但顧及家境清寒而搖頭。

高中。「要不要給你錢去看電影？」怕我寂寞，母親不是慫恿我去找朋友，就是會叫我進戲院消磨時光。有天，掛急診並躺在三軍總醫院病床上。迷濛沈睡中，感覺到父親厚實大手緊握著我手，一股暖流汩汩。他不捨且傷痛。

記否？我不久前曾對妳說過：「在家，我像個貧窮貴公子！」問題是，常理言，我沒有任何條件成爲貴公子。家不富。又非家中獨子，反倒是兄弟姊妹眾多一大家子。求學或才藝表現平庸。更沒有大哥來得英挺機靈。人前人後，「我那個傻兒子！」被父母稱呼著。有趣，家中二老卻縱容我所有脾氣和情緒，默默忍受，同時，更給予我極大自由，任我遨翔天南地北，無拘無束。

念茲，懷念起他們生前恩情。

夢中，常在找母親！未果，心急，夢中，不解地自問：「人去那兒了？怎麼不在家？」一次，終於找到她，竟是一個人獨自居住在一間陋室。我迷惑著：「爲什麼不回家跟兒女同住？」她靜默。夢境裡，人在眼前，卻感覺母子彼此之間距離出奇地疏遠。

夢中，聽到母親在隔壁叫喚我乳名，喜極，急忙尋聲找人去。驚醒於加拿大艾蒙頓市，午夜夢迴，淡愁，思念未了。

奢想在另一個夢中，螢橋搭起，再次攙著父母，三人走它幾回螢橋。

三、

桐花，盛開、又紛落，在東風裡。

螢火，迸出火星似晶瑩，在南風裡。

妳說：「這年頭知音愈來愈少。能和好朋友分享感受，也是一種福氣。」有意思，妳我的知己，卻都是少數幾位異性，不是同性。為此，我們大笑過。除了妳，另一位好友，正在台大教書。

去年，西風漸起，妳人已在美國紐約大學客座教授，準備待一年。

「你知道嗎？我來到美國，隔著大西洋，才真正覺得遠離大學教書環境是是非非，心靈得到釋放。可見得這個一年研究假期，對我太重要了！」

飛到美國，先赴巴爾的摩訪友兩週。在巴爾的摩最後一天，妳幫朋友搬家，直到整個房子打包淨空，兩人忙到下午五點。然後，再一起參加另外一位朋友生日聚餐。

第二天，一個人拎著三個箱子搭灰狗巴士，從巴爾的摩來到紐約宿舍。行李未拆，原封不動。

妳說，第三天，除了房東家具，還得再補充一些。於是瀏覽佈告欄後，打了幾個電話。十分鐘之內，賣家就分別把書架、咖啡機、角櫃搬到住處，總共花了美金二十五元。下午，妳跑去中國城大吃大喝，還去 Macy's 買了五雙減價 Clark 女鞋。晚上，回到宿舍，Skype 在台灣研究生繕打妳國科會期中報告。

接下來幾天，亦是間雜交錯著添購日用品、到 Macy's 還有 Century 21 買衣飾、拆箱、趕研究報告和會議論文，當然少不了上餐館吃吃喝喝。

當妳說：「對女人而言，購物似乎不會影響作研究的精力，反而可以提神醒腦，增加靈感哩！」我莞爾一笑。

羨慕妳去哥倫比亞大學圖書館查資料，還觀賞紐約市立芭蕾舞劇團當季最後一場表演「仲夏夜之夢」。

喜歡聽妳閒聊，不但緊湊而且有趣，津津有味又難忘。記得，妳曾說，初來紐約，生活十分忙亂，不像巴爾的摩安靜而規律。各有長短。

紐約實在大不同啊！在紐約，妳說：「血液裡好像注入了城市脈動，隨時隨地總覺得該做些什麼才對得起自己。不論去圖書館研究，還是看音樂劇，或城市漫遊，血拼購物，酒吧喝酒，都好！」

居住巴爾的摩，日子是用減法去過。不像紐約，街頭轉角，一轉首一回頭，在在引起人們花錢慾望。在巴爾的摩就是簡約慢活，修身養性。回想，朋友住小公寓麻雀雖小，但五臟俱全，乾乾淨淨。後面書房窗外有棵大樹，妳就看著太陽從樹那一頭到這頭，金綠色光影，也隨著日光移動而閃爍跳躍。妳驀然想起，起碼已經有四年沒有享受過這種什麼事也不做，望著天光樹影發呆滋味。「有時候，安靜慵懶也是一種享受。」妳說。暑假裡，人還在台灣，爲了父親、女兒的事兩頭忙之外，還要趕論文。然後到了美國，前半個月來，風塵僕僕，倉皇又麻木地在這個陌生城市巴爾的摩落腳。這時候，你才驚覺到「現在才得以歇息！」

巴爾的摩這個城市不像紐約大都會，要買什麼都很方便，也很集中。相反地，巴爾的摩就像美國多數中型典型都市，十分分散。比方說，有些店是在郊區，巴士到不了之處。換言之，張羅日常生活用品和家電也是東一點西一點，靠著兩條腿。好幾次，買點東西來回就走了四十分鐘。雖然那邊人服務態度欠佳，也沒有什麼效率，不過，巴爾的摩這個城市就是有它的歷史、古蹟。尤其是街旁一些小小 townhouse 房子，儘管裡面可能破爛陳舊，外觀卻有一種細緻頹廢美感。「好像童話故事中房子！」這個城市，妳又說像「遲暮中美人，陳舊華麗袍子，散發著霉味、香水味和隔夜酒氣味。然而，仍然掩不住其曖昧光澤」。還有「這個城市不在南方，但緩慢步調，有時卻讓我錯覺人在南方！」

我們感嘆，美國再也不像過去三十年經濟繁榮。過去十年餘，尤其受到九一一事件影響，美國長年對伊拉克、阿富汗用兵不講，二〇〇八年金融海嘯被迫撥鉅款救市。龐大福利支出，有增無減國債，貧窮人口驟生，再加上近年來房地產、股票暴跌、失業嚴重，導致中產階級沒落緣故。

八月下旬，美國東岸經歷了一場大災難。不但是飽受五點九級地震驚嚇，緊接著又有艾琳（Irene）颶風撒野。張牙舞爪颶風來臨前，臨時起意去港灣散步。海水上漲，海平面和海岸地面幾乎同等高度。港灣附近商家飯店區，都關門歇業。情況看來，雨傘和雨衣均無用武之地。索性地，空手，妳一個人頭一遭，清靜地領受著從天傾注而下大雨。

餘悸猶存，妳訴說，第二天黎明前，颶風在新紐澤西州登陸。狂風夾帶暴雨，橫掃東岸，北上直撲紐約。紐約曼哈頓及布魯克林低窪地區，由於東河（East River）和哈得遜河（Hudson River）灌注大量雨水，堤防潰決，海水倒灌。那可是紐約六十年來最大颶風，迫使二十五萬居民撤離家園。淹水、大樹和房屋被摧毀，交通癱瘓，迫使兩座核電廠關閉。紐約街道一片死寂，機場關閉，至於巴士、地鐵也都停駛。

過些日子後，東岸一所大學爲新生家長舉辦了雙親週（the Parents' Week）。一連串活動諸如星期一烤肉、星期二點心招待、星期三冰淇淋之夜、和星期四墨西哥捲餅之夜，妳都覺得熱鬧有趣。

十月十三日。過著一種簡單、平靜且規律生活。審核別人論文、著手撰寫幾篇學術期刊文章、著作一本有關台灣新電影新書。此外，每天晚上去大學健身房運動。近日，剛取得紐約大學訪問學者身分證明卡和網路使用卡。當然，待在紐約市，妳也去了 Peter Luger 牛排館和 Bouley 法國餐廳享受美食。同時，也觀賞好幾場百老匯音樂劇。目前，非常滿意這種平安、清靜、健康就是福的日子。尤其是經過了過往幾年忙碌紛擾之後，所領悟出人生。

十月下旬，妳說：「我最喜歡秋天午後！」

透過大學健身房景觀窗，妳一面騎腳踏車，一面看金黃色陽光像金幣般從參天樹林間灑落，令人著迷。

慶幸，在紐約，妳重新覺得自己是大鵬鳥，而不是烏鴉。過去，只是自己在烏鴉群中待久了，以爲自己是隻烏鴉。但終究，妳是隻大鵬鳥，我說。

又說：「秋天，是東岸最美好季節，清涼颯爽。」

曾多年在美國中西部度過整個秋，因此，我深信不疑。

天氣晴朗，想像著妳去海港走走，看那像藍寶石的海以及藍絲絨般的天。港灣想必遊人如織，瀟灑閒散。

天氣陰雨，妳會在山林小徑穿梭，享受山嵐拂面，林煙繚繞？靈魂終於在世界某一偏遠角落，安頓片刻。平靜地。真好！

萬聖節週末，夜間，妳意外地邂逅了一場雪，十月雪。通常，「初雪是降在感恩節期間。」「印象中，印地安那初雪，也是在感恩節前後。」我回答。

「電視新聞報導這場十月初雪，可是自一九八三年以來第一次。」妳補充道。

遠赴美國東岸才不過兩個月時光，妳卻經歷了當地半世紀以來首次地震，和自一九七二年以來最大夏季水患之外，如今，再加上這場十月白雪。

「我的名字裡有個雨字；震、雨、雪這三個字不都是有雨嗎？」

「就連十多年前，我到絲路柳原去旅行。那天，竟下了三十二公釐的雨。當地人說，那可是乾旱柳原全年雨量。我一去，那雨就全下完了。」聽妳這麼一說，我又忍不住大笑起來。

「十月雪，反常變態，但優美曼妙起來！」當妳說完這句話，我卻靜默且回味著。

「我不知道你有沒有讀過數十年前，我獲首獎短篇小說作品？這篇是前些日子，我在網路上尋找研究資料時，意外相遇。」

「它，喚起我再度對文學創作熱情。而這股當初戀情，卻在這些年來，由於繁忙學術研究和行政工作影響下，而冷卻下來。」

我接話：「閱讀後，我個人覺得，這短篇小說風格有點像海明威簡潔，而涵義綿遠。你們兩個人都曾從事新聞記者工作，是不是，在文字方面，都有處理新聞訓練俐落?妳的短篇裡鮮明精準意象比喻，至今依舊令人玩味。」

現今，獨自待在美國一年擔任訪問學者期間，不受任何干擾，「我想，我應該在筆耕學術研究之際，重拾文學之筆。」妳自我期許著。

聽此言，我竟比妳更興奮與期待。

十一月下旬，妳和妳女兒獲邀一起去吃感恩節大餐，並欣賞主人家古董和時尙收藏。妳們有一種溫馨過節氣氛。一方面，近期在美國，妳過著平淡日子，沒有太多節目，吃著清淡飲食，規律運動。不過，沒有咖啡和甜食日子，也讓妳覺得索然無味。因此，過過感恩節吃喝一頓也是令人愉快。另一方面，過節期間，離開台灣紛紛擾擾，過著清靜無爲日子，卻也讓妳思考生命本質。

「悲劇，才有存在感!才知道自己還有多少可能?」妳說。

妳在想，人到中年，這種教書日子生活與生命，都已固定成形。不再奢盼大起，只求沒有大落。

妳說，人心險惡，所以「行事都很低調隱密，越少被人談論越好。」

很多事都已經歷過，沒有興奮期待，只求沒有太大紛擾與變故。而在物質生活上，也儘量用減法，而非加法過日子。

妳說，最近，正在寫一篇頗具挑戰性學術論文，有些無形壓力。但另一方面來看，卻也是「用書寫來逃避人世紛擾，用書寫來對抗緩慢趨近死亡，用書寫來對抗日常生活中瑣碎、無聊的一種方式」。

妳講：「我最大貢獻，是曾爲一對兒女的衣食父母，成就他們前半段人生。而我留在世上的，不過是幾本書和一些文章。這些書和文章，有沒有人看？哪些人在看？也不是我管得著，不是我在乎的了。」

得知，雖然妳計畫在夏天前，希望能完成一本學術專書初稿、幾篇會議論文、修改幾篇將刊登的專文，但這些並不能阻止妳去想一些和工作進度無關之事。常在想：死後還能給世界留下些什麼？帶走的，可能是一些模糊片段、無法辨識記憶以及一些「只有我自己知道的祕密」。

四、

秘密。

我對妳說，夏季，舒卷自在地雲遊北加州。汽車不論進出在灣區山景城或鄰近城鎮道路巷弄間、甚至南下延著一號公路奔馳至洛杉磯，車內收音機不時地傳來 DJ 密集播放一首新歌。

坐在駕駛座旁，原先，無意識被動去聽歌曲。卻也在聽著、聽著刹那，幕然回溯，年前，人在北美溫哥華老舊木屋公寓裡。常坐在餐桌邊，面對紗窗朝向屋外，一邊聽收音機、一邊看書做札記，要不就臨窗大口大口享用三餐。

記得，那時，一些全新歌曲剛開始播放，初覺新鮮。如果它們一而再經由電台在空中盤旋繚繞，往後，都會成爲流行歌曲。這款經驗讓我幾可確定，充斥在夏季加州這首曲子，會流行起來並流傳下去。

長征南加州途中，車內不止一次再度揚起同首歌旋律。坐在前座，我忍不住回頭，不恥下問唸大二年輕人歌名爲何？他輕鬆地回覆：「是 OneRepublic 所演唱 Secrets 秘密。」

由於教書，一時，陰錯陽差，竟誤闖年輕學子祕密花園。初時驚愕，旋即急轉爲沉寂思慮、不捨和無語思念，延續至今。一直以來，惦記著他們心中秘密在心深處。十年過去，其實，只要仍有記憶的一天，「淡愁般想念，將如影隨形，好像月亮之於夜晚，太陽之於白晝。」我對妳說。

揣想，那一年深秋時節。尚未賞析愛默生「美國學者」有關恐懼之真相和因應之道前，我先帶領學生進入省思情境，並要他們筆記自身最畏懼的一件事在作業本子上。

「你們要誠實地寫！知道麼？」我故作吆喝、橫眉豎眼狀。

下課後，抱回一疊學生課堂作業簿。

周末，閱讀批改一則又一則年輕學子記憶版圖中某個驚恐角落。唸大一妙齡少女，寫下不爲人知內心苦毒跟傷害，來自於家中唯一男子。高中拚了命，也要考上大學，趕快離開這個家，永不回去，再也不要見到那個男人。大學宿舍多少個夜晚，室友們都睡著了，她躲在被窩裡啜泣。如今上大學，最讓她牽掛不下是剛讀高中小妹。憂懼仍待在家中、如今已亭亭玉立，妹妹是否會慘遭同樣摧殘？她在長途電話上揪心叮嚀：「晚上睡覺，一定要把門鎖上！聽清楚了嗎？」

至於他，用流利英文筆述，身爲男性難以啓齒痛苦爲「impotent」——性無能。看不到未來人生幸福和樂趣。正在唸大二，眼看身旁英姿勃勃男大學生們，忙著享受愛情滋潤，或編織未來綺麗愛情夢。他卻驀然悲傷自己沒有亮光人生前途，不知自己奮鬥所爲何來？看到這，我放下紅筆，心情低沉，無法繼續做任何事情。右手支撐著下巴，吸氣，再由鼻孔噴出長長又沉重嘆氣。目光呆滯，嘴唇下彎再彎，還是呆滯，靜止好一陣子。

他們留下眼淚，誰來擦乾？

他們感受苦痛，誰來分擔？

人生荊棘，苦難背後，又會是怎樣奧秘？

以往，我可以搖旗鼓舞青春年少們，飛越風浪，站立高崗上。然而，這兩則學生秘密，我束手無策，只陷入同憂，且無端掛慮起他們來，一直至今！祈禱上天，願他們能重整並向前跨越，活出更精彩人生，在空白記憶，書寫他們活出的勇敢。

記得那個學期，聖誕節前一個星期。上完課，男女大學生在我眼前閃離，她走到我跟前：

「老師！我下個星期要請假。」

「爲什麼？」

到來！」

「我和幾位朋友要去紐約過新年，準備到時代廣場加入千千萬萬群眾倒數，歡度新年的

我眼睛一亮，驚喜大聲說：

「去！去！去！太好了！我真為妳高興。」像極一位慈祥父親般長者，一心只想寵溺眼前小女孩。我對人在美國的妳說：「那一次，我超齡演出，但心甘情願！我高興她願走出自己的陰影，去擁抱紐約。」

五、

金風中丹桂飄香，又中秋。

月圓歡度佳節，到底該不該嚐幾口皮薄且油亮、餡多廣式月餅？還是養生為重，避口皮厚餡少台式月餅？少碰皮薄而蓬鬆、口感酥軟以豆仁、豆沙口味甜餅口味為主蘇式月餅？至於內餡是滷肉的綠豆椪和蛋黃酥，看樣子都得忌口，以減少擔憂健康陰影？看出我身陷攪擾，到底要不要吃它一口層皮酥香、有油糖的餡料，綿密滑順、美味可口應景月餅？妳豪爽回一句：

「吃吧！難得吃一次，死不了人！大不了多吃點柚子，配上一杯黑咖啡吧！」語帶煽動大力鼓舞。

以自己為例，妳像是打開水閘般滔滔不絕：「人愈老，對食物的懷念和童年有關。」既不穿金戴銀又不登山、不開賽車不開飛機，日子除了靜態、無刺激教課、改作業，學術圈裡

無聊的笑裡藏刀環境，還留下啥？所以，妳現在犒賞自己方式就是游泳、閱讀、多和朋友一起吃笑、一起嚐美食美酒，多和家人相處在一起，回歸人生基點。又旅行國外名山勝水，好脫離常規，但是漂泊日子不能太長，不可能一輩子過著旅遊生活。

妳說，一直低調、壓抑、小心翼翼，因爲體驗到人心險惡假惺惺。今天交心，明天插人一刀、捅人一刀，就是開會你沒來的時候。置人絕路這教訓和感受，令人遺憾又困惑。妳問：「是領域之間文化問題？單位之間文化問題？」不少人心機重、權力慾薰心，自私自利，太在乎自己利益，把別人當墊腳背，成爲別人枷鎖。年紀稍長，「老了就儘量吃，吃吧！何必因爲卡路里、凸肚就緊張，對美食壓抑，何苦？」

人生活得刺激精彩，方爲舉足輕重態度。

「我父親九十幾歲，有的時候嘴饞想吃點美味飲食，我弟妹會擔心老人健康。我就會說，讓他吃吧！他已沒幾年了，不必對腸胃太壓抑！另外，不解，我的親戚多年來都以不同魚類和高麗菜爲餐桌主食，想必他們也失掉一些生活樂趣！」妳舉例。

振振有詞卻快樂飛揚起來般：「在紐約，去訪友，順道專程去中國城吃東坡肉。我們廣東人愛吃豬肝，有時會點一道炒豬肝，嫩香有媽媽味道。」一位於大蘋果市一百多街最南端中國城，當時，會樂此不疲地坐上半小時地鐵，去那兒大吃廣東粥、腸粉和價廉的皮入味、肉不太老又多汁的燒鴨。」又有一次，「去法國參加國際學術研討會，在巴黎一家高級餐廳點了鵝肝醬！另外肥鴨肝也不差，巴掌那麼大，入口美味肝料理是外脆內粉嫩。飯後，又在巴黎一家點心店買了半打小甜餅馬克龍，上下兩片餅夾杏仁醬、果醬，味甜酸又散發水果香，狀如大衣扣子一樣大，竟要價約美金兩塊半。不過甜餅上下脆、中間多汁又Q，口感極有層次，頓覺人生多美好。」

「回到台灣，我也愛去菜市場吃鴨舌頭、菱角之類。」

聽完，我呼應道：「的確如此。我想到以前系上一位曾老師，他聽了一位同事忠告，中午應吃素食便當養生。」每兩星期都得再簽名預訂一次，半個月過後，助理問他要繼續訂餐否?曾老師真誠以告:「如果吃這樣可以活到一百歲，」停頓兩秒「那麼活著還有什麼意思?」

聊完，十分確定，今年我會快快樂樂吃它幾大口美味傳統月餅。

月餅後，精神糧食。

秋陽和煦，九月下旬，妳忍不住讚嘆我們都熟識一位畢業多年男學生善英詩創作：「可惜，我們生在一個不是詩歌年代了！」妳說，這位文藝青年英文造詣遠勝以英語爲母語的人，他的詩作優於多數英美詩人詩句：「在意象應用上，既新奇又鮮明。他極有潛能成爲艾略特（T.S. Eliot）史詩般文學開拓的壯闊。」

這位年輕、然而擁有成熟靈魂詩人，獨自一人低調地在台灣南部家鄉過日。白晝，在補習班教書。黑夜，在月光下，不作聲地詩興大發，筆跡爬滿紙張。

我花了點時間旅行、神遊於賦詩青年手寫英文字母所組合而成光年裡。出發點是「鏡中人」，相貌一樣的人。駛進——

眼前我見到一把短劍，
劍柄朝向我掌心？
夏日已逝，
明月狀如長柄大鐮刀，
攬於懷，
英格蘭北部色菲爾德（Steffield）市政廳映照出北斗七星，
該完成的工作，不容鬆懈未完成。
北半球，預言撐破蒼穹，
九重天的流星，
用寒冷冰雪，
奶白了十六世紀義大利帕拉弟奧（Palladian）新古典主義建築上雪檐。
接著，女王陛下御馬突然倒下，
蘇格蘭醫師羅傑森（John Rogerson）在法庭，
陳述著女王罹患致命中風。
流言蜚語一直重複著這樣描述，
微弱燭光下，

從爆裂血管噴出最後一滴血，
冒出汁液是源自於燃燒的骨頭。

一位真知灼見之士，
以一種陳腐次等、至高無上表達方式，
在哲學家沙特的房間暴怒，
一度沉悶無聲且裸露，
如今被嘈雜和暴怒聲充斥，
益顯破舊不堪，
如一連串爆裂聲吧答吧答地響著，
如穿梭跌撞在亨利八世廚房內怪誕姊妹們，
「雨落，整片大地。」

古埃及法老王今亦爲羅馬皇帝，
他情人在尼羅河中，隨著魚群優游，
簡而言之，層層又疊疊欺矇住中世紀神學，
聖經光譜點燃另一灌木叢著火，

此光，尾隨埃及篷車穿越沙漠，
一位迷途旅者迎面遇到飽涵神話的文學經典，
撒哈拉沙漠吞食生命無數，
除了古埃及金字塔附近獅身人面巨像之外，
四處風兒也颳起閒言碎語，
風神埃俄羅斯（Aeolus）傳述奧德修斯（Odysseus），
這位於特洛伊城攻陷後回家途中，十年流浪種種經歷，
不但困惑了畫布還有我的雙耳，
當我試著和美人海倫去採藥，
斯巴達國王梅內萊厄斯（Menelaus）撫玩著手中鑰匙和臉上藍鬍子，
「一場傾盆雨，降在陸地。」

狄俄尼索斯（Dionysus）在金燦燦落雨中
騎著一頭公牛，
馬西亞斯（Marsyas）的長笛曲目嘲弄著
驢耳國王抱怨遠離沙漠災難，
詩人多恩（John Donne）像隻白兔彈跳

又「啾啾，啾啾，
我慘遭母親殺害，
家父把我吞噬，
瑪琳（Marlene）小妹把我的骨頭貯藏起來，
　一隻小鳥倒臥在杜松樹上絲綢圍巾裡。」

說是奧賽羅（Othello）還不如說是哈姆雷特，馬克白
諂媚地唸了一段獨白
「這太、太過堅實肉體竟會熔化，
良知順著樓梯扶手滑翔而下，
欄杆戲弄瞬間的慾望，
渡鴉獨自發出粗啞叫聲，」
一位假日旅館門廳侍者對一位遲歸旅客問候招呼，
他大衣殘留雨痕，
紫霧中野生石楠花叢裡最後黴菌漂浮著，
羅馬人低語著撤離一座古老古物挖掘遺址，
陶器被砸得粉碎，然後

「大雨，降落地面長達一百五十天。」

遊歷了詩國風光。

靜默無語，悄然踏上原生之路，走進濃密樹林深處遠處。停靠在一棵善解人意多情樹。巨樹爲我從樹幹流下樹脂，滌盡塵思。我在林中斑駁陽光裡棲息下來，聽樹沙沙細訴，萌生人與樹真心連結的嚮往！悸動湧出心田，漣漪陣陣在深邃森林裡。循著浩瀚神話和映象，漫遊歸來，巍然觸動，無言一段長長時間，獨問：「詩人寂寞？」傳送給妳一封電子郵件上頭寫著：「我閱讀到年輕詩人娓娓道來那一份節制、苦味但無懼情感中，那一份圓熟洗鍊和蒼涼荒蕪。」

依窗，寂思綿遠。

六、

遠去美國學術之旅告一段落，秋季，星期天中午，相約在竹北一家泰國餐廳聚餐，敘舊並爲妳洗塵。我們點了青木瓜沙拉、酸辣蝦湯、泰式咖哩雞以及甜點摩摩喳喳。餐後，移座至餐廳外露天休閒椅座區繼續天南地北話家常。

駕車返回新竹途中：

「你覺得在我們這樣一個學術校園裡，容易交朋友嗎？」

「就個人來說，我是不會去刻意交朋友的人。」

「刻意交朋友，你覺得在我們周圍有誰是刻意去交朋友？」

「每個人吧！只是結果有異。」

「怎麼說？」狐疑。

「每個人都在表演。有人，表演技術破綻百出，一目了然，人避之唯恐不及。有些人，善於表演，將語調、意切、眼神和善解都包裝地具有說服力。他們堆砌出一具完美形象，使聽者陷入她或他欲營造出情境裡，信其所有一言一行以爲真。

「後來，發現幾乎公認的可怕之人，其實，並非那麼十惡不赦、全然的壞！端淑得宜彬彬有禮，絕非無辜、真實，到頭來，反倒令人驚悚，尤甚前者。

「結語，這是人生。C'est la vie！」

七、

妳曾說，創作之路，不少時候，都是孤獨地一個人面對自己，得忍受個性孤寂。

妳曾前前後後說過：

「從生活中不同時辰的分秒和人生際遇點點滴滴，去擷取美真的人事物。藉由想像力，配合有紀律的執行力去創作、征服一篇篇作品，讓繽紛亮度足以觸動人心中較柔軟的心田。」

「不斷地問自己，是否願意爲文字創作燃燒自己熱情？啓動心中強大心靈活動及力量？

創造自我價值？」

「震撼性作家作品，必然是作品自己會說話，作品和作家在對話。後人閱讀後，會記住這澎湃且扣人心弦靈魂作品，跳脫古典或現代，找到心靈知己。甚至讀者和作者跨時空對談，聽到彼此心跳、土地脈搏聲音。」

「認真生活，用心感受，讓牽動情緒能到達更遠的想像海洋。然而，另一方面，創意不必在遠方，可在生存和生活過程中，處處體悟不同驚喜。」

記否？我曾讚揚妳的書寫：「大器。鮮活意象。音樂性。」今日，我想對妳說：「莫忘當初最純真的感動。莫忘初衷！」

來春四月，教室內英國文學課堂上，介紹浪漫主義詩人雪萊（Percy Bysshe Shelley, 1792-1882）作品「西風頌」給學生時，禁不住想到喜歡秋天午後的妳。

南歐，秋日，義大利佛羅倫斯附近 Arno 河畔樹林裡，雪萊感應到正在孕育的滂沱秋雨。果真，日落時分，暴風雨夾帶著冰雹、雷鳴、閃電。狂野屬秋西風，詩人爲它頌歌賦詩。林地秋葉、蒼穹秋雲，和海面秋濤，無不隨著大自然裡驚心動魄西風而凋零而新生。西風湧迸出奼紫嫣紅、黑雪、電光和冰雹。浩瀚洋海因西風裂開，譜成動人生命樂章。

人不可能掌握藝術。真正藝術家，則是讓藝術來影響人。

浪漫詩人願赤子之心想像力重現，以期連結到西風。之外，甘願作希臘神話風神埃俄羅斯（Aeolus）下風琴、森林，可以隨西風吹奏起交響樂而轉換成行行詩句。詩文如秋葉般散落各地，流芳百世，字字句句如號角般吹響預言，喚醒人類想像力與創意。一切繆思來於大自然，因爲它底蘊著生命毀滅和生命創造之豐沛能量。

西風捲，大海翻騰波濤洶湧。詩人與來自天然直接啓示的靈感結合。展翅，隨著暴風舞動，上昇衝往天空，上天。

閱讀雪萊，字裡行間，彷彿看到妳，也想到妳。

一直認爲，妳的文字精準流暢且意象鮮活豐美。作家，應該是妳真實角色，不是嗎？

始終相信，只要提起文學之筆，經過沉澱累積，妳會成爲銀河中一顆明星。

那時候，至於身在油桐花季節螢河中、仰觀天際的我，會樂做一名妳的讀者。

會呼吸的房子

邂逅會思考建築群聚，是在春深餘暉，薰風宜人。第一眼，讓我想起喬伊斯小說裡所描繪北列治文（North Richmond）街上深宅大院居處。一棟棟棕色冷硬建築自覺身分地位崇高，它們不時地用棕色屋身端詳彼此。

雖居城心，卻隱巷弄般幽靜。二十四小時社區門禁警衛管理，精緻沉穩黑色、金色相間大鐵門被打開，就已讓人感受到這是一個被打造成高品味居住空間。乾淨整齊街廓，每戶五層樓棕色透天頂級庭園別墅，面對面棟距少說也有七公尺，氣勢非凡。暖色系精工建築帶出了靜定、厚實基調。幾位屋主據聞是科學園區知名科技大老闆。

身爲理學院教授男主人，用大門感應式讀卡開啓前門，引我們男女四人進入室內挑高起碼有七公尺餘一樓住家客廳，以及迎面大片厚實氣密窗。約四點六公尺大面寬窗，建材是採用起碼十公分厚強化玻璃來強化隔音。再看個仔細，整個牆面是厚實氣密窗，如銅牆鐵壁般不通風，無窗可打開，「習習微風如何入屋？」心忖。只覺得室內空氣一直在屋內打轉，不是那麼透氣流通。當訪者瞄到客廳裡御邸家具，那代表義大利復古年代宮廷華麗風格、奢華風格頂級居家品牌，讚嘆聲不絕。進門左轉，是採開放式、無隔間設計餐廳和廚房。

走進精挑細選外國原裝進口精品廚具、廚房設備和中島櫃這麼一個空間，訪客帶著愉悅心情穿梭在優美與雅緻設計氛圍中。

圍坐在經典品味設計餐桌四周，男主人將我們帶來的便當分發完畢，並勸食他事先預備好濃湯和紅酒。酒醉飯飽後，男女老師們留在原位，熱烈討論此行目的，那就是「頂尖大學計畫」相關分工與整合。總算告一段落後，男主人擔任嚮導來介紹其他不同樓層與擺設。

「一樓一樓地爬，要爬到五樓？」有人首先擔憂著。

「不用，不用。我們搭電梯！」男主人道。

「什麼？是六人獨立電梯！」人人難以置信、瞪大雙眼，嘖嘖稱奇。

二樓到四樓，分別是臥室、客房、時尚衛浴和 KTV 歡唱室娛樂空間，而五樓備有三溫暖 **SPA** 水療設備。

道謝後，道別肅穆又極具貴氣品質電梯別墅，返回自己小窩，一個最親密、自在安歇居處。低調、簡單、留白。

二、

農曆春節，家庭聚餐日子。一大家子人等待靜妹出現，共享中餐。鈴聲響，我搶著打開二樓木門和一道鐵門，探頭並等待。先聽到一樓重重地扣上門聲音，待看到靜妹及身後戴鴨舌帽頭低一男子尾隨時，正猜疑何人？故作神秘客揭開真面目，驚呼原來是小四從加拿大回來探親。吃喝之間，他高談過去在海外生活辛酸和快意，闊論未來人生寄盼，其他細節大抵嬉笑帶過。相互勸食並體貼，一股暖意濃縮在一杯杯咖啡裡，並頻問：「要添加圍巾取取暖？披上暖毯？」

團圓夜近子夜，依依離別！盛情堅持下，小四開車靜妹相陪，他們兩人一路陪我從台北回新竹。途中，夜停桃園市區一大廈前，靜妹將一條電毯送達友人夫婦手上。對這份新年禮物，夫妻兩人感念不已，送禮者和受禮者笑語聲盈滿街邊和空氣中。

「天冷！你們快進去，別著涼了！」我們在車內搖手示意。

幾分鐘後，高速公路夜行車內，我們三人把握時機鼓舞彼此，禱祝未來歲月。

新竹、竹東交流道告示牌在望，小車叉出高速公路。一個右彎來到光復路，經清大校門不久，再一個轉彎，教職員宿舍新村大鐵門在望。因過子夜，而管制深鎖。取出鑰匙並推開大門讓車駛進村落，終於引賓至日日與柏松樹群、草地、小欖林爲鄰的寒舍。開門前，回頭善意提醒，避免期望落差太大帶來震驚：

「我這是工友房間！一切簡陋。」

進屋，小四一看，眉頭微皺：「這哪是工友住的！空空蕩蕩！工友住得都比你好！這根本是臨時工友暫住？」

臨窗小書桌、一張木椅、小鐵書櫃，另有小圓桌和一張藍色旋轉椅。再進入另一窄小空間，一張木床和床頭櫃、灰色鐵衣櫃。支撐老式打字機古董鐵架上，放置著一台僅作爲免費收看無線電視頻道的筆記型電腦，旁邊還有一張中間破了個洞老舊藤椅。當然，少不了是僅一人可轉圜空間衛浴設備小間。

然而，屋舍內可穿透自然活性建材，跟屋外土壤、空氣、雨水等環境接觸所產生自然變化，因而保有自然風物呈現時間痕跡。從未想過要更新或重新裝潢、粉刷油漆之類翻新規劃。低調。一間讓陽光空氣進來小窩，自己才會呼吸。

推開前後窗，感受陽光暖意。

日光灑進屋內，陽光灑落牆角牆面。

大量自然光線灑曬屋內的人和水晶——

六月早晨，晴光穿射入室，聚光在小臥室靠後窗微波爐上一顆多角水晶。採光後，水晶折射出紫、綠、黃、橙、紅多種顏色，快樂地飛竄於小臥室右牆面。影像頂端為清晰深紫，同一色拉長尾巴，由上而下從深紫、淡紫、水紫。緊接下來其他色彩則短距又濃豔清晰，一色接著一色。

同一時間，水晶折射光彩落在小臥室和小客廳間格木板門上、門把上，彩華更深入小客廳靠前窗書桌櫃上。

不期然，水晶光澤更疊映在小客廳前門石牆上。

「彩光怎麼會這麼亂竄無遠弗屆？」

視野再返回小臥室，水晶光澤還流瀉於小臥室左牆面上。四個分散色彩長方形。

多角水晶正對面白粉牆上，映繪出兩個多彩體。木色床頭櫃上。連水晶背後的後窗白牆上，竟出現三十多粒碎鑽光彩，配上白色點點。水晶左側灰色大鐵衣櫃向光側面，竟也有二十六粒彩鑽。

房間裡，水晶和灑滿陽光，雙舞出一幅自由風采，自由得像郭橐駝種樹，碩茂多果。問養樹之道？乃「順著樹木生長的自然天律，顧著本性自然成長而已。」郭橐駝看出有人愛樹過於殷勤，頻頻擔心，反害之。栽樹像人又像屋！誰不嚮往長安古城，西郊豐樂鄉，這位駝背、彎腰走路像駱駝生活哲學家？

二、

至於窗外，浮雲飄過，瞬間全無。

屋外，蟬聲大噪。

時序進入七月，第一天，卻與昨日六月底大太陽高照如夏，氣象有別。

「昨天早上，中央氣象局解除輕度颱風警報。」七月第一天，收音機播報員說。

樂活於盛光下水晶繽紛裡。天空轉略陰，天際傳來一聲淺雷聲，水晶彩光受了驚嚇般，悄逝，喚也喚不回。蟬聲淡，但樹鳥偶啼清脆聲。

光影映入室內。

影和光滲透著虛實。

領受親膚性裸身光影場域，方是生活概念。

遙想，如果說，挑高客廳天窗，藉天窗採光，那可是一個居家最絢麗空間舞台！這就是爲什麼偶而思念遠在加拿大一棟木屋，那一棟曾經擁有過天窗。

與光影同居，是生活美學。生活，就是美學。

因爲簡單，才淡定，看見一棟會呼吸的房子。

安居在一間會呼吸屋宇內，生活與空間兩者對話，成一種可能情趣！

三、

留白，它是遠見，更是壯舉；它使居住空間成爲一個可以呼吸的地域。

空間留白，留出生活餘裕。

空間留白，反而是人文深度。

僅讓簡約舒適陳設，成爲房間靈魂。讓數件簡單純真質材家具物件，自己發聲——如原色木匙、木盤、木碗，櫻木圓盤等食用器具流露出禪意和溫熱？色澤溫潤而帶有生命如白瓷等骨瓷系列？自然質樸手感陶器？以天然大理石、不鏽鋼等材質做成家具？

簡樸空間內，生活就是藝術，生活態度決定了生活品味。在文化裡，尋找一種深厚、廣闊永續綠世界——

「留給燦爛星光、空氣和明亮。

留給天地接壤自然風物，風動、雲動、攬風雲。
留給淳樸無華和未過度開發的自然生活。
留給清靜閱讀、沉思和飛揚心情。
留給幸福。
甚至也留給悠閒慵懶度日、發呆放空。」

四、

這般空間哲學，使我安然躺下睡覺、安然居住。
會思考的建築，是建築師、設計師深思熟慮。
會呼吸的房子，是居屋內有人呼吸，且在沉思。
一個是豪宅價值；一個是人的價值。
當日子終將來臨，有人難捨放不下、掙扎驚慌、掛慮和煎熬地離世。有人如詩人，雖然在毫無心裡準備之下，偶遇一位彬彬有禮馬伕。駕著馬車前來，且殷勤地在門外等待，並迎接。幽幽行進間，平和靜默。馬車掠過，窗外是過往少年、成年、老年，一路走來遺跡重現。那時，悠悠分針移動一格，歲月在人間已是千年。抵達終點，馬車終於在一所房子前停下。滿身沾染詩意，旅人好整以暇地整了整衣袖，微低視，留意腳步，然後從容自在踩著踏板，走下馬車。氣定神閒地再抬頭，這時，只見馬頭望向——永恆。

人生在世，問心只求盡情、盡心、盡力。那麼，生死，在穿透和經過之間，互爲凝神諦聽，一切也就平衡、沉靜下來！

窗邊

盛夏七月，近黃昏。起身，走向位於五樓研究室窗邊。開窗，只想多看幾眼戶外日光下綠地和綠樹，消消暑意，紓解久待冷氣房所累積些微倦意。

熟悉但久違那抹氣味，隱隱一縷襲鼻。

「柯秉志，你到窗邊來一下！」聽我這麼一喊，正在電腦前忙碌文字建檔一位科技法律研究所學生，也起了身，走到窗邊。

「你有聞到什麼味道嗎？」邊問邊將半開玻璃窗戶，一不做二不休地全打開。

「沒有！」

「你再聞聞看。年輕人嗅覺，一定比我敏銳。」

再試著嗅聞一番：

「是燒草味道。」

「確定？」急欲確認。年輕人點頭回應我殷切詢問。

滿足一笑，因爲藉由旁人，客觀證實了它確實是乾草燃燒味道。

「我跟你父母那個年代，農夫用水牛、耕耘機相輔犁田。農家也會燃燒稻草。」我變得神采奕奕，不停傳述印象裡，國中放學後，常常穿越四季田埂。尤其聞到遠近飄來燒稻草氣味，以及白煙飛升純真季節，至今仍未磨滅。

二、

楓葉國度，一個白雪紛紛聖誕夜，受朋友邀請赴約共度佳節。男主人除了爲兒女在客廳安置一棵高大鮮綠聖誕樹應景外，樹下也堆滿了五彩包裝禮盒。鮮綠松柏散發淡香綠樹前，電動玩具火車在特定軌道上奔跑著。壁爐內，更有他添加樹幹木枝燒柴景象和意味。應酬之際，我暗享著柴燒，那股來自遙遠記憶氣味。

另一年，冬天，加拿大住處門鈴響起，「誰會冒著這麼凍寒天氣來訪？怎麼沒有事先電話連絡預約？」好奇自問。開門，見一位老者忙於推銷壁爐取暖用一綑粗木柴。一憂一喜。家裡有壁爐，重點是我從未燒柴取暖過，同時，不知煙囪上端是否已上蓋？萬一柴火燻煙上冒卻排不出室外？喜事一樁，燒木柴香味，怎能抗拒？遙思讀小學放學回家路上，見幾處草茅屋人家，黃昏時分，都會在臨街門口前，燃起小木柴烹煮白米飯。柴香、飯香，今日仍視爲生活中美好。如果，能在冰天雪地自家內，丟幾根木頭到壁爐內點燃取暖，又看見燃燒火柴、翻動時小火星、尚未被燃燒部分原木、還有冉冉白煙，這些就是一幅冬暖風景。甚者，鍾意燒柴香氣！

某冬，「你們家地下室暖氣管要清理一下，這樣，木屋內暖氣在冬天流通上游到一樓和二樓，才會有更乾淨清爽暖氣供應！」忘了是誰給我在加拿大住處善意建議。

從善如流。沒幾天，一家專門清理暖氣管公司員工，開著工程車來施工。地下室粗寬圓型暖氣管被截開，工人用巨無霸超強吸塵器，吸出碎木屑以及一些被留置在內垃圾紙屑。

「暖氣管內全被吸乾淨了！當我把它再銜接復原後，你就可以高枕無憂，好好享受清新乾淨暖氣了！」

果真此後，寒冬，室內氣溫被設定在二十度，只要溫度低於設定標準溫，暖氣就會自動轟隆聲響，啓動加溫，爬升至攝氏二十度方休，這才又重回無聲靜悄狀態。

一日，走下樓梯。忽嗅到數縷燒草？燒木柴？燒生煤般熟悉氣味。停步，不假思索地，全神貫注再吸氣幾次、抖動鼻尖，讚嘆：「就是這一味！和記憶中的，如此神似。」是草、是柴、是燃煤？都擱置一旁、無關緊要！我呼吸到生命喜悅！遙遠熟識且久違的氣味悸動，瞬間乍臨，有如找到慰藉源頭，安靜地領受那上帝創造語彙：如天、及其間飛鳥和眾星；如地、及其間青草；如海、及其間海魚；如晚上和早晨。一旦飄來這股燒柴燒草味，就會及時帶來安慰，就像走向大海，是悲傷企鵝最大安慰。因為走向大海，企鵝真實內在才被喚醒。恰似一待脫毛，換成一隻成鳥衣裝顏色，企鵝，走進大海，堅定緩步地走向回家方向。

二、

台灣，八月，序幕一拉開，未料有中度颱風挾帶強風豪雨，碰撞山區平地。白天，是十到十三級陣風，入夜，大地被暴風圈捲入。

隔天下午，執意去爬十八尖山。山友還真不少。樂山路線，似一條蜿蜒綠龍。山道上，比比皆是從木棉樹、相思樹、樟樹、木麻黃和鳳凰木上被吹落地斷裂樹幹、大小樹枝和紛紛青葉，山人好像走在綠地毯上。

「芬多精更加芬芳！」風雨拉扯、撕裂後樹香，像似風神走進樹林，硬是切砍剁推拉一番，湊出一大盤清香撲鼻沙拉綠盤。

走回寒舍，挨近窗外五株龍柏老樹，嗅出較平日更濃郁柏香。較遠處高大扁柏和松針樹，也傳送一陣清香和杜松子香氣。美則美矣！但總不及生命微光，生命味道，來得讓我心醉，就是那種來自於燃燒草木。對燒木柴，就是有特殊感情。

年前，在加州，陪親友去看一間他們已購置木製平房。一進門，原木樑架、地板所釋散木質清芳撲鼻。去年暑假，有幸，暫居在這間木屋整個夏天。

意識到，草木原味和它們被點燃的馨香，雖然每每都會被觸動，安靜下來，獨自回味、沉潛冥想。不過，尤其對燒木柴有特殊情感回應。

懷想早期三合院廚房內燒柴大灶，左右各一，凝聚一家歡樂與希望。一邊可以炒菜，一邊可以煮飯，烹調出來飯菜都漂浮著薰木香味。粗茶淡飯，每一口味道清清楚楚，跟家人一起相處和溝通，度過一年又一年。

絕美，乃用木柴簡簡單單地燒一鍋水，無菜飯味，僅想獨自靜默地嗅聞單一來自土地那燒柴、燒稻麥禾桿兒、燒乾草等飛煙味，因而油然而生莫名善感。

畢竟，飲食享用好口福，如秋天枝葉茂盛，果實漸有滋味。舌面味覺神經末稍口味，是口腹之慾，是幸福。講到大腦分布鼻腔上腦髓神經，當不經意地嗅出燃燒乾草木柴氣味，就會即時帶給我性靈上如慕如訴一股莫名傷感與深幽，難以自拔！難以說得清，講得明。

航向印度

通往印度之路，初航時空，二十多年前印第安納州校園裡。藉由十九世紀美國詩人惠特曼（Walt Whitman，一八一九～一八九二）經典作品《草葉集》之文字，隨著「美國文學」教授Dr. Habich擔任嚮導，第一次航向印度。沿路，深入巨大溝渠海灣、或從甲板上凝視著潔淨天空和旖旎風光……先從壯闊繁廣地球之生成空間，然後歷史溜逝時間，繼而來到死亡而靈魂翩翩翱翔。

一、

依稀記得Habich教授發問：「旅程終止何處？end up with?」然後自言自語：「沒有盡頭。It doesn't end.」「向印度之外航行啊！Passage to more than India!」

今日，春假第一天，教學大樓內寂靜研究室裡默想：詩人勇敢地邁向深邃空間、時間航去，末了，他來到了超越時空港灣。詩人和自己靈魂結伴，帶著極大信心，雙雙走向當「死亡」。死亡又和那突如其來地與超越宇宙、人世而存在「超驗思想（the transcendent）」相遇，兩者於是永恆連結。人類靈魂立即起　去探索，航行到更遠、更遠、更遠的地方。

「靈魂啊……」

「啊，我勇敢的靈魂！」

航向大海……

二、

航向印度……

農曆年大年初一中午，二月天飛往香港，然後再轉機抵達印度德里。

未到印度之前，對她印象僅停留在神祕文明古國，以及在台灣旅遊頻道上所見識到巴士、火車頂上都有旅客坐乘壯觀景象。不過，最難磨滅、最清晰印象，不是印度人，反而是前英國黛安　王　（Lady Diana）。生前，不堪深陷查理王子、情婦卡蜜拉和自己之間感情三角糾　，她落落寡歡，獨坐在白色大理石建築泰　瑪哈陵庭園中之身影。

初抵德里，下　一間五星級飯店，已近深夜時分。第二天一早，遊覽巴士準備載著來自台灣旅者，一路上開車近五個小時遠赴兩百三十五公里外阿格拉（Agra）的泰　瑪哈陵。行前，我們在飯店內悠閒地享用早餐後，喝著一杯 espresso 咖啡。帶著渡假心情，手持一杯咖啡。感受到，此時此刻，它不只是一杯飲料，它應該是一種創意生活、一種全然體驗。品飲 espresso 竟也泛上多重感覺，咖啡伴隨著景緻視覺、風雅氣味、風韻味覺……種種　力。喝咖啡角落、白色骨瓷杯、還有咖啡香味，這三者本身，不但足以營造出一個創意環境，同時，也讓簡簡單單喝咖啡成爲一樁充滿想像力舉動，一個優雅咖啡文化。

當載著觀光客大巴士從五星級飯店駛出，遊人興奮地投身高牆外神秘世界探秘。此後一星期，在印度，天天經驗著牆裡牆外兩個截然不同世間風貌。

三、

高牆外——
令印度人自傲，如世界級文化遺產、奇景、建築奇蹟，這些，我們都領受到且難忘至今。
紅頁岩興建而成印度古都——法第普西克里城（Fatehpur Sikri）。
依山勢而築，小型長城，安　堡古城。
紅砂材質，古德　尖塔（Qutab Minar）
一座砂岩古蹟，是阿格拉城堡。
還有充滿波斯文化風格一座古墓園。
庭園式皇陵。
古舊建築物上圖案、花紋藝術。
塔樓。
皇宮宮殿風情，迴廊樓　……

也是高牆外——

牛隻蟹行於馬路上，尊貴如王子，那麼地從容、隨心所欲。

四面八方人吼，加上你爭我奪、不耐而猛按刺耳　聲不絕於耳。有趣地發現到，印度駕駛們能夠容忍迎面而來如逆向行車或動物，然而對相同方向人車爭道，則敬以急促　聲，或探出頭來狂吼理論。

挖土做工程，塵土飛揚有如晨霧。

路上少有斑馬線或路標。

羊隻　在門前木　上。

市區交通全都打結在一起。行人有時夾雜在私家車、巴士、摩托車、施工車、三輪陽春輕型計程車、一般四輪計程車之間，寸步難行。

只要一出機場，常見衣冠楚楚或者是身著傳統服裝男人，他們光天化日之下當眾面背著小便。只要背面，似乎就有正當性：不論在街邊牆角、高速公路邊、一片空地上、田邊……

行進中客運巴士，其前門及後門都洞開。有時候突然卡在路中，乘客逕自下車，然後三兩下就埋沒在車陣裡……

瞥見，路旁正表演著吹笛男和引頸左右輕晃、舞上一曲眼鏡蛇。

行人車輛靠左行。

不少信奉　克教男人，他們頭包著　巾、留著長鬚開車或行走。

路上不但有大象、象夫結伴出現，有時還有駱駝拉著板車有趣鏡頭。

街巷道路不少垃圾，黃土路上汙水窪洞也無人理　。

馬路上有雙腳踏騎著自行車，車上卻滿載大小　子爲牛奶小販。

一隻馬以小跑之姿，托著二輪板車穿梭街道上。

四處溜達的乳牛。

大小豬隻逛大街，或在垃圾堆中覓食。

兩隻羊正在乾　無趣安全島上低頭覓食。

牛　餅塊一片片聳高地被疊裝在板車上，準備載往別處。

付費高速公路更具異國風味：不但公路兩旁無柵欄區隔，而且民宅一長列。路口還有露天市場、熱鬧市集。行人隨意穿越公路。自行車和摩托車也不遑多讓地在高速公路上出沒。一大群綿羊穿越公路奇景。小狗站立在高速公路中央，任你按破　，牠依然不爲所動。行車間午　之際，耳邊不時傳來高低音、長短不同憤怒汽車　嗚奏聲，卻也幻化爲午休催眠曲。車窗外飛逝而過爲托運樹幹的三隻駱駝，一前一後　行前進，儼然像支小商隊……又見五隻駱駝商隊……三隻駱駝商隊……，托運大包大包穀物的三隻駱駝……兩隻駱駝……

遊覽車駛進城市，途中，見四人靜靜地肩扛用布覆蓋擔架，前後數人隨行相送。會說華語印度籍當地導遊回答：「他們扛的是死人。」順勢，導遊略談印度人死亡風俗習　。經驗談，除了回教徒採土葬，印度人大多採火葬。按照印度宗教，身亡二十四小時後，會在恆河邊、河流邊、湖邊舉行焚燒屍體儀式。告別式是由家中大兒子來點火，而女孩不參加。死後兩天，在喪家喝牛奶吃米飯。死後十天，親友　頭剪髮。十二天後，親友請吃飯，吃素不吃肉，並會準備甜餅。大兒子將死者骨灰裝入銅罐。要是牛死了，則由種姓制度下最底層第四級下人拿走埋葬。

相較於新德里，舊德里部份市容和生活水平，更顯破舊和貧苦。

第四天，我們驅車前往捷普（**Jaipur**）騎乘大象上山。台灣領隊善意地發問：「有人會象嗎？」擔心　車，那麼擔心　象也就變得合理了。難忘上百人排隊等著騎象十分壯觀情景。驚訝站崗維持秩序警察，毫不迴避公然向同為印度同胞身穿西裝褲、白領藍襯衫導遊 **Anil Kumar** 先生索　。騎象到了終點，明明大型告示牌上寫著「不用給小費」，每位象伕依舊理直氣壯向遊客索小費。

四、

結束了七天六夜豪華印度行，當再度留滯香港轉機，這次卻要回家。如果與行前相較，一趟印度旅行之後，縈繞不忘映象，換成是在當地旅遊第三天，記得當時從古都 **Sikri**（西克里城）駛進捷普（**Jaipur**）。入夜七點多，分別有小　車、大貨車都拋　路中，所以車主們當街修　引擎，故嚴重塞車。眾多駕駛人將原先二線道，隨意調撥車道為三線，擁擠不堪，動彈不得。無　之餘，驚見遊覽車窗外，喧鬧車道之間，一隻大象以小慢跑之姿前進。納悶，哪來足夠空間容納得下大象身軀？又象尾有一長條　紅色反光貼紙，想必是象伕用心良苦，爲了大象和人車交通安全考量。佩服一位聰明摩托車騎士尾隨龐然大象身後，一路安全無且通行無阻。窗外，見一位主人騎著駱駝前進，還有一位馬夫騎著一頭美麗色彩頭飾馬兒而過。驚異，先前那隻龐然大象，沒幾下，竟靈巧機靈地消失在混亂車陣中，輕舟已過，隱沒茫茫車海不知去向？

印度之旅後，現今，蒙兀兒帝國沙　罕國王表達對其愛　濃密愛情，用深情所建立永久紀念泰　瑪哈陵之於我，縈繞心頭揮之不去，反而是參訪當天，薄暮，人散之際，回頭，卻見一隻尋常燕子，悠然神往地飛入泰　瑪哈陵內廳堂……

水漣漪水蕩漾

受了再多艱苦，來自水鄉的人，沒有悲觀權利。

自古，蘇州到處都是水鄉。

習　住在供水無　聚落，即使拜現代科技之賜北水南用，或牽引水　之水綿延至塞外乾旱、沙漠地區，都算有水之鄉。

「水鄉，是人類永遠鄉愁，濃郁的。」

一、

五月下旬，台灣已是炎夏之姿。

發現教學大樓六樓公　肥水不通，適巧在走廊遇到系上管理員張先生，倉皇據實相告盼儘快處理，他回應：

「馬　沒問題。只要水來了，就沒事！」

「原來是停水。停多久？」我　然以驚地問，但沒人知道答案。

閃進研究室，不信邪，試著扭轉洗手台水龍頭，只聽到它發出：「渴！渴！」幾聲後，就斷氣似地一片死寂。

確定，整個校區在這種　熱難熬天氣裡，因故無水可用。雖然，室內冷氣維持在一個理想氣溫狀態下，然而內心黯然地愁苦起來！像是原本陽光燦爛晴空，忽然烏雲籠罩，心情頓覺異樣困惑迷茫、不知何去何從？　地嚐到渴慕清水的苦悶，臉面黯淡下來，心底不由得泛起淡淡　，渾身生趣漸淡薄。自覺　小。

風景改變，我像　籠內麻雀，表情　然，急欲飛出這沉悶和　息。只因停水，無水可用。懷想，教完書第一年，爲了犒賞自己，趁著暑假，參與友人同遊東南亞觀光勝地泰國。

廟、歌舞、大海、島嶼是少不了遊蹤。卻在最浪漫濱海　影下，用吸管喝下綠色　子內純果汁、品嚐龍蝦大餐美妙時光，我竟傷到自己左手大　指。當時在海灘上，因爲要撐開行軍木條　疊椅好坐下享用大餐，忘了左手掌仍留在　椅夾層中。由於整個身體重量壓在木條間的左　指，我立刻慘叫長鳴，臉色頓時慘白無血色。當地華人導遊見狀，即刻在她自備急救箱內取出藥物，立刻替我敷傷包　，邊說：

「這是泰國人急用藥　。入境隨俗，你既然在這個國家受傷，就用當地人醫藥處方，這樣，你好得快些！」

負傷那天晚上起，一直到返回台灣又過了十天左右，身陷這漫長等待壓傷癒療期間，最叫人殷殷懷念：多麼奢望能無　地洗澡、洗頭。一想到嘩啦嘩啦水　和水聲，立刻泛上美好希望，是生活中奢侈享受。

原來，單純不過洗澡、洗頭會強化生命中幸福感！浴身不再僅是促進血液循環與新陳代謝，或調和交感和副交感兩種神經而已。這樣深刻領悟，也在另一次臉部　傷後，必須十天兩個星期內嚴禁碰水情況下，發愁且身心疲　不堪！

來校第四年，整個系大搬家，從使用多年新生館遷移至　新落成有十一層高的綜合一館大樓。教務長慷慨地撥發搬遷費十萬元給每位教師，去規劃安頓自己研究室內辦公家具。教務處同時組合國內幾家知名辦公家　公司，於活動中心二樓舉辦類似家具展兩個星期，供老師們前去瀏覽選購之參考。這下子，我們經常利用午餐或課餘時間，結伴去挑選自己喜愛材質、設計、顏色來好好搭配一下研究環境。如此，後來展現出來繽紛、深具個人風格辦公室面貌，絕非理工學院制式的研究室陳設可比擬。

遷進新大樓後，彼此拜訪觀摩、欣賞不同研究室風貌，是我們當時樂此不疲、驚嘆聲不絕的教書生活。

一天，教學多年資深女同事　開大門迎接我們造訪。

「對這個新環境，我很滿意！美中不足的一點，研究室裡幹嘛裝個洗手台？溼　的！我不喜歡！可不可以把它拆了？」她略抱怨。

一聽，顧不得新進和資深兩者之間輩分考量，一反　遜常態，我慌張跳出來：「你們不喜歡，可以拆。我可要留著我的洗手台！」

另一次大舉搬遷，是副教務長和教學發展中心主任辦公室，浩浩蕩蕩從荷花池畔新　電子資訊大樓，搬到稍有歷史年代工程五館五樓。多虧四位助理辛勞，終於在一個春光明媚日子，順利遷入新址。看了看空間陳設，我問，爲何不安置洗手台?其中一位助理回答我，因爲沒有管線之類話語。往後，仍難忘懷地對助理們表達無洗手台終究遺憾與不便。直到有一天，因爲決定要在辦公室內舉行一個小型會議。她們分頭忙著會議資料和簡單點心茶水。見其中一位助理拿著一托盤的杯　，正朝著女生　所內洗手台去清洗，我趁機來個行銷機會：

「你看!這就是我當初建議，最好在辦公室裡裝洗手台的原因。否則，要是洗個東西都還要往　所跑，觀感上，總覺得怪怪的。不過，因爲受制於管線問題，也沒辦法!太可惜了!」

未料，隔了一段日子，早晨走進辦公室，見工人們正在施工。不解?被告知，幾名大漢正忙著裝設洗手台時，整個心神跳躍起來。領我到有水之處，好安歇，好潔淨身心。

二、

思索著，缺水，尤其在夏天，雙眸光芒不再，情感茫然沒有交流，心情無端地擔憂且蒼鬱　。抑鬱，從眼神中流瀉出來。害人獨消　!

唯有在缺水炙熱夏日，人們才能體會人生樂趣應如：走在夏雨中；樂在樹林裡　溪水旁散步；或於豔陽天走回家，進了屋，然後用清水洗把臉，一抹清涼。

棲息在水岸邊。

生活中，水是安定　。水在身旁，身心放鬆，添增鎮定果效，舒適地躺下。就算聽到室內人工流水聲，心靈也安享靜　。水，滋潤了心靈，它是人生甘露。

水影浮動，光亮閃耀，像水銀一樣燦爛閃光。水，流動浮動在人體內、海潮間、池塘裡、濛濛雨水中，和汪洋中。水之清幽深遠如山谷。

很久以前，尚無自來水，家家戶戶於春於秋，從水井中打上來井水，濕潤清流。甘泉側，　出泉水。

河水，在地表上，雖具侵蝕作用，在地層下，依然款款流動。

層中，因流水侵蝕作用，見垂直裂縫。

水　，是流水　而成洞穴。

我說過，愛那水漣漪。

涉水，水漫身心，洗　塵埃。

三、

至於古人，出遊宴飲於西湖水上。

古代天空，空氣中水珠對日光折射，或雨過天晴，陽光照射在空中水珠上，太陽光波因折射方向角度不同，從而形成光芒像彩虹。彩虹和人一樣，也飲水，不過，多了詩意。十一世紀北　自然科學家、文學家沈括，出使遼國途中，喜見彩虹兩端優美地垂進溪　飲水自然奇觀：「虹能入溪　飲水。」

躺臥水畔，靈魂　醒。

四、

「水來了！」張先生打電話來通報一聲。

起身，走向洗手台，大力扭開水龍頭。果然，水嘩啦嘩啦痛快淋　地噴流，清爽俐落如松針自樹頂跌落不休。

「自由了！」振奮地歡欣，如喜慶大事。

「光明了！」歡呼聲迴盪，如獲　寶。

原來，我像一畝田，也像一條河。極需要天降透雨、融雪冰水來　顧，如此才會使得地大肥美，小河　。少了落下的甘霖，人、田、河、心，是會多麼乾　！

水一來，整個人　醒過來！鬆了口氣，眼眸透著光彩且充滿著光芒，四周頓時生機豐沛。不再受枯水攪擾，不再無端頹廢，轉爲樂觀到不行。那是因爲水來了，神態因而泰然！

我說過，愛那水蕩漾。

飲了水，就不渴了。

大嘴一　喜洋洋！歸途晚霞，挺胸邁著大步，人也瞬間消失在蒼茫的校園裡。

金池塘

退休之日，不頻頻回首，也不會依戀不捨，因爲想到世代交替。

從此以後，開拓一方金色池塘，停棲池畔，安身立命——終於！

新生活發源地，過著一種夢　以求不但寫意也寫實，而且自我實現與自我　練有趣生活。不再計較理想主義、英雄主義，不再受　於標準和批判之下了無回憶狀態。

想起六月中，踏足十八尖山，重返草樹芬多精、蜿蜒山徑林木世界，體悟：「不爲誰而活。開始爲自己而活，爲主而活」另一程生活境界時，心中頓生喜樂！

「努力證明自己偉大成長階段，屆時可以告一個段落！」有一次，牧師以自己爲例：「上台講道重要性是自己，其他人早忘了！出了教會就忘了你。自我神格化的人，終究是捕風。」

須　，宏觀，學習隨著天成萬象、自然韻律與節奏，順勢滑行，開始用心靜嚐過去一直以來被蒙蔽掉、遲　多時酸、甜、苦、辣種種感官體驗。重啓身爲「人」另一層真意真相，重拾身爲「人」另一種樂趣。微觀，感受清幽生態裡一畝淨土，隨意浸潤在大自然大千世界，品嚐風花雪月對人們心靈滋養和指引！

一條人生線　，由親情、友情、愛情，緣分起滅的彼端，接受邀請，走進依靠上帝恩賜一日一溫情的此端——用感官去感受造物主偉大和默示，在靜觀中尊重生命，享樂生命。一如回探感官原色、原音、原味，透明的觸動，如一顆殷紅石　，如一片緩緩飄下落葉……

從此，安靜地在感官土壤上，做深度摸索，真實碰觸感官引發出刺激，不再聽而不聞、視而不見、食不知味。有餘裕時間在手中了！平靜地運用中樞神經系統感受那微妙、朦朧，但深刻美妙感覺。置身於親膚性裸身空間。

白天夜晚，棲身塘水一方，蒼翠中，樂活於真自由裡，純然浸潤「安身立命」富饒和感動中，諦聽自己內心輕聲、呼吸細語和萬物心聲，好好認清自我，辨識顏色的細緻。

二、

定居金池塘前，個人成就，一度拼命地去狩獵。物質，永不滿足地去追趕。

退休前，爲了生計忙亂，以致無法自我平靜。

回想之前，有時，喧　職場如戰場，顛　一場接一場。在那兒，交感神經衰弱帶來疲勞或交感神經過度興奮。無根浮　人們賣命地表演貪婪背後衝突，又像極了寄人籬下工蜂，地在流離和疏離之間尋找出口！時而傷感，時而哀愁。偶爾掀起心有餘悸被攪擾，在午夜夢迴。

牧師在主日講壇上講道：「如在曠野流浪漂流四十年。自以爲是義人，自以爲是上帝。

自義、自私，加上自我爲中心，忘了怎麼笑，每個人會壞到極處。」接著勉勵：「要不爭、不搶、不吵、不鬧，把自私、自義全放在一邊，才能看見自己。尋求上帝的國和義，好像天上飛鳥、地上百合花，享受饒　，結出喜樂果子，好像居住在迦南地，在地如在天！」

彼時，戰戰　地在意他人眼光，困在不讓自己與眾不同，卻還要讓自己突出困惑矛盾裡。只求功成名就勝利價值，卻漠視過程與手段之光榮與否。

二、

然而，安居金池塘畔那一刻開始，思索著，一介老人實無須想法固定、不變。每位退休之士都有不同特殊命定和奇妙改變，如黃金無需和其他金屬相比，鑽石不用和其他礦石相較，各個都無與倫比。

毛蟲變成　蝶。波光　清澈池塘，宛如一面閃閃發亮鏡子，看見自己。思路變清晰，不再平面思考，反而多了深刻詮釋。時鐘，變陌生了。開始成爲一位依靠大自然生活，一位與風雨星月節奏交流、調和在一塊兒，隨波逐流。

親播綠色種子，取材於生活，隨興讀冊慢遊，耕耘人生隨筆，嵐氣光澤盡收筆底。

塘內湧泉　，活化再生一個生命涵有精緻度、醇度和多樣性，真情流露。

黃昏，樹影　風疏落有致。此刻是重新歸零、留白、休憩時機。尋根，爲了延續尋常百姓人家關懷與靈魂觀照。

退休日子，是一種情境跳脫和沈溺。進入不同生命層次，無須像先前如螞蟻黏在茶杯糖渣上，鬥來鬥去，去重複一樣步調，終可擺脫被浪費掉生命和力氣。

塘水岸住下，除了預備好 手可得一本聖經、老花眼鏡和假牙外，這下子，可清心歡樂地擁有和珍視——寂寞和永恆。「趁機和這兩位 君子，多相處！」

從擁擠慌 終日、人人競爭一時的廣路，切入茂密山林幽徑，爭一世。

從失真，回到反 歸真。

當居於 畝之中，樹之以 楓。池畔，一方池水，猶似被引進一片寬闊寧靜海！在這兒，忠於自我、真實;在這兒，除了尋覓生命寧靜，還是尋覓生命寧靜，一如宗教家。遠離大地，遠離塵 。遠離雜念與掛慮，遠離理性和虛幻。安靜自己，在寧靜池畔。寧靜自己，在安靜的環境如加利利海。默想、轉折後，見到亮光，感動自己，回味一再。

駐進，爲了直接聆聽內心即時湧流出來意念、默示 這一直住在人們裡頭、心頭。一直以來，人聽到它的頻率如此低，極少感受到它、感覺到它、經歷過它，對它如此陌生。

爲了靜賞浮在睡 葉上圓滾水珠、睡 葉下池塘中生活小動物。

想去尋找看看草樹間鮮豔色彩甲蟲、天牛、 和長 大兜蟲，這些孩提時就很熟悉那一身光鮮亮麗多樣昆蟲。

三、

時間，是一條涓涓細流，流向永恆。先前以來，一直涉足溪中垂　、飲取溪水，爲了生活所需，但隨著成長，赤子之心漸失。如今，魚　拋向繁星點點天空如梭羅，學他用手腳及赤子之心，去　捕真理和快樂夢想生命寶藏、色彩。

晨起，五月中旬，天陰。預告午後梅雨鋒面接近，並將滯留本島一周。不解？昨日不是還偏南風帶來暖濕空氣，還是豔陽帶來高溫悶熱？

異常氣候，尚未遠慮到山區是否　方落石、土石流、溪水暴漲？局部地區會豪雨、瞬間大雨、雷擊還是強陣風？抑或低窪地區是否得防備淹水？一早，我近憂擔心倒是：「今天到底要不要洗衣服？洗完再出門嗎？」因爲，想到未來一周各地都有雷陣雨，雨將會下個不歇！

不願在雨中奔波，狼　地冒雨撐傘、抱著換洗衣物一路走到宿舍村子內群賢樓地下室公用洗衣間。接下來，我在洗衣機、　乾機之間忙碌。清洗完畢，又得再小心翼翼地懷抱著洗乾淨衣服回家，如此地在雨中奔波。想到退休日，輕鬆居家坐擁室內洗衣、　乾機，無需再仰看天邊臉色清洗衣物，就心滿意足。一想到這裡，實不相　，對退休一事，絕對是殷殷期盼。

退休，人們要學習一門功課是喜樂。喜樂是良藥，是避免自尋煩惱良方。

喜樂，是榮耀上帝、愛護親友和善待自己最佳見證。

喜樂的人，是認知到，只要活著，自己絕對沒有悲觀權利。

人生在世所擁有，是要叫我們去享受，不是叫我們帶走。

祈願每日一個喜樂，可能是來自於食材原味風味、或古今經典文學中乍現靈光的回味、或生活中層層疊疊細緻的品味、或念天地悠悠的冷味，以及跟陌生人聊天時來自於周遭人、陌生人的人情味。擁有咀嚼味道另一種人生，享受真正生活。

退休後，主角不是我，是要好好體驗、享樂造物主所賜下空氣。

塘邊，卸下心防，自省，盼找回自己人性，凝聚歡樂、希望。跟家人一起過日子，與家人一起相處、溝通和凝聚。

或晴或雨，循著山路上山，偶離群索居，像一位派駐深山從事林務工作巡山員，訪查巡邏山林生物，順道體驗山上艱辛、孤寂和風險。森林浴，像　水器一樣的山，把人身上、心靈上雜質過　掉後，始聆聽身體聲音，輕鬆面對人生，路才會走得更長更久。下山，重返小屋溫室，倍覺自己多有福氣，感恩滿懷。

四、

日前，好友打電話來大聊做菜經。她說由於人在美國，所以就地使用美國食材。一天，當時住在巴爾的摩，她從超商買了一包內含五、六塊牛排約十多元美金，回到家後，用瓦斯爐烤箱烤肉。結果外焦脆、內多汁牛排配上調好牛排粉（steak rub），不但味鮮肉嫩而且顏色漂亮。佐以一盤綠色生菜葉（spring mix）不加任何醬料，而是用香草自然調味，她說這比上館子還好吃。當從巴爾的摩搬到紐約，改用電烤箱。有次去中國城買龍蝦，每隻約一磅出頭，共買三隻約三十塊美金。順道用二十四塊美金買了一個不鏽鋼大　鍋。回到家，用　籠龍蝦。晚餐桌上，用美乃滋沾上煮熟龍蝦，很過癮，不但連吃了兩隻，蝦頭蝦　還用調著吃。配上高腳杯冰鎮白酒，直呼人生美好。朋友又說，有時候在中國城買半隻燒鴨和滷雞翅，回家下湯麵並加入幾葉青菜，也是一餐。電話上還說，心血來潮，會去買牛　肉，用滷香包滷它一鍋牛　和牛　。中餐，就是簡單蔬菜和煎蛋。至於早餐，偶爾會去高級有機超商買七　美味蛋糕，配上一杯熱騰騰黑咖啡。聽完了朋友在電話上一道道美味敘述，興起了退休時一定要用心烹飪餐食，來犒賞自己，來養生。將生活步調和節奏放慢，釋放緊　生活壓力，回歸正確飲食樂趣，攝取均衡營養，提升免疫力，以保持愉快心情。

一個人退休生活過得有趣與否？端看一個人個性。一位正面思考、熱愛自己、熱愛與人互動，那麼，住不住在養老村內，都會把生活過得津津有味。另外，無須　談，只需如一位擔任酒店集團行政總主廚挑選好主廚：「面試主廚，會要他煮一碗白飯、炒一盤青菜。」因爲「基本單純，最爲難得。」我想，退休生活中有多樣可能性，但總要制約在爲自己熬煮一鍋稀飯、一　煎蛋和一盤自製泡菜或鮮炒青菜的早餐上，不匆不忙，閒情　致。多愛且多照顧老年的自己，膽大無慮地享受人生，反而是兒孫之福。

未退休前，長時間工作下來，不但心臟病發作風險伴隨而來，由於休閒被壓縮，繼而飲

食習　不良加上缺乏運動，這些都是心臟病發作和中風背後元凶。

達到某種年紀，飲食多樣化如基本六大類食物——全　根莖、豆蛋魚肉、低脂奶、蔬菜、水果、油脂與堅果種子，衛生研究發現攝取這些食物有助延年益壽且不失智。另飽含多　抗化　及花青素，如鮮果類蘋果、黑莓、藍莓和草莓，可刺激記憶。

有人說，在家烹煮次數與老人存活率和死亡風險竟然顯著相關。換句話說，享受烹飪會帶來延年益壽好處，兩者互爲因果。根據國家衛生機構研究發現，常烹飪老人比較　選食材，因此攝取更多　食　維外，在膽固醇、脂　與　攝取上，會謹　爲之。醫學專家觀察到外出採買、選購、清理這一系列複雜活動，無不帶動了肌肉活動、認知能力和記憶力之提升。

身爲高度都市化社會一份子已久，退休時，願走入　廚，用心專注地烹煮做飯來取悅自己和家人友人，喚醒味蕾又甘又醇記憶。

勾繪出未來日子，扭開收音機聽音樂之際，不慌不忙去熬一鍋高湯或　粥；做一大碗沙拉、一小碗茶泡飯；　上美味鮮湯和　蔬瓜飯；　一盤皮蛋豆腐，享受清淡自樂單純。

還想到一塊新鮮手工豆腐淋上幾滴豆釀醬油，配上一碗熬煮成熱騰騰稀飯。這樣一頓早餐，吃到滑順又綿密口感豆腐，聞到濃濃豆香味，讓人不得不想到濃濃在地人情味。

午餐或晚餐，盡量用新米現煮　飯。好好享受出爐粒粒飽滿　熟米飯、糯米飯或五穀飯，鼻聞米飯清香，口嚐軟硬度、乾濕度都恰到好處香Q好滋味。米香絕妙組合，是開水煮滾鍋內加入高麗菜、紅蘿蔔、西洋芹、洋蔥、紅洋蔥和青蔥等不需切成塊食材，轉溫火　煮五小時而成綜合蔬菜湯。

要不然煮它一鍋八寶粥。一般來說，黑糯米泡水八小時，如果是紅糯米僅泡五小時，又如果是在夏天，爲了防止發　，泡水後直接放入冰箱。黑（紅）糯米和白糯米兩者比例爲一比三。泡過黑（紅）糯米的水不必倒掉，直接加入已洗淨白糯米、綠豆、花豆、桂圓、　仁、　子等食材煮熟，滿鍋快樂。

另外，走進香草濃烈特殊香氣裡，不但提振精神，還可烹調入菜養生。採收新鮮香料如薄荷葉片之外，迷迭香（rosemary）和香蜂草（balm）也可做爲茶飲、沙拉、魚肉類料理、沾醬等。濃郁檸檬精油清香的馬　草（verbena），　香的草本和淡淡檸檬香味鮮綠巴西里（parsley），散發　檸檬清香的香茅（lemon grass）也都是海鮮湯、魚類肉類料理、甜點、飲品或醬料的好材料。「退休有閒時，一定要大顯身手一番。」

當然偶爾，在居家住處附近，尋覓一家早餐麵包　房，讓　、奶油、肉桂、紅糖撲鼻香味，在可頌麵包或馬芬糕之間漫散開來。跨進一家提供正餐的餐廳，於中午、黃昏，瀏覽店內設計和餐具擺設、廚房用具、　罐鍋杯、盤盒等美不勝收眾多飲食器皿。

一想到這兒，退休，怎麼可能無趣無味呢？

五、

閱讀經典文學是精神糧食之一，根據英國利物　大學英語系與神經科學專家共同調查研究結果，不但有助活躍腦部活動和心智發展，還可以預防老人　呆。理由是，當人們閱讀深奧複雜詞藻文學大師作品如莎士比亞、喬賽和桂冠詩人華茲華斯時，腦部必須努力運作去試圖了解內容意義。研究調查證實，如果只是閱讀一般文章，腦部活動就較不靈活。

此外，親力親爲營造迷你植物園綠洲一角。陽台上使用木製花盒栽種番茄、土　香、薰衣草、　、迷迭香。豐收富餘視覺景象，不僅是烹飪時觸手可及小田園，也是嗅覺愉悅所帶來精神快樂。要是有庭院等較大空間，更會樂此不疲地栽種　、果樹、蘭花、玉蘭花樹、含笑花樹和桂花樹，芬芳滿園。

深信園藝勞動治療，隨著感官刺激而舒活身心，體能增強，憂鬱更會消失躲藏起來。參與園藝過程，刺激味覺、視覺、觸覺、聽覺、嗅覺，生活有了重心和成就感。醫學專家還強調，因爲　花惹草不斷動手和學習用腦，因此手指靈敏度、手指抓握精細度、下　肌力、心肺耐力等都會相對提升。走路、情緒或身體敏捷性都呈現穩健效果，進而延緩身體退化，免除失能失智諸多困擾。

加上音樂，不但療癒人心，傳遞源源不絕的愛，還可破除人與人之間莫名敵意，消　人與人之間　籬。譬如不匆忙、奢侈地去聆聽音樂家演奏貝多芬第三十二號奏鳴曲——那一層一層疊上去洶湧情緒、顏色的色彩層次分明、不俗琴音、到位的語氣轉換和穿透力道。享受著莫札特和舒伯特奏鳴曲樂章，或是熱情中又帶著狂亂迷離舒曼幻想曲。嘗試體會作曲家感性哲思、意象畫面的營造、色彩、活　等動感音樂群裡所呈現那股靈氣。

擁有這些，退休歲月焉有無聊、單調之憾？

六、

冬至早晨，回撥朋友一通未接電話。她在手機上告訴我，再過半年就退休了。退休後第一個暑假，遠在美國事業有成小女兒準備帶她去歐洲旅遊。題外，提到年輕女兒幾乎已經環遊世界一週。然而在多彩旅遊見聞中最愛，數非洲 Safari，即赴東非、非洲南部觀賞野獸移動旅行。這可引起我極大好奇和興趣！朋友接著轉述女兒難忘非洲經驗：原本散居在坦尚尼亞賽倫蓋提國家公園約兩百萬頭牛　、斑馬越境，長途跋涉到肯亞地區雨季後、水草豐潤的馬賽馬拉國家公園覓食。寄居一、兩個月後，百萬頭動物再奔走返回賽倫蓋提南部。

好一幅驚心動魄非洲土地上動物大遷徙！牛　、斑馬和　等東非動物大陣　冒險渡馬拉河（River Mara）。一群群野生生靈，只盼不要成爲河中兇殘　魚口中獵物。三千公里旅程大遷徙是野生動物界盛事，從平原南端到北方，再折返。

朋友說，去非洲，別忘觀賞含礦物　又最不適合居住的　水湖，因爲在那兒，有百萬計小紅　聚集。湖泊，儼然也是紅　育兒池。一眼望向湖面，想必是壯觀紅海波光！遊非洲，同時盼望能一睹獅、豹、象、　牛、長頸鹿、野牛和　等野生動物身影。

找機會探訪非洲大陸上肥沃火山灰土、肥美土地，一睹泉水流進潟湖，大棵野生無花果樹上多汁果實和花。大草原動物如大象，走進大森林內隱密林地，享受豐富甜美無花果。還有靠非野生動物牲畜的肉、奶、血爲主食放牧族人——勇敢馬賽人，是一群用茅對抗獅子勇士們。

原來，另一種呼喚，來自野性天空、草原和動物，來自吉力馬扎羅山。另一種召喚，來自非洲肯亞國家公園內游獵行程（Safari）和難得一見大自然法則。

聽到後來，告訴自己：「退休後，當然要拜訪非洲。」

七、

生活大師說，理想退休，不需要時間表，不設定計畫，不跟隨社會規範，卻還能繼續進步，過著一種舒適圓融生活。

成爲夢想家，一生當中能有一次爲夢想奮鬥，讓人覺得充實。

「想起讀碩士，每星期至少要唸上一千頁文學作品。當時，不覺得苦，反而覺得頭上多了一環光圈，被賦予一種神聖使命，正在做一件有意義的事。」好友津津有味地說著。池邊生活，如果還能擁有那一環光圈，是何其有幸！

退休築夢。不必矜貴，鬆開，免計較，開始行雲流水、觀察入微。這時，無需做表面功夫，因爲知道上天都看在眼裡。

池塘水雲輝映，放下牽掛，游向　靜自由，去垂　自得和自樂。一天天日子中春去秋來裡，仍維持住悠遊節奏感、韻律感，去發揮想像力。

布拉姆斯，步入晚年，一度深陷憂愁因創造力漸衰退。受了宮廷中單　管演奏家理查‧穆爾費特所演奏單　管樂曲啓發，激起他另一波創作力。一個逆轉，藝術新生命再現，夢想實　是布拉姆斯晚年單　管奏鳴曲。從容自在悠然黃昏人生，音樂家再一次播下夢想種子，讓它滋潤發芽、生根。又在個人不斷內化、追夢下，夢想逐漸　壯，開花結果，也落在別人心田上。全新　談與牽繫，纏繞成一張生生不息花果網——一張生命藝術網。

如此說來，人生在這個時候，如果還有氣力，那麼，那些曾經被人暗地裡既不懷好意、又背後遭人　笑的夢想，最值得追求。姑且不論是否會如園中　丹花開？就算到頭來只落得僅似冬窗上霜花一現，不過，追求過程本身已是一種啓發、鼓舞　勇敢去獨立思考特立獨行，追求心目中真正生活意義。

八、

爲了撬開被廢棄、封閉多時右半腦，開始勞動音樂、藝術、三度空間、直覺和想像等溝通模型，進入湧流出來活水江河——激動如大　布傾　而下，聲勢浩大，　布流水流出江河，悠遠地伸展出一片滋潤、青翠、富饒，既壯觀又喜樂天地情境。

爲了進入意象當中，在那兒，在那兒，不是三部合音，不是四部合音，而是音域無限寬廣無限部合音。在那兒，飛翔在空中，站立在空中。在那兒，人的有限，　浴在意象的無限啓示裡，心思意念與心思意念之間溝通，無需言語愛的意象。信心眼睛這才被擦亮，同情和人性中仁慈部分也被照亮起來。

親近金池塘歲月，該降低追求成就和物質。一個人沈溺自己，單純高高興興地去生活。此刻，開始留意過去曾漠不關心、毫無興趣對待他人萬般苦難，轉換成爲懷有同理心和同情心。一個人其完整性，包含了人生種種磨難。不再只關注自己，此刻，　開心懷去認識、去同情他人苦難，方不枉費虛度此生，才可謂真正瞭解一個人。

過去，不怕犯罪，而怕犯了罪被人看見。如一畝結自　的果實在堅硬土地、土淺石頭地、荊棘土地的心田。一切只爲自己榮耀，只爲自己著想，樹立權威，擴展野心。

安居金池塘以降，願像一棵樹栽在溪旁，像沙漠中一棵綠意盎然木樹，吸取養分和水分，接受日光照射，結了　果實。像　子雙眼，專注在安慰別人、造就別人上，拓展雄心。常思量：種思想，收行爲；種行爲，收習　；種習　，收性格；種性格，收命運。

九、

回想讀大學，曾教過我們英國文學來自美國密西根州一位客座教授Dr. Bahn來。赴美讀書第二年暑假，整裝行　從印第安那州坐灰狗巴士去加州，中途特別停靠聖路易市兩天一夜，專程探視住在養老院這位美籍老師。他住進原先是一家較有年代歷史飯店大樓，經改裝後成爲中西部算是高檔老人安養中心。

事實上，畢業前夕，髮白稀疏且戴著眼鏡年屆七十老教授，拿出那一家安養中心彩色簡介給我瞧。那時。當面表示，未來去美國讀書，我會找時間去探望他。

信守承諾，夏天，我從聖路易灰狗車站搭計程車去市中心安養院，老師早在大廳笑臉等候迎接。師生相見歡。大樓頂層，規劃爲客房，供家人親友來訪時歇腳留宿之地。

把我安頓好之後，他帶領我下樓參觀自居小套房，內有較小空間屬個人需求客廳、廚衛和洗衣　乾機設備等。接下來，領我至樓下街邊一家餐廳用晚餐。途中，走在走廊上或大廳行走談天、甚至搭乘電梯，迎面而來住戶都是行動緩慢老人們。整棟樓出奇安靜，養老村大樓和戶外世界是這麼截然不同。剎時，頓覺自己好像也蒼老了好幾歲！待不少老者見到老師，都會親切微笑地打招呼喊一聲：「博士！」時，空間才會略顯些生氣來。當然，我都會被介紹爲台灣來的昔日學生。不過，最教我驚訝，老師會告訴我，剛才某某女士和住幾樓某位老先生正在約會，同時，老師透露自己常常也會和一位女士住戶一起用晚餐。「老了，還會有那種愛情波流浮沉？」只怪當時二十多歲，少不經事，才會有這種　蠢疑惑。有些事，可是至死方休！

好多年後，居住在加拿大愛蒙頓城，有緣和遊民約翰數次吃飯聊天寶貴經驗。話說，中國農曆新年，我請他在華　一家廣東館子吃飯。談天說地間，約翰聊起自己和也是遊民的瑪麗兩人交往情形。瑪麗對他若即若離，以及一些對瑪麗也有意思男遊民們，彼此間微妙氣氛。約翰又說，月初，政府定期將社會福利救濟金撥入戶頭時候，一些街友也就樂得過幾天好日子再說。金錢用　後，才再歸隊，重回中濟站享受免費供應熱咖啡和一些簡餐食物等。

住在愛蒙頓市，觀看加拿大 CBC 電視台全國聯播夜間新聞雜 類型節目。當晚夜間節目訪談主題是，東岸大城多倫多遊民現況與心路歷程。記者追蹤採訪了幾位不同典型遊民生活實況好一段日子，讓觀眾了解社會另一個階層不同人生相貌。末了，幕後記者說出觀察心得：街友世界，它和政商名流也好，平民百姓也好，包括養老院也好，不論在哪一個世界裡，其實人們彼此間所角力有兩樣東西都一直存在、不滅、不變——那就是性和權力（sex and power）。只要有人存在之地，就算沒有性，但一定有政治，政治，就難逃人性微闇。

人各有志，退休日子來臨，如果能有選擇，應該不會像一位女同事曾眼露期待地描述：她和常在夜間游泳池畔碰頭另一位女同事兩人約好，再過個幾年，當兩家兒女都各自成家後，身體仍健朗活動自如，老伴仍健在，兩家夫妻四口一起申請到養生村居住，爲鄰作伴。聽聞，當面爲她們高興能找到彼此爲知己姊妹，獻上誠 祝福。想像著她們倆具有靈巧個性，絕對可以適應良好。

相對地，我會選擇獨居在一棟房屋裡。就如多年前夏日在印第安納州，開車送熱食午餐給獨居八、九十歲老先生、老太太們一樣。他們獨自守著熟悉家園，每天和大地雪晴、遼闊無邊天上日光星光，和鄰里偶爾傳來遠近狗吠聲，相依相伴。

非常鍾意獨居在有門、有窗、有寂寞、有自由屋宇庭院內！實在不想臨老境，還跌入養老村若有若無角力世界，而傷神！

對人對己而言，「距離，也是一種愛。」

十、

一位原本奮發向上、開朗樂觀女強人生了一場大病體悟出，人買不到時間、家庭溫馨和健康。她，一度腿上長滿了大大小小　瘡，得打嗎啡。每天上　下瀉至少二十次。每次上洗手間，因為傷口、無力、體弱故要花上兩個小時。只能擦澡，無法淋浴曾長達三個月之久。

時間河流中，從未預期到兩種情況可能降臨，進而阻　了人生幸福，一是意外，一是病痛。

「難道非要經歷一場嚇破膽疾病陰　，深陷抑鬱寡歡、失眠痛哭教訓，才願意卸下不甘寂寞無病　吟，去擁抱平靜生活中美和香？」

歲末，週日黃昏，被邀參加一場團圓聚餐。席間，大人小孩愉快地品嚐美味冷盤、醉雞、海鮮　湯、清　鮮蝦及一尾　魚、蝦米油飯、熱炒青蔥牛肉、　蘭炒　和養生排骨湯。飯後甜點是杯清涼布丁。當正在享用甜點，鄰座朋友告知，一位患黃斑部病變女教師，以及同樣尚未退休丈夫最近竟被診斷出體內有　細胞陰影。目前，夫妻倆相互扶持共同面對人生突來挑戰。

女教師因為用眼過度視網　流血後，生　，演變成黃斑部病變，但渾然不知。一日，參加系務會議，會議進行中向簡報者反映：「你們投影片放斜了！」經旁人提醒一切正常，才事後非常好奇怎麼回事？何以眼睛所看到影像都會斜掉而且透亮？　查後才知道這樣情況是眼睛病變所致。醫師診斷後，她每半年要施打一針健保不給付約兩萬元醫療針。這一針其實是治療男性攝護　注射　，卻能夠幫助她眼部不再流血，字體大些文字或大型體積東西影像才看得見。

聽到黃斑部病變，我熱心請鄰座友人轉告，可多食用　菜、青　、花　菜、　藍、胡蘿蔔、南瓜和中藥　。

他日，校園裡，偶遇任教於光電所同事，聊些家中近況：　母兩個肺臟都發現有肺　，加上中風，因此，目前得控制飲食。　母是另一個健保不給付例子，得接受肺　標　治療。另外，每回化療要做五次，就可撐上四年。又由於意外摔跤，老人家竟顯露巴金森　輕微狀，雙手不聽使喚地　抖。外加老人　呆　徵兆，雙腳有時走不動，一百步正常距離可能要花上一個多小時才走完。至於這位同事提到自己有青光眼　狀時，我轉述醫學報導所言，即輕食、充足睡眠、緩動不要激烈大動作、不在暗處長期用眼，還要多攝取含抗　化蔬果玉米、藍莓、花　和南瓜。

近聞，退休老同事因爲高血壓導致腦中風，又腎衰　、心臟出問題、需洗腎等接二連三疾病纏身，痛苦至深。

有些仍在職場打拼同事，他們得三天兩頭跑去做驗血、切片、超音波、核　共振攝影（MRI）、電腦斷層掃描等　查。

耳聞人們到了某種年齡，不得不承受諸多病痛，而這些生理老化只是如實地示範了生命的脆弱。每一個生命，既獨特又脆弱。

印象難忘爲屆齡退休年齡之士，醫療報導指出每個人起碼有三種慢性病纏身、開始老化。一聽，轉思，如果愛自己子女，就會爲他們在這時候更加疼惜關心自己身心健康。因爲此時，不單爲自己而活，也要爲身邊兒孫而活，爲他們著想。所以，晨起，不慌不忙好好地爲自己熬上一鍋清粥，扭開收音機聽音樂，放鬆心情地去迎接　新一天，實不爲過。

聽人講，身體日漸衰敗是時間真意義。逐漸老去，油燈枯盡，這才是人類尊嚴。

開春三月，第四天，　牧師在教堂講台上傳道：「死亡，是上帝最　詭的賜福手段。」正納悶不解？牧師繼續：「因爲，這裡面卻有　神預備復活的生命、永生，否則一切就結束了！」

日前，單國　樞機主教生前也悟道：「人生好比舞台，每天彩排死亡劇本。一旦無常到來，人們才會自在無懼地迎向它。」

太陽昇起，繼續呼吸活著，雖是最大冒險，但也是最有趣的一件事。

十一、

記憶中，人在北京，看到城市建築呈現出一種歷史往日風華、前衛創新元素，這兩者交融市容。擁有六百年歷史皇宮建築、紫禁城御花園，是中國歷史全盛時期宏偉再現。宮內宮外，浮雕，還有三大殿屋　和　璃瓦、殿　、金　、以及天花板上畫作和古老工法鋪成地相輝映。館藏文物達一百五十萬件，包括用藏文書寫三千多卷佛教經典經文。要是與那些百年前、千年前如紫禁城、長城、　和園等歷史古蹟相較，對比之下協調感，是簡單、多層次、具生命力，爆發出一種時尚未來感新建築，如中國國家大劇院（水煮蛋）爲例。冬天　午，我望著鋼骨骨架撐起大　圓形圓頂，空間奇妙地因而壯觀開闊！尤其是代表先進技術　金屬板包成的工程外皮，使整座建築充滿了未來感和質感設計。巨蛋昂然挺立，玻璃牆倒影加上周圍清水泛影，水煮蛋夢幻般表演，不但炫目如水上明珠，更爲北京城增添了一道炫麗亮光。

「自在地去雲遊小鄉小鎮，去拜訪城市，　拾一份閒散和美感。」這是我對退休生活規劃重要項目之一。

不得不提台北。雖然沒有像上海、北京那樣大興土木，冒出不少風格多元前衛建築，進而憑添了戲劇性容顏。台北雖然不如上海來得有故事如舊租界，或北京城歷史傳奇。台北雖然缺少巴黎、倫敦漫步大道和充滿故事的街房。更甚者，就算台北曾被旅遊指南 **Lonely Planet** 形容爲世界上最　陋都市，我依舊會三不五時暫離池畔，走進建築、道路設計仍停留在工業城市、功能需求等思維打轉，且無法帶給居民感官上愉悅的台北。爲的是，想去摸索巷弄生活中所散漫開來人文尺度，和一種由時間、記憶所累積出來深度與歸屬感。他鄉山水，說不出荒蕪味道；他鄉城市，要不就是科技暴發戶或用金錢堆積起來的荒蕪。於我，台北，除了公共建設，更是原生態人文、歷史、文化岩層沉積。台北有文人雅士、餘風流韻、逍遙休閒，加上有機文風環境自然生長，那是因爲一代代人活在那兒悠悠　。

十二、

換景。退休角色，乃回歸正常生活狀態，作回真正王子身份——天賜每個靈魂的神奇與皎潔。

池塘畔，水天暮色　光、幽靜秘境一角，輕易地接受邀請，難得地回到了昨天。倒帶、回溯、停格片刻，思念起年輕歲月、青春靈魂、青春素描——回味慘白記憶，青春失落，何嘗不是另一種滋味在心頭？

此刻，有人用愛情題材，有人用音樂，有人用文字去回顧，去傳遞人生連續的回憶。

「今被勾起青春夢想、古典浪漫情懷和普世感動，才是找到青春不再的著力點。」

不久，我會進駐金池塘，略帶隱居色彩獨處時間多了，用心去過每一天。循自然之天成，書寫時，盼嗅聞桃花園氣息。駐留在塘邊年歲，將是我的詩歌——真情流露地起筆和落筆之處。

池水清澈，夕陽耀眼。

重建生活平台，探索、探究新生活，　　在深邃森林、草原。

夕陽隱入雲霞，池塘一片金黃，含光餘蘊，生機一線，流連忘返。

金色池塘和夕陽連成一線，無限延伸，天長地久，天人合一。

濟慈初讀 Chapman 譯荷馬史詩

一、

「今年暑假，我們爲什麼挑個八月去綠島玩海底溫泉泡湯和浮潛？爲什麼不早一點去？」在歲末歡迎農曆新年與友餐聚時刻，我不解地問。

「你忘了？你說你要出國回來以後，才有時間去。」正坐在開著車　兄旁邊的展哥回答。

「出國？我去哪？我怎麼沒印象？」疑惑著。

「我怎麼知道？你又沒說。」

陷入長思！不斷地自問：我有出國嗎？展哥應該不會說錯話才對。

可是，我又去了哪個國家？

汽車在冬夜　行進著，我靜思一角、努力地回憶，想擠出丁點記憶來。

「對了！我去了趟英國！」脫口而出。

接下來，我更困惑了！英國旅遊印象？零星游絲但大片空白？不是已經遊歷過怎麼會仍有一縷陌生感？何故？再一次，難以置信：「我真的去過英國？」自問。

一直以來，我不是深信壯遊？讀萬卷書不如行萬里路？又十分認同維多利亞時期（一八三二至一九〇一）曾於一八五〇年被封爲英國桂冠詩人丁尼生（**Alfred, Lord Tennyson**）所言：「記憶中，打從青少年，或甚至更早追溯到識字以前，『遙遠，遙遠的遠方』這幾個字始終對我有一種奇異　力。」

丁尼生詩作「尤利西斯（**Ulysses**）」就在表達人要勇於不斷地啓程，航向未知遠方，去探索，去追求美德與知識。千萬別　落爲他另一首詩歌「食落拓棗的人（**The Lotos-Eaters**）」所呈現出安　、倦慵、忘卻和不思不慮這般田地。

確實，我不也曾經震　於天涯海角優勝美地國家公園、尼加拉大　布、落磯山脈裡班國家公園、潛入茫茫大海一瞥馬里亞納海溝之絕美，難以忘懷至今？

今天，英倫遊蹤卻無痕，又是怎麼一回事？

「若非，此時此刻，人生旅途已渾然跌入了失落年歲？」

「還是少了赤子之心？」無端地自問自答起來。

二、

從未踏足英國之前，對它早已是既熟悉又親切。不過，那是從年少時光至今，多年來浸潤在其精緻文化、不朽世界文學印象，例如屬於浪漫時期（一七九八至一八三二）的桂冠詩人華滋華斯（William Wordsworth）、柯勒律治（Samuel Taylor Coleridge）、拜倫（George Gordon, Lord Byron）、雪萊（Percy Bysshe Shelley）和濟慈（John Keats）大師們思想作品。維多利亞時期豪斯曼（A. E. Houseman）等。二十世紀大文豪且在一九二三年獲得諾貝爾文學獎的葉慈（William Butler Yeats）、艾略特（T. S. Eliot）、喬伊斯（James Joyce）等繁不枚舉傳世詩歌、小說經典。當然，還有文藝復興時期（一四八五至一六六〇）曠世劇作家莎士比亞（William Shakespeare）等等。

三、

旅遊英國稀淡模糊印象，如何能拼圖完全？或湊和湊和來個五、六成印染重現？苦思：「線索何處？」

「有了！旅行時，手記一路上林林總總片段！」不過，馬上又陷入另一種兩難：「我把筆記塞到哪　去了？於研究室一角？宿舍一　？我真的忘了放在哪兒？」費了一番工夫，終於在宿舍內大行李箱中找著，鬆了一大口氣。英倫手札提醒我不少夏日浪跡鴻爪，記起當下感思點點。按圖索　。

四、

話說，在牛津。上午，一行人參觀了不但是英國最古老也屬歐洲歷史悠久大學，牛津大學城、基督學院和貝里歐學院。大學城，天際充滿了夢幻中古建築塔尖。牛津大學注重師生互動親密關係，在這種氛圍　，教學相長。

尾隨友人散步在牛津典雅校園中，獨自想起十九世紀來。就在這麼一個英國古老學術殿堂，十八歲身爲大學新鮮人，雪萊和一位好友兩人在校共同著述一本有關無神論小冊子「The Necessity of Atheism」，因而被牛津大學當局開除。雪萊僅在牛津校區待了半年，就被迫離校。今日看來，英年早逝的雪萊是位頗具爭議性、勇於面臨挑戰的奇人。作品才華出眾，不僅在當時浪漫詩人中表現出熱情洋溢生命力，另一方面，選集也是深具理智和哲學思考，又文學技巧上極具實驗性。

相較於雪萊，二十世紀英國詩人、文學評論家奧登（**W. H. Auden**）在一九五六至一九六一年間，曾被牛津大學　爲任教詩歌的教授（**professor of poetry**）。二十一世紀觀光遊客如我，在牛津庭院情不自禁地回味著奧登寫於一九四〇年詩作「美術館（**Mus e des Beaux Arts**）」。年前，在交大教授「英國文學」時，課堂上，播放了奧登本人朗讀自己這篇詩作錄音帶，給學生們欣賞。成爲母校牛津教授之前，初踏入發思古幽情古老學　成爲牛津大學新鮮人，奧登，一天，去見文學導師。當被問到未來志向，奧登回答：「我要成爲一位詩人。」導師聽後脫口：「啊！當然。」然後給眼前年青人上了一小段泛泛有關詩詞習作和散文寫作一些入門教導。未料，當場，奧登不悅地打斷導師說：「你完全不瞭解我。我的意思是，我將來要成爲一位偉大的詩人。」而這正是奧登後來文學成就。二十一歲，他出版了第一本書。

短短幾年後，奧登即獲頒英國喬治六世國王詩歌金牌勳章大獎，被視爲當代最勇於發聲和最具影響力詩人之一。

興奮地在牛津市區走進當地商家堆滿蔬果、肉類、蘭花市場，繁忙街上和英國人擦肩而過或同行過街，以及閃避紅色雙層公車巴士以顧人身安全。

下午，拜訪英格蘭南部牛津郡一個沾黏歷史 **Woodstock** 小鎮，融入街景、民宅和曲折小徑。接下來，當然不能錯過一進門是迎面寬闊林園草地的布倫亨宮（**Blenheim Palace**）。宮內因　像畫、優美瓷器和華麗花毯擺設，增添了雅致。其中，對原爲富麗堂皇會客廳（**the Saloon**）今爲正式餐會宴廳，印象深刻：像是廳內擺設一張十九世紀中葉可坐滿四十位賓客、橡木製維多利亞風格長型餐桌；十八世紀法國畫家 **Louis Laguerre** 花了十六個月在牆面和天花頂部所繪油畫。布倫亨宮，今仍爲 **Marlborough** 公爵所有。至於今日宴客廳，公爵一家僅在聖誕節時才會使用。於是看著燭台、餐具、桌椅、裝潢得貴氣大廳，想像著年年宮內聖誕大餐是怎麼樣山珍海味？席上充滿節慶歡樂氣氛是如何高昂飛揚？

五、

岩石峭壁之上，史特林城堡（**Stirling Castle**），當初爲了保護蘇格蘭瑪麗女王而修建。上午，撐傘走在斜雨紛飛中，踩踏古堡內古老石板路，欣賞以石頭爲建材依山地勢而蓋數房子。下午，前往蘇格蘭高地首府 **Inverness**（茵佛　斯），不但登上小山丘上建築風格渾厚

壯觀的茵佛　斯古堡區，並在城堡周邊俯瞰城市和河岸風光。

有趣時光，旅人分別在上午、黃昏時分，分別在蘇格蘭的史特林市區和茵佛　斯市區各有約一個小時逛街體驗。期間，竟然逛進史特林當地購物中心（The Thistles, Stirling），一睹當地居民生活寫實情況。在蘇格蘭旅遊第二天，我們夜宿茵佛　斯。

次日，先是搭遊　暢遊水怪傳說尼斯湖（Loch Ness），再步行參觀亞克哈特城堡，站在高處，尼斯湖風光水色盡收眼底。待在蘇格蘭第三天，夜宿格拉斯哥。

晨起，五點三十分，走出此間蘇格蘭格拉斯哥市沒電梯和冷氣設備、三層樓木屋旅舍。樂遊民宅區內庭院、巷道間。想起，日前投宿英格蘭位於 Grantown-on-Spey 的 Craiglynne Hotel 莊園飯店，浸身優雅大宅大院　，晨間看到蹦跳松鼠、野兔和狐狸出沒。

六、

飛機、遊覽車之外，另一項旅遊工具是英國國鐵火車。那天是星期四早上九點，從英格蘭北部城市利茲（Leeds）一家旅社出發走到位於市區火車站。近一刻鐘時間，沿街等紅綠燈、過街、三兩人聊著在台灣開墾菜園、種菜等樂事。不多久，進入火車站大廳，得知從利茲駛向蘇格蘭境內愛丁堡城市約兩個半小時。

坐在鐵椅上等待進站火車，這時身旁不斷傳來撲鼻熱騰騰漢堡、炸薯條和咖啡食物香味。偏頭看了一眼正在享用「漢堡王」早餐的一位西洋年輕女子，頓時覺得這也是一種平凡生活中美好和幸福洋溢！

令人訝異，利茲車站內上　所要投幣三十便士。上午十點五分，進站火車這才啓動，一路奔向蘇格蘭。第一站火車停靠約克（York）片刻，此時，一位東方年輕女子上車，然後挑在我旁邊座位入坐。她好奇地問旅行活動，並述說著自己是成大畢業，做了幾年事，存了些錢，便不顧一切辭職後，飛來英國，註冊劍橋大學語言課程一年，爲了要好好體驗異國文化和人生。她聊著啤酒、派對、課業、Marks & Spencer 超市，和民宅　瓦房頂上百年歷史三個煙囪。別離前，　留下臉書和伊媚兒網址。

與英格蘭截然不同的人文與地貌，蘇格蘭田野風情，可沉澱心情。然而，壯麗蘇格蘭高地風光，尤其是冰河時期所遺留下來峽灣、深谷、湖泊，更令人爲之神往。高地同時也有舉世聞名威士忌酒、奶油餅（pure butter shortbread）和風笛。抵蘇格蘭第一天，夜宿愛丁堡。可以想見在旅遊第三天晚餐上，我們是如何大快朵　蘇格蘭風味餐（哈吉斯）和滿足心情。

七、

從利城（Leigh）飛奔到　斯特（Chester）古城，約五十分鐘車程。聽說說　斯特和約克都是羅馬人建造城市。我們快樂地穿過古鎮人聲鼎沸菜市場，閒逛賣乳酪商家、參觀深具歷史價值 The Rows 商店街。觸發思古之幽情，是早期羅馬人所豎立小石　The Cross 地標，今已成爲東南西北匯車圓環區。由於至今仍留有完整城牆環繞著古城，不少觀光客如我們從容地在古城牆上散步。

座落 Abbey 街上有　斯特大教堂，莫名地吸引我離群並沿著石子路幽徑，踩進教堂內禮品店、咖啡輕食店，和十三世紀修道院修道士所規劃位於古教堂高聳中庭的空間內，設有喝茶、小吃茶點用餐角落。忍不住脫口：「這真是身心休養安居之地！」就算七百多年後遊人來此默坐片刻，靈魂心靈想必都會沉澱而清亮起來！

八、

一償宿願親臨大文豪莎士比亞誕生之地，史揣福（Stratford-Upon-Avon）。心存敬仰拜般心情，先是在莎翁故居花園內散步，然後隨著旅人魚貫地進入故居木屋底樓和樓上。靜默地飽覽體會莎士比亞時代英格蘭人們生活方式：寢室、木板地、木製餐桌長椅和餐具、木窗景、陶器等。不過，興致盎然之事乃屬不少慕名前來探望者，本身就是馳名於世文人　客：像是英國本國評論家、歷史家卡萊爾（Thomas Carlyle）、詩人濟慈（John Keats）和但尼生（Alfred Tennyson）、小說家狄更斯（Charles Dickens）、小說家兼詩人哈代（Thomas Hardy）；還有蘇格蘭小說家、詩人司格特（Sir Walter Scott）。身在十九世紀但是大老遠從美國跨海前來朝聖，除了幽默大師馬克　溫，更包括了思想家、詩人愛默生（Ralph Waldo Emerson）、詩人朗費羅（Henry Wadsworth Longfellow）和小說家霍　（Nathaniel Hawthorne）等。

青蔥夏綠，午后時有誰走來？你不曉得？他的名字叫做夢。浮生　悲劇、喜劇、歷史劇情、詩歌、十四行詩所凝結成戲夢人生。

今二十一世紀，世人還是緬懷沉醉莎翁舞台世界，例如夏日黃昏入夜，劍橋市莎士比亞節慶（**The Cambridge Shakespeare Festival**）於多少夜晚熱情地重現莎翁舞台劇：皆大歡喜、亨利五世、第十二夜等。

次日早晨，巴士駛進知名大學城劍橋。安靜地在細雨輕飄的康河上撐　遊船，品味著志摩描寫康橋時筆觸，和瀏覽散落河岸邊不同古老學院校區和哥德尖塔。靠岸，撐把傘，閒步劍橋巷道間約兩千年前古羅馬人鋪設石板路上。隨想著曾在七十三歲被封爲英國桂冠詩人（一八四三年）華滋華斯，就曾在我們踏足。劍橋校區完成學業。至於著有「老水手之歌（**Mariner**）」以及「忽必烈汗（**Kubla Khan**）」而聞世詩人柯勒律治，於一七九一年入學劍橋，但卻在兩年後休學從軍，不過，當兵當得不順心，而再度返校。不過，一七九四年第二度離校後，柯勒律治從此告別學術天地，未拿到學位。另一方面，從一九一一年直到過世一九三六年約二十五年期間，被劍橋大學　爲古典拉丁教授（**professor of Latin**）是詩人豪斯曼。

九、

駛進英格蘭質樸田園小鎮科茲窩（**Cotswold**）時辰，夏末黃昏。又一次，選擇離群，藏身在當地所出產石塊建構而成聚落、村落內，一個人歡喜悠閒地尋幽。沿著街道旁公園和清水彎流，然後轉進支道，再進入深巷。又一轉彎，家家戶戶都取名某某**Cottage**（農舍、茅舍）。

探頭，瞄了一下不同屋內廚房或起居室擺設風貌，貪　小院內菜園花圃、多株盛開向日　！

古羅馬人入侵英國始於西元四十三年。充滿羅馬人古蹟是　山而建巴斯（Bath）城，約在西元六十年，羅馬人沿著天然溫泉開發出來溫泉浴場之鄉。羅馬大浴場早在一世紀時，羅馬人就在當地建造了一個石牆圍成大貯水池好容納泉水，以供應鄰近的浴場。回溯千年前，羅馬大浴場早已存在巴斯古城，遺址位於今日城市中心。遊走在時空懷舊　，憑　瞻仰，一縷幽情升自冒著煙的浴池。

雖然時間緊湊，還是擠進那麼一丁點空檔，獨自走進浴場附近、擁有歌德式建築巴斯修道院內。望了望雕花天頂和彩繪玻璃，　了點天露，療慰遊客舟車勞頓。

跟隨旅行團海外旅遊雖有它方便性，但在巴斯，卻抱憾無法親遊作家珍奧斯　生前故居，無緣凝望石橋下 Avon 河水流。

觀賞完古羅馬大浴場，準備來到出口。轉角，約四、五層樓高中庭，頭頂上懸掛著大型水晶吊燈、並亮著　黃燈泡之廳堂內，時值茶點供應時光。雖已近下午五點二十分，不過現場有鋼琴，大提琴、小提琴三件奏。人們享受著半日閒品嚐三層　盤上　魚鮭魚三明治、鬆糕餅（scone）、精緻各式小蛋糕，佐以奶油、果醬、蜂蜜，配上一杯茶或咖啡或葡萄美酒，樂活人生。

再回市街，逕自進入巴斯艾比修道院（Bath Abbey）巡禮一番後，才再加入一行人漫步巴斯古城——世界三大男高音多明哥、卡列拉斯和帕華洛帝，曾齊聚這座英國溫泉古都，高歌人生歲月。

十、

英式早餐後，巴士南下經過英格蘭、蘇格蘭邊境，一路飛奔返回英格蘭，前往位於湖區（Lake District）國家公園內小鎮溫特蜜爾（Windermere）。旅遊巴士在蘇格蘭最後一個停靠站是 Gretna Green 小鎮。趁機，把握最後機會採購道地蘇格蘭糖　、糕餅、酒類等伴手禮。

英國湖區自然風光，激盪出詩人靈感，而詩人駐足、定居成爲湖畔詩人後，更是使得湖區聲名大噪主要原因。詩人華滋華斯（一七七〇至一八五〇）這位傳奇人物的代表，就在這片臨蘇格蘭邊界、英國西北角佈滿山湖溪流的湖區出生長大。大自然清美和湖區廣闊，不僅終生啓發著華滋華斯靈魂，同時，他也將這些童年美好回憶，編織入詩「The Prelude」。如果，單稱華滋華斯爲一位「自然派詩人」僅記述大自然中千變萬象，略顯不足夠。其實，適切說法，尤其對大自然是如何影響、引導及孕育人類心靈，才是華滋華斯興趣所在。這種不僅描述大自然，更著墨大自然與人類之間關係與想像，實爲浪漫時期特質之一。

猶記進入廣綿湖區之際，巴士車窗外飛逝而過小丘、綠油油連綿不斷草原、板岩建成籬一幕幕鄉野景色，確是不同於蘇格蘭荒野高地景觀。

快到湖區，不知真僞，導遊透過麥克風提醒我們等會兒下車時，別忘了帶件外套保暖，因爲：

「你們看車窗外左邊草地上牛群都擠成一團，聚在一起。他們在取暖，所以車外一定很冷！」

初抵小鎮溫特蜜爾，無雨，也沒有高照艷陽，僅有綠地上微陰天空，卻溫和宜人。

午后，參觀琳　滿目「彼得兔」商品和各式店家。特別是三明治、英式糕餅、冰淇淋攤位前，均大擺長龍，生意興隆。

近黃昏，從一號碼頭登上可容納兩百人遊　。划破湖水，欣賞著眼前劃過湖岸、屋宅、綠丘林野。湖面上泛著白　私人遊船，船尾隨風飄展一面英國國旗。陽光灑灑落湖面折射閃光。沒多久，烏雲遮日，日光即刻黯淡下來，氣溫又轉陰涼。

環顧，行進遊　上有安坐大狗一隻、　兒哭聲傳來、交談人聲此起彼落不中斷！另一頭，丈夫手握一瓶啤酒和一旁妻子輕聲聊著，還有讀小學模樣小男孩來纏母親。有人穿著外套雙手抱胸低頭，竟然坐著打起　來。航行到某一個角落，太陽又出現在頭頂上。

十一、

倫敦，薄暮。眾人體驗市集般熱鬧位於西敏市（City of Westminster）的柯芬園（Covent Garden Market）。有雜耍、大小提琴合奏、迷你短劇街頭藝人當街表演。時續時斷飄雨中，混雜著咖啡香、糕餅香。由於封街交通管制，因此遊人在大街上自由地雙向安步度日。這時感官上即時視覺享受或嗅聞到手工肥皂、夏日陽光　　過茶葉、夏日當季新鮮水果如黑莓木莓草莓等。透過　窗貪婪地望著不同口味手工大餅乾，像是雙份巧克力核桃、白巧克力或黑巧克力粒塊、牛奶巧克力。繼續往下瞧，還有燕麥葡萄乾、檸檬、　子、小紅莓、花生醬、薑餅、水果、堅果、牛奶巧克力等不同口味人工餅乾。

同樣吸引目光，是一位廚師用一般人無法想像巨型炒菜鍋，現場烹調咖哩海鮮炒飯（Hola Paella）。年輕廚師放入鍋內食材是滿滿鮮魚、貝類、　、芹菜、　末；堅果、雞肉、豬肉、明蝦、　類；香料草葉、洋蔥、辣粉、生米、　類。香味撲鼻，不忍離去。

結束英國與蘇格蘭高地之旅前一、兩天，除了入內參觀了史前巨石群、溫莎城堡、大英博物館和偵探福爾摩斯博物館，我們還下車走馬看花淺嚐了一下聖保羅大教堂、西敏　、大笨鐘、國會大廈、白金漢宮等大英風情，直到太陽落到地平線下。

十二、

回首，真正讓我下定決心一遊英倫動機：

「教過英國文學，況且，現在正教課程莎士比亞，竟然尚未踏足大不列顛，實在太好笑！」我如此告訴周邊人。終於在二〇一〇年的八月初至八月中旬，毅然決然地加入友人，啟航英國深度之旅。

十三、

怎樣才算是真正回到了家？當飛機從英國倫敦航返台灣，竄在夜空中燈火通明機艙，享用著空服員送來紅酒、鮮果和蛋糕，又悠閒地閱讀著文摘裡溫潤文字意境之際，心中隨想，旅途算是告一段落？飛機雖在台灣島嶼千里外太空翱翔，人心卻早有了回家異想！

拖著行李出關，踏出桃園中正機場航廈，迎面而來是小別後炙熱氣候特有濕熱空氣撲鼻。正要跨入家門，回頭嗅了嗅大片叢生野草、落地松針都被夏日火紅太陽曬成乾燥氣味，有別於春天綠野香波輕拂氣息，忍不住：「當然。整季炙夏！」

暗夜，走進巷口轉角 7-Eleven 店內，聽到店員：

「歡迎光臨！」

「收你三十元，找你五元。」

接著又聽到開關收銀機叮噹聲響，遞給我一張收據統一發票後，店員又開口：「謝謝！」手握著小罐優酪乳步出商店，意識到原本聽過千百遍商家制式應對語，那一夜，人在 7-Eleven，微喜：「我是真正回到家了！」身心這才全然地舒展開來。

十四、

隔天，面窗書桌上，散落著兩份即將隨身包咖啡及一張深藍底、白色英文字商業名片。

多日來，隨著它們混雜在散落紙張堆、字典、保溫杯、熱水瓶、小陶杯和透明玻璃杯之間，視而不見。直到近日，假期晨間想泡杯咖啡喝喝。隨手拿了一人份裝咖啡迷你長條包，剪口後將咖啡粉粒倒進保溫杯。坐在木椅上，偶而望著窗外藍天綠地，邊喝咖啡邊把玩著手中 Kenco 品牌咖啡包，瞄看：「（1923）愛爾蘭，都柏林」。接著，把尚未拆包 Brodies 品牌咖啡包近看：「（1867）英國（UK）」。至於名片上則寫著英式莊園飯店 Craiglynne Hotel 資訊。這更印證：「我去過英國、蘇格蘭！錯不了！」

十五、

旅行（travelling）。閱讀（reading）。　輕？　重？

此刻，閱讀之於我，經過時空　鍊、昇華成七彩英國文學經典閱讀。它一度巨大地掩蓋住後於大不列顛旅途上所遇見人類文明、豐富藝術、公共空間、獨特建築與文化，或城市裡活力、創造力和自由。同時，早期閱讀亦讓之後的旅行中所邂逅大自然之美亦黯然失色而渾然不知。驚覺之際，深陷迷　：「啄磨後成絕響的文學藝術，有時竟可反覆吟誦一再回味，遠遠超過旅行記憶？」根深蒂固英國印記，源自於文學經典。

之前，雖未身歷其境，然而，英國，長久以來並不生疏，竟印象深刻。那麼，爲什麼我去過後，反而忘卻了不列顛旅踪和記憶？百思！置身異鄉城市時，雲彩、氣味和情感；親身瞻仰城市獨特文明、藝術、建築；感受城市深淺色調、呼吸、時間，怎都不及優游於文學中冒險、無限想像、創意所共同凝結成經典這般生機燦爛，鬱鬱蔥蔥，沛然莫之能禦？不解！直到初春週末，睡前，夜讀濟慈。

詩人濟慈（John Keats，一七九五至一八二一），二十五歲過世。二十一歲那年，他借讀一本由伊麗莎白女王一世（一五五八至一六〇三）時期詩人名爲George Chapman（一五五九至一六三四）所翻譯荷馬史詩　伊利亞特　和　奧德賽　。濟慈不禁震　於古希臘史詩的氣魄宏偉。當時，詩人和一位老朋友相聚，濟慈熬夜整晚一口氣閱讀荷馬。第二天，時值一八一六年十月，濟慈這位老朋友在早餐桌上發現濟慈睡前留下一首十四行詩手稿：「初讀Chapman譯荷馬史詩」（On First Looking into Chapman's Homer）。詩中，年輕詩人感嘆雖然書中自有黃金般邦土，無數美好州郡和王國，或宛若身歷蓬萊仙島般諸島上，然而，這些種種閱歷之印象，都不及夜讀荷馬史詩所帶給濟慈莫大衝擊和感動！

經典閱讀，濟慈彷彿仰望著廣闊夜空時，一顆新星流進視野，或猶如一雙鷹眼凝視著初遇廣　無限的太平洋海域，因震驚而屏息。不似文藝新古典主義（neoclassical）所翻譯出僵硬語言，而似以莎士比亞爲代表的文藝復興（Renaissance）語言，既活　、又生意盎然文字所激發出心靈　宴。

濟慈閱讀荷馬所帶來心靈震撼，忍不住自喻探險家，在轉角，驚奇地發現了一個無限奧秘新天新地，目瞪口呆，歷久不忘。

濟慈閱讀古希臘史詩之美妙經驗，爲我解了　，使我如釋重負。

人生中有些旅行，有時，反而像是過眼雲煙。

燈下，掩書。

「是經典文學，長存在人們記憶裡。永遠不老！」微嘆。

階外，露重。

曠野

「沙漠壯闊，充滿詩意。

荒漠沉靜，充滿哲學意涵。

世世代代保衛著荒野的秘密，保留著這一塊記憶資料庫，在曠野。」

在此之前，空曠荒野，對我而言，始終陌生，孤陋寡聞。遼闊遙遠，曠野，只不過是無路之地，飢渴漂流之地。它既無又大又美城　、堆滿各樣美物屋宇，亦無深　水井。它不就是僅在風雲霜露幽邃野處，寂　地以荒涼和荒蕪爲伴?萬籟俱寂，以寂寞終日?蒼天之下無邊無際，曠野，常被冷落、而暗淡，不是嗎?

後來，知道人們在曠野行走，曾見耶和華扶養他們，爲他們尋找安營地。夜間在火　裡，日間在雲　裡，指引人們。同時，摩西在約旦河東曠野，向以色列眾人說話。

進入神所賜山地美地前，人得經過大而可怕曠野一角。

說到美地，「卻是再熟悉不過了!」我說。

伊甸，其中必有歡喜、快樂、感謝，和歌唱回聲。

晴和美麗下高大崗　和連綿山峰，富饒谷地，碧綠原野，舒展繁茂密林，相對安全的林間空地，草木叢茂且青翠　麗。美地，美麗如畫水道，明淨遠空下清冷水泉，江灘上淺水流動，　溪水幽美地滋潤所流之處，清波河道　靜地灌　大地，處處是發榮滋長、景物鮮明。又田野裡栽種棕樹、葡萄樹，橄欖樹，無花果樹、石　樹和蘋果樹。田間耕種著大麥、小麥五穀莊稼，享土產。小丘上，牧放牲畜肥又美。收成時，人們歡樂地在草場上，嚼碩果飲新酒嚐新油，慶豐年。

清幽美地，經常　披著詩人吟誦文學和辭章，而瀟灑疏淡！起先，帶著疲乏身子走進曠野，因對人性失望所帶來辛酸挫折。身處曠野，幽靈跳出。掏出自己後，尋覓自我價值和認同，倒也成就了一段豐富、飽滿心靈旅程。後來發現，憂傷卻成了創作裡動力和靈魂。先前無限哀愁，沒有被浪費掉，卻轉成創作基　和養分，轉化爲人生縱橫的厚實和豐富。

踏進曠野，獻上　祭、平安祭。因爲，親身遭遇，是出於　，我就默然不語……我的指望在乎　！踏進曠野，關上門，如同雅各渡口，他關上門，和神摔跤，要求祝福。關上門，帶著信心踏進曠野，把不信者多言多語，關在門外。單一盡心地，獻上自己單純信心。

依靠上天，踩進曠野，爲了築壇。揚棄過往在機遇中看到困境，現今要在困境中看到希望，體悟「少就是多」。

聽說，領我們到荒涼曠野，是上帝決定。在那裡，有祂的同在和希望。

曠野和人生的關係

凌晨，約旦首都安曼國際機場。我們一群旅人在候機室等候轉機，搭黎明班機飛往埃及。牧師講述了一則又一則有關人在曠野。

曠野中睡夢。雅各。雅各爲得長子名份祝福，欺父得福。長子以掃怨　雅各，對他極爲不滿，想殺了他。雅各聽了母親利百加勸告，離開別示巴，往故鄉哈蘭。途中，曠野，雅各以一塊石頭當枕，躺臥睡了。夢見耶和華上帝對他說話：「我是耶和華你祖亞伯拉罕的上帝，我必保　你，領你歸回這地，總不離棄你，直到我成就了向你所應許的。」雅各睡醒，說：「耶和華真在這裡，我竟不知道！」就確定這曠野有一角落是上帝的殿，也是天的門。

避難到曠野。摩西。摩西四十歲，尊爲埃及王子。一天，他到蘭塞去，目睹一位同胞以色列人爲埃及法老做苦工，正被一位埃及督工　打。摩西心懷不平，就把那個埃及人打死。因此，摩西逃到西　曠野避難。經過四十年後，上帝在荊棘裡火焰中向摩西顯現，呼召他回埃及、帶領希伯來同胞出埃及。又摩西在曠野舉蛇。

耶和華在曠野。約書亞。摩西在摩押地（今日約旦）尼波山被上帝接走後，由約書亞接。耶和華上帝在曠野中，命令約書亞去征服迦南並保證說：「凡你們腳掌所踏之地，我都要照著我所應許摩西的話，賜給你們了。從曠野、利巴嫩直到幼發拉底大河……。你當剛強壯膽，因爲你必使這百姓承受那地爲業……」

天使在曠野。以利亞。以利亞在迦密山殺死耶洗別的假先知之後，耶洗別欲殺以利亞，於是以利亞就起來逃命。到了別示巴，以利亞在曠野中走了一天路程，來到一棵松類羅騰樹下席地而坐，心灰意冷，而躺睡。耶和華的使者天使前後兩次拍他，勸食並勉勵以利亞繼續他當走之路。以利亞在曠野中走了四十晝夜，來到西　山，在那裡進了一個洞，就住在洞中。在那裡，上帝以微小聲音向以利亞說話，並把許多重大工作交給他去完成。

荒涼野獸吼叫之地。耶和華遇見一人在曠野——荒涼野獸吼叫之地，就環繞他，看顧他，保護他，如同保護眼中的　人。

擇。曠野，四十年，善變的人被賦予自由意志，面臨　擇——不再三心二意，要拿定主意，大河兩邊，二選一。就像第一位殉道者司提反一樣，以利亞在迦密山上和約書亞在巴勒斯坦，他們三人都對眾人對話有關　擇這個主題：「你們到底要抬著人造的摩洛的帳幕，跟隨迦南地、埃及地的偶像？跟從亞摩利人的神或米所波大米的神？或將祭物獻給巴力神？」「還是抬著曠野中有法櫃的帳幕，這帳幕是以色列列祖信仰傳承？」

曠野中城市。大衛。大衛少壯打死非利士人歌利亞，爲國家除敵，卻反被掃羅王嫉妒，一心用計想要殺害大衛。於是，大衛只好逃避到曠野。在曠野，有勇士來投靠他。不久，在猶太南方曠野中，城市希伯　，以色列長老們與大衛立約，立他爲王。七年後，大衛王攻取耶路撒冷做爲國都。

女在曠野。耶和華使者，在曠野書　路上水泉旁，遇見亞伯蘭的　，夏甲，對她說：

「撒萊的使女夏甲，你從哪裡來？要往哪裡去？」

曠野和埃及。以色列人被引領，出埃及，他們就到了紅海。埃及人一路車輛馬兵追趕也來到紅海。舉目看見埃及人趕來，就甚懼怕，向耶和華哀求，他就使海水淹沒埃及人。他們對摩西抱怨，在埃及沒　地嗎？爲何要死在曠野？「爲什麼將我們從埃及領出來呢？服侍埃及人比死在曠野還好。」出埃及後兩個月又十五天，以色列會眾在曠野發怨言，說，巴不得早死在埃及地；那時候在埃及，坐在肉鍋旁邊吃得飽足。如今，被領出來到曠野，不是叫全會眾都餓死啊！

以色列人出埃及滿三個月，來到西　山曠野，在山下安營。耶穌對摩西說，叫百姓今天明天自潔，又叫他們洗衣服。到第三天要預備好，因爲耶和華要在眾百姓眼前降臨在西　山上。

罰埋怨的民眾。以色列人惡會眾向上主發怨言，招致其屍首必倒在曠野，且必不得進入應許地。同時，會眾兒女們必在曠野漂流四十年，擔當會眾　行犯罪，直到惡會眾屍首在曠野消滅。

大而可怕的曠野。摩西在約旦河東曠野，向以色列眾人說話：「我們照著神所吩咐的從何烈山起行，經過你們所看見那大而可怕的曠野，往亞摩利人的山地去……」

神在曠野行走。神啊，　曾在　百姓前頭出來，在曠野行走。那時，地見神的面而震動、天也落雨。西　山見以色列神的面也震動。神不但曾在百姓前顯現，在曠野行走，神的子民也曾在曠野　逆祂、試探祂。神在曠野引領自己子民如羊群。至於困苦人　露苦情，恰似在曠野中。

撒旦在曠野。耶穌。耶穌三十歲在約旦河受洗之後，被聖靈引到耶立哥城外荒山（試探山）曠野，禁食祈禱四十晝夜，與上帝靈交。耶穌並在曠野中被撒但試探三次，但均以聖經中上帝的話來勝過魔鬼 惑。在加利利傳道：早晨，天未亮，耶穌起來，到曠野地方去，在那 禱告。又當耶穌名聲越發傳揚出去，耶穌卻退到曠野去禱告。耶穌對使徒說，你們來，同我暗暗地到曠野地方去歇一歇。預言：耶穌叫門徒要謹 ，不要被迷惑：「若有人對你們說：『看哪，基督在曠野裡』，你們不要出去。」耶穌被聖靈引到曠野，受魔鬼試探：耶穌禁食四十晝夜，後來就餓了。試探人進前來說：「你若是神的兒子，可以吩咐這些岩石變成食物。」

有耶路撒冷人在曠野，在未曾耕種無人居住之地就跟隨上主。

被友出賣但願宿在曠野避難。大衛。大衛被友出賣，恐懼戰 歸到他身，驚恐漫過了他。他禱告說：「但願我有翅膀像 子，我就飛去，得享安息。我必遠遊，宿在曠野。我必速速逃到避難所，脫離狂風暴雨。」

在曠野作詩。大衛。大衛在猶大曠野，做了渴慕神的詩。

在曠野靈修。保羅。保羅在大馬士革悔改信主後，沒有馬上回到耶路撒冷去見那些比他先作使徒的，唯獨往阿拉伯去，後又回到大馬士革。過了三年，才回去耶路撒冷見磯法（彼得），與彼得同住十五天。保羅在阿拉伯曠野，自己靈修三年期間，耶穌在他的心裡將真道、真理啓示給他，使他把福音傳給外邦人。

在曠野傳道。施洗約翰在猶太曠野傳道，說：「天國近了。」施洗約翰出生背景：「那孩子漸漸長大，心靈強健，住在曠野，直到他顯明在以色列人面前。」

在曠野試探主。聖靈有話說：「你們今日若聽主耶穌的話，就不可硬著心，像在曠野惹他發怒、試探他一樣。」

神不喜歡的人，在曠野倒斃。

在曠野的信心。身處曠野、山嶺、山洞、地穴，漂流無定所，本是世界不配有的人。這些人都是因爲信心，得了美好證據。

之心，上主在曠野不丟棄以色列人——白晝有雲　、黑夜有火　引導；賜下嗎哪和水給他們糊口解渴，在曠野養育他們四十年。

迎娶花　從曠野上來。所羅門王。新　所羅門王用黎巴嫩木造一迎娶花　，從曠野上來。形狀如煙　、以沒藥和乳香並各種香粉薰的。四圍有六十個勇士。

「所以說，曠野和人生不是兩條平行線，兩者可是息息相關！」牧師言。

愈聽愈是津津有味，牧師一席清談開闊了視界。畢竟，天涯海角一旦濛上淡淡人文氣息，那個獨特時空就會變得令人悠然神往起來！可想而知，我心是多麼興致高昂地繼續聆聽牧師口述曠野中古井和皂莢木，一探人類生活縮影。

曠野中一口井

曠野中，水井人生。

亞伯拉罕先祖以色列人遷居至新聚落處，其信仰文化有三件首要工作：

第一，造祭壇，以敬拜上帝並向上帝獻祭

第二，搭帳篷，隨水草、牧羊做機動性移居

然後就是開水井，供人、牲畜、牛羊駱駝飲用。

以色列人進入新地，做三件事，簡言之，「搭帳棚、築祭壇、　水井。」

井邊的女人。以掃因爲父親以撒給雅各祝福，而懷　欲殺其弟雅各。母親利百加命雅各逃回哈蘭故鄉。雅各到了東方之地，看見田間有一口井，井邊，遇見拉結及其羊群。雅各爲了要娶拉結爲妻，服侍拉結的父親拉班。

一位絕望母親，在曠野見一口水井。婦人眼見美麗埃及使女，爲丈夫生下童子正在嬉戲。心生忌妒，因爲深怕童子將來繼承原本屬於兒子以撒的家業，於是忿忿不平地要丈夫把使女和童子趕出家門。眼見左右都是自己骨肉，丈夫陷入兩難而神傷。神對他說，應該聽從妻子，畢竟和明　正娶所生下兒子，才是後裔。另外，不用爲這使女和童子擔憂，因爲可愛童子也是由你所生之故，因此，童子將來後裔也將成立一國。第二天一早，丈夫準備了一些餅和一皮袋飲水，搭在使女肩上，接著把童子交給她，打發這對母子走了。使女攜子別離了安全又

有保　家產，走入茫茫曠野中，終至迷路。水喝光了，不知何以爲繼？將童子拋在一棵矮小樹　下，自己走了幾步再轉身，無助地與子對坐。不忍幼子在這樣飢餓乾渴情況下　折，而嚎啕大哭。天上的神聽見幼子哭聲。天上傳來神的使者對憂傷絕望埃及女子說，起來，抱起妳童子於懷中，他的後裔必會成爲大國。這時，使女眼睛突然明亮起來，見一口水井。於是，迫不及待地飛奔井邊打水，將皮袋盛滿水，帶回給哭聲不停的童子喝。神信守承諾，保　童子在曠野中平安長大，而且成爲一位優　弓箭手。母子住在名爲「巴蘭」曠野之地，安和度日，母親從埃及地給成年兒子娶一個妻子。

兩位男子爲了一口井立約，盟誓水井。起因，亞伯拉罕指責亞比米勒的僕人霸佔了一口水井，心生不滿。亞伯拉罕沒有得理不饒人，頗有君子風度把肥羊跟壯牛送給對方，彼此立約，作爲亞伯拉罕挖這口井證據。亞伯拉罕將他們二人起誓地起名叫「別示巴」，就是盟約的井之意。亞比米勒同軍長起身回「非利士」之地。當一切談妥，亞伯拉罕在別示巴土地上栽種了一棵垂絲柳樹，並在那兒去求告永生神。臨行前，亞比米勒同軍長對亞伯拉罕表示，你所行的事都有神保　。我們希望你指著神發誓，不要欺負我們和我們子孫。今天，「我怎樣厚待你，你也要照樣厚待我與你所寄居這地民眾。」亞伯拉罕回應：「我非常心甘情願地起這個誓。」

城外水井處，爲人預備一位妻子。老父年紀老邁，語重心長地對忠心老僕人吩咐，家中成年兒子千萬不要取這「迦南」地女子爲妻，最好往「我本地本族去」——美索不達米亞的拿鶴城，「爲我兒子娶一個妻子」。因爲天主曾向家中老主人起誓，時候到了，會差遣使者來指引這樁事。但「不可帶我兒子回那　去」。老僕人挑了十匹駱駝並各樣財物後，動身前往。到了拿鶴城，天色將晚。這時，眾女子出門打水，老僕人便叫駱駝　在城外水井附近。站在井邊，老僕人祈禱著，若向一位女子請求拿下水瓶來，給他水喝，而女子也說：「請喝！我也給你的駱駝喝！」那麼，該女子就是小主人未來妻子。說著說著，見一容貌　美且仍是處女女子，肩頭上扛著水瓶出來。而這年輕女子父親，正是老主人兄弟妻子之子。美麗女子下到井旁，打滿了水瓶，又上來。老僕人跑上前去又央求喝瓶中水，少女不但急忙拿下瓶來，托在手中給老僕人喝，還熱心地又回井旁爲所有駱駝打水，叫駱駝也喝足了。老僕人拿了一個金環、兩個金鐲給了少女，切問誰家女兒？家裡可有爲他們出外人準備住宿地方？「我們家裡有足夠糧草，也有住宿地方。」少女回覆。少女跑回家，告訴家人所發生事情。少女哥哥們跑出門往井邊去，來到仍站在駱駝旁邊的井旁老僕人跟前，說：「你這蒙耶和華賜福的，請進來，爲什麼站在外邊？」因爲，房屋收拾好了，也爲駱駝預備了地方。見駱駝吃草料，拿水給客人洗腳。飯菜擺在老僕人面前，勸食。老僕人表明等他先說明事情原委後再吃。聽到「請說。」後，老僕人才滔滔不絕地將整件事情來龍去脈交代清楚。少女家中父親和哥哥聽完了事件始末，回答說，這事乃出於耶和華，我們不便說好說　。可將眼前少女帶去，給你主人兒子爲妻。老僕人和跟從者這才吃喝，又住了一夜。晨起，少女願意和老僕人同去。在接受完家人祝福後，一行人上路，回到老僕人主人家，好準備一場可預期歡樂喜宴。

人爲水井，嫉妒相爭，彼此相敵爲敵。先父在世，那地曾面臨飢荒困境。爲人子，他這時又經歷了一場飢荒浩劫。於是他遷往另一個王國。聖靈顯現，叫他不要下埃及，就留在此新地，蒙福如同其先父。勤奮耕種，大地回報百倍豐收，幾番日月，他成了富戶。人們見他牛羊成群，眾僕隨侍一側，就十分嫉妒。結果，當地人把他先父在世吩咐僕人所挖水井，全部用土塞住。當地君王也對他說，離開吧。他被迫遷離。轉向谷地，搭起帳篷居住下來，並把先父　後被塞住水井，重新挖出來，並採用原來命名。他的僕人在谷中挖井，得一口活水井。未料，鄰居牧人和自家牧人競爭，互相爭說：「這水是我們的。」自家僕人又挖了一口井，雙方又爲了這口井爭先恐後想奪爲己有。離開那裡，他又挖了一口井，鄰人這次不爲這口井競爭了。從那　到「別示巴」之地，他築了一座壇，並搭帳篷，家中僕人便在那　挖了一口井。

水井頌。以色列人唱歌說：井啊，湧上水來！你們要向這井歌唱。這井是首領和民中尊人，用　用　所挖所掘。

應許地風貌。神領你進入應許地：「又大又美城　、裝滿各樣美物房屋、栽種葡萄園、橄欖園，還有　成的水井。」

位在比　的水井，就是耶和華吩咐摩西說：「招聚百姓，我好給他們水喝」那口井。

躲進井裡。有人對兩位祭師說，急速打發人去告訴大衛王和跟隨者，今夜不可住在曠野渡口，務要過河，免得被陰謀造反者吞滅。一個使女將這話告訴另兩人，他們就給王通風報信去。不料，有一童子看見他們，就向陰謀造反者告密。見狀，他們趕緊跑到一戶人家裡。那人院中有一口井，他們就躲進井裡。那家婦人用蓋子蓋上井口後，又在蓋子上面鋪上碎麥，事情這才沒　漏。造反者身邊僕人來到那家問婦人，人跑哪去了？婦人回答，他們過了河。僕人找不著，就回耶路撒冷去了。

城門旁水井。收割季節，三個勇士見王。敵軍的防營在伯利恆。王渴想，願有人將伯利恆城門旁、井裡清水打來喝。這三位勇士就闖進敵人營盤，從伯利恆城門旁井裡打水，拿來敬奉給王喝。王卻不肯喝，說，這三個人冒死去打水，這水好像他們血液一般，斷不敢喝。

井水是妻子。「你要喝自己池中的水，飲自己井裡的活水。」此比喻乃警告眾子　犯亂，你的泉源、河水獨歸你一人，不可與外人同用。幼年所娶妻子，如可愛　鹿，可喜母鹿。為何戀慕　婦？抱外女胸懷？

水井比喻。所羅門王說，義人在惡人面前退縮，好像　渾之泉，弄濁之井。

新娘和水井。新　對新娘說，我新婦乃是關鎖的園，禁閉的井，封閉的泉源；又說，妳是園中泉，活水井，從黎巴嫩流下來溪水。

用水井來威脅。亞述人威脅耶路撒冷人：「亞述王如此說：你們要與我和好。出來投降我，各人就可吃自己葡萄樹和無花果樹果子，喝自己井裡涼水……」

驢牛掉進井裡。耶穌在安息日治好一個患水　的人，叫他走了。便對人說，你們中間誰有驢或有牛，在安息日掉到井裡去，不立時拉牠上來呢？

耶穌坐在井旁。耶穌離開猶太，往加利利去。經過撒馬利亞的一座城名叫敘加，在那有雅各井。正午，耶穌因走路困乏，就坐在井旁。見一撒馬利亞婦人來打水。

「請妳給我水喝。」耶穌說。

「你是猶太人，怎麼向我一個撒馬利亞婦人要水喝呢？」

（原來猶太人和撒馬利亞人沒有來往）

「凡喝這井水，人還要再渴；人若喝我賜的水就永遠不渴。我所賜的水要在他裡頭成爲泉源，直湧到永生。」耶穌又說。

那婦人留下水罐子，往城裡去，對眾人說：

「你們快來看！有一個人將我素來所行的一切事都給我說出來了，莫非這就是基督嗎？」眾人就出城，往耶穌那　去。

無水的井。有人在書信裡寫著，假先知和假師　，這些人是無水井，是狂風催逼的霧氣，有墨黑幽暗爲他們存留。

曠野中的皂莢木

冬雨和晨露，使得崎嶇山間曠野多了野生花草。

以色列荒山野地，當地導遊指著一株矮樹：「這棵樹是皂莢木！」我上前，好奇地觸摸樹枝和樹葉，邊說：「我一直想知道皂莢木長什麼樣子？因爲聖經常常提到它。」。

耶和華曉　摩西說，凡以色列人甘心樂意爲我送禮物來，你們就可以收下歸我。所要收下禮物除了金、銀、銅，還有藍色、紫色、朱紅色線，細麻，山羊毛，染紅公羊皮，海狗皮，點燈的油並做　油和香料，紅瑪　和別樣寶石，還有皂莢木。

「要用皂莢木做約櫃，並用皂莢木做兩根　。

要用皂莢木做陳設餅的桌子，並用皂莢木做兩根　，用金包　，以便抬桌子。

要用皂莢木做帳篷的豎板。

要用皂莢木做　。

要用皂莢木做壇，又要用皂莢木爲壇做　。

用皂莢木做香壇、　祭壇。」

聖地之遊，暢通雙耳，聽到了許多過去所不知曠野故事。打開眼目，看見了曠野裡瀰漫著一縷人文意涵。不僅如此，漫遊聖地，卻也意識到：「啊！除了曠野，美地裡橄欖樹、無花果樹、葡萄樹，枝葉園林間亦無不充滿著傳說、被賦予另一抹真情。」

橄欖樹

青橄欖樹在神殿中。

從前耶和華給你起名叫青橄欖樹，又華美又結好果子。

以色列新生命，他的榮華如橄欖樹，其香氣如黎巴嫩的香柏樹。

天使叫醒人，「你看見了什麼？」

「一個純金燈台，頂上有盞燈，燈台上有七盞燈，每盞有七個管子。旁邊有兩棵橄欖樹，一棵在燈盞右邊，一棵在燈盞左邊。」

人不懂這兩棵橄欖樹代表什麼意思？

天使說：「這是兩個受　者站在普天下主的旁邊。」

記得洪水？挪亞方舟？方舟裡一切走獸牲畜。過了四十天，挪亞打開了方舟小窗，放出一隻烏鴉，那隻烏鴉飛來飛去，直到地上水都乾了。挪亞這時又放出一隻　子，想知道水從地上退了沒？但遍地是水，找不到落腳地，於是飛回方舟，挪亞伸手把　子接進方舟裡來。又等了七天，再放　子出去；晚上，　子飛回挪亞那　，鳥嘴叼著一葉新　下來橄欖葉子。這時，主人知道地上淹水退了。再等七天，又放　子，飛鳥就再也不回來了。

巴哈谷的祈禱，調用流離歌。雖然無花果樹不發旺，葡萄樹不結果，橄欖樹也不效力，田地不出糧食，圈中絕了羊，棚內也沒有牛；然而，「我因耶和華歡欣，因救我的神喜樂。」

兩個見證人，「他們就是那兩顆橄欖樹。」

無花果樹

安然居住。所羅門作以色列眾人之王。猶大人和以色列人多得如同海邊沙，且都吃喝快樂。君王統治諸國，從大河直到埃及邊界，管理大河西邊諸王，四境盡都平安。王每日所用食物有細麵，粗麵，肥牛，草場的牛，羊，鹿、 羊，並肥禽。子民都在自家葡萄樹下和無花果樹下——安居樂業。

新婚季節。新 覓得佳人，趁冬去雨歇，葡萄樹花香，斑 啼鳴，無花果樹果子漸成熟之際，邀請：「我的美人，起來，與我同去！」

天下太平。耶和華作主，人人都要坐在自家葡萄樹下和無花果樹下，無人驚嚇。災難之日臨到時，葡萄樹不結果，橄欖樹不效力，田地不產糧食，圈棚內無羊牛，那麼，無花果樹也不發旺。

耶穌餓了。耶穌早晨從伯大尼返回耶路撒冷城，餓了，看見路旁有一顆無花果樹，就走到跟前。但在樹上找不著什麼，僅有葉子，就對樹說：「從今以後，你永不結果子。」那無花果樹就立刻枯乾了。

夏天近了。當無花果樹枝發嫩長葉，就知道夏天近了。

耶穌看見你。一個人問耶穌說：「你從哪裡知道我呢？」「你在無花果樹底下，我就看見你了！」耶穌回道。

耶穌基督的啓示。天上星辰墜落於地，如同無花果樹被大風搖動，落下未熟果子一樣。

美地。耶和華——你神，領你進入美地，那兒有結著甜美果實如無花果樹。

經上說，看守無花果樹，必吃樹上果子；敬奉主人，必得尊重。

亞述王威脅。亞述王威脅耶路撒冷說：你們要與我和好。出來投降我，各人就可以吃自己無花果樹果子。

罪與罰。耶和華說：我必使他們全然滅絕。葡萄樹上必沒有葡萄，無花果樹上必沒有果子，葉子也必枯乾。「我所賜給他們的，必離開他們過去。」

以色列犯罪和後果。主說：「我遇見以色列如葡萄在曠野，看見你們列祖如無花果樹上春季初熟果子。」他們卻來到巴力・　「專拜那可　恥的，就成爲可　惡的。」

人民因收成受損壞而悲傷：「　蟲毀壞我葡萄樹，剝了我無花果樹皮，剝盡而丟棄，使枝條露白。」

尼尼微，現在空虛荒涼了。「你一切保　必像無花果樹上初熟無花果，」若一搖撼，就落在想吃之人口中。

不結實無花果樹。耶穌比喻悔改或滅亡說：一個人有一棵無花果樹栽在葡萄園裡。他來到樹前找果子，卻找不著，就對管園人說：「看哪，我這三年來到這無花果樹前找果子，竟找不著。把它砍了吧，何必白佔地土呢！」

論舌頭。最小星火能點著最大樹林。舌頭就是火，在我們百體中，舌頭是個罪惡世界，能　全身。「頌讚和咒詛從一個口裡出來！弟兄們，這是不應當的！」因爲，泉源從一個眼裡能散發出甜苦兩樣水嗎？無花果樹能生橄欖嗎？葡萄樹能結無花果嗎？　水　也不能發出甜水來。

葡萄樹

夢中葡萄樹。囚在監，埃及王的酒政，講述夢境：「我前面有一棵葡萄樹，樹上有三根枝子，好像發了芽，開了花，上頭的葡萄都成熟了。法老的杯在我手中，我就拿葡萄擠在法老的杯裡，將杯遞在他手中。」解夢者：「三根枝子就是三天；三天之內，法老必提你出監，叫你官復原職，你仍要遞杯在法老的手中，和先前作他的酒政一樣。」

比喻國家。萬軍之神從埃及挪出一棵葡萄樹，把這樹栽上。樹根扎根，爬滿了地。樹影遮滿了山，樹枝佳美像香柏樹。樹枝長到大海，樹　延到大河。今樹籬被拆毀，任過路行人和林中出來野豬摘取和　，野地走獸也拿這葡萄樹當食物。萬軍之神啊，「求你　顧保護這棵用自己右手所栽種葡萄樹。復興國家。」

蒙福人，是妻子在內室，好像多結果子葡萄樹；兒女圍繞桌子，好像橄欖栽子。葡萄園在肥美山崗上。忙著　挖園子，　去石頭，栽種上等葡萄樹，在園中蓋了一座樓，又　出壓酒池。萬軍之耶和華「葡萄園就是以色列家；他所喜愛的樹就是猶太人。」以色列是茂盛葡萄樹，結果繁多。

以色列拒絕敬拜萬軍之神，就好像神栽以色列是上等葡萄樹，全然是真種子；以色列人怎麼反倒變爲外邦葡萄樹壞枝子？

罪，就好像葡萄樹上不結葡萄，無花果樹上不產果子。

母親的比喻。母親如葡萄樹，枝葉茂盛，栽於水旁。水多之故，就多結果子，堅固高大枝幹高舉在茂密枝中，遠遠可見。

敦親　鄰景象：那日，各人邀請鄰舍坐在葡萄樹和無花果樹下。

耶穌對人說：「我是真葡萄樹，你們是枝子，我父是栽培的人。」

公正，就是，人不可摘盡葡萄園果子，也不可拾取葡萄園中所掉落果子，因爲這些要留給窮人和寄居者。另一方面，人進了鄰舍葡萄園，可以隨意吃飽了葡萄，只是不可裝在器皿中攜出園外。

葡萄園內青年。在一個葡萄園內，青年見有一隻少壯獅子向他吼叫。受聖靈感動，青年雖然手無器械，卻將獅子撕裂，如同撕裂山羊羔一樣。

人之所以貧窮缺乏，來自葡萄園內景況，即「荆棘長滿了地皮，刺草遮蓋了田面，石牆也　了。」

葡萄園內，葡萄正在開花季節，也是小狐狸潛入園中進行毀壞。

新天新地是，人們要建造房屋，自己居住；栽種葡萄園，吃其中果子。

天國，好像家主清早去雇人進入葡萄園做工。前後入園打工者工資，竟然一樣時，乃是要體悟：「那在後的，將要在前；在前的，將要在後了。」

一個人有二子，父親叫大兒子到葡萄園裡去做工，大兒子說不去，但後來懊悔，結果還是進了園子。當父親叫小兒子做同樣的事，雖然說好要去，小兒子卻食言了。當被問到哪一個兒子遵行父命？得到的答案是：「大兒子。」而這被比喻成，稅吏和　倒先進神國。因爲眾人親眼看見了義人，卻不信他，後來還是不懊悔轉身去信他。

出方舟，挪亞作起農夫來，他栽了一個葡萄園。他喝了園中酒便醉了，在帳棚裡赤著身子。

位於歐亞非交接處，以色列未來復興。耶和華必使以色列民歸回。他們必重修荒廢城居住，栽種葡萄園，喝其中所釀出美酒，修造果木園，吃其中果子。

擺盪

曠野，是幽暗？無人居住城　？未曾耕種之地？荒場？無路？還是秘密基地？心靈　樓？紗門外是一個什麼樣世界？「眼前曠野不毛之地，亦是爲我創造？它要傳達某種訊息？」鼓起勇氣，推門，來到曠野面前。

不敵所謂美地、現實世界人心忌妒與險惡，於是有夢的人背向文明，欲寄託，踩進如團般陌生野外。尋找一塊人間樂土，在那兒建立一個烏托邦，好追求崇高理想！寄望是否在那兒，看清死亡、生命之奇妙連結？在對與不對，要與不要之間，有另一種可能，呈現另一個自我？是一個比人類想像中更平易近人的世界？

腳掌踏進屬於自己遼闊炙熱曠野，獻上自己爲活祭。

前進如沙漠環境，去翻譯智慧密碼，找出什麼是自我改變的　介或傳導體。

深入像數十億年前火星地表，盼潔淨如　浴，洗滌煩憂，且尋找自我真實顏色。勇敢地去聽風、聽生物和自己微小聲音，來認識自己，以期蛻變成較完整的人。

確實，高　分、高溫和高紫外線輻射的自然曠野，是另一種殘酷，「因爲生活於此，時時刻刻都和生死存亡奮鬥！」

曠野之旅，行程間，一波波漣漪盪起。烏托邦幻滅，夢想的實　與幻滅，乃另一種困惑！曠野？美地？何去何從？去尋求安慰。難道烏托邦可以是美地，也可以是曠野？端看心緒轉換，而左右擺盪？

滋養

重新認識原本陌生大地。

當初迷惑，究竟，走在陽光大道還是羊腸小徑上？人生角色心理狀態是蒼老是年輕？體會到，人有低潮、高潮才自傲，在嚴寒中保持正面心情，才真堅強。

走進曠野，如勇敢地過了河，紀錄了時間、環境、人，都不斷地改變，內在跟著改變。獨立在詭譎多端沙河裡，生命才厚實，生活中流暢自然、人生節奏被尋獲。

走出曠野，如回頭，再渡河。這一次，回溯到當初原點，那曾經令人失望、受限文明世界。有趣發現，燈火城市，現今看來，反而無限寬闊，甚至更可找到五顏六色可能！

如今，眼中夜寒刺入肌骨的幽深曠野，和青蔥美地，兩者是盈虛，是陰陽風雨　明，是變化，是互爲因果、互相依託。因爲，有人告訴我，一邊雖是土地、種子、陽光的創造、自然和素材；一邊雖是耕田、撒種、收割的栽培、培育和手工，然而，兩邊乃是並進。

領受到曠野和美地兩相對照，從曠野重返美地。被神在曠野引導四十年是要苦　、試驗人，要知道其內心肯守　命否？神管教人，好像人管教兒女一樣。又耶和華帶領以色列眾人在曠野四十年，身上衣服並沒有穿破，腳上鞋也沒有穿壞。既沒有吃餅，也沒有喝清酒濃酒，依然存活下來。這是要以色列人知道，耶和華是他們的神。

然而神領人心靈進入了有河、泉、源，從山谷中流出水來；小麥、大麥、葡萄樹（釀新酒，使人神喜樂）、結甜美果子如無花果樹、石　樹、橄欖樹（　油，供奉神、尊重人）和蜜。這片美麗新世界，可以叫它美地，也可以稱它曠野。

牧師在安曼國際機場凌晨那一席話，靈性進入我門，生命活水流入我院。美地與曠野，兩者交織後　進我心，滋養成一株生命樹苗。

東海教堂

全島籠罩在大陸冷氣團下，寒冷。

入夜，台中，冷氣團竟減弱，氣溫緩步回升。

東海大學音樂系手鐘團揭開序樂「平安夜」、「聖善夜」。

點燭儀式進行著。會眾以肅穆又歡欣心情，參與山丘上教堂子夜崇拜。詩班獻詩之外，眾人起立唱詩。　亮歌聲裡，這一夜，親像夜間野地牧羊人看見明星，曠野牧羊人聽見天使頌歌，如春雨普降。

「曠野上牧羊人」坐在木椅上默誦一遍後，　　：「曠野。」暗思：「每個人都應該擁有曠野一角。」

中東土地芳香的足跡

腳蹤之後，留下生命、死生動人的譯註和芬芳。

中東，常出現在聖經故事。

過去，談到人類古代歷史中強盛國家的社會擴展和文化成長，就會讓人聯想到巴比倫人、埃及人、雅典人和羅馬人。一直到了冬旅中東，這些古代人竟然奇妙地變得具體立體起來了。

以色列與埃及的關係

論到中東國家之間彼此關係之密切，首推以色列和埃及這兩個國家。這一層關係，還是雙腳踏在中東泥土上才知曉。

遠自聖經時代，亞伯拉罕（亞伯蘭）因爲　荒避走埃及謀生。亞伯拉罕的妻子撒拉將其埃及女僕夏甲送給亞伯拉罕同房，生下以實瑪利，成爲埃及人祖先之一。因此，以色列人與埃及人有血親關係。

約瑟長大後，深受父親雅各寵愛。因穿一件彩衣，被哥哥們在多丹將他賣給以實瑪利人。被帶到埃及出售給埃及一位官員波提令。後來被其妻引　同房不成，反而向其丈夫　告約瑟向她性侵而被關進監牢。後來上帝賜智慧，他能夠爲法老王解釋異夢，而被提拔爲宰相，當時年約三十歲。娶安城（開羅）祭司的女兒亞西納爲妻，生了兩個兒子，分別取名爲瑪拿西和以法　。之後，迦南地遇到　荒，約瑟迎接父親雅各與他十一個兄弟全家族人到埃及避難，維持生命之延續。後來，約瑟這兩個兒子之子孫，在摩西帶領以色列人出埃及時，他們也一同回到迦南地，並分得土地居住下來。所以，以色列人與埃及人有至深血緣關係。

猶大國被巴比倫消滅亡國，大部分猶大人被　到巴比倫作奴工。但也有少部分人逃到埃及南方「象」島生活。

耶穌降生時，希律王想殺害他。天使指示約瑟帶瑪利亞和耶穌逃難到埃及，直等到希律王過世，才回拿撒勒。

因此，埃及是以色列人避難之地，而以色列人也有埃及人血統。然而，以色列人宗教信仰不但沒有被埃及人同化，埃及人反而有少數人相信基督教。亞歷山　在初代教會時，曾一度成爲基督教城市。

埃及

埃及，讓我想起出埃及記裡瑪拉和以琳兩座古城。前者，以色列人過紅海後，在書　曠野走了三天，找不到水喝。來到這裡，雖然找到了水，但是水是苦的，所以那個地點就叫作瑪拉（苦）。摩西當時按照上帝指示，將一塊木頭丟進水裡，苦水就變爲甜水可喝了。不過日積月累，經過三千年後，今日，這池甜水由於地下水道變遷，已枯 成爲一口井。後者，以色列人來到這裡時，有十二股水泉，七十棵棕樹，他們就在這裡安營。不過現在水泉已經下沈爲地下水，至於棕樹已不止七十棵了，卻成爲一片棕樹林區。

耶穌從死裡復活後，使徒馬可到埃及亞歷山 傳福音。

早在一世紀，基督教已傳遍全埃及。公元二四九至二五一年間，統治埃及的羅馬皇帝德修斯王（**Decius**）在位時，首次有計畫地迫害基督教。多人逃難到亞歷山 與巴比倫（舊開羅）之間，沙漠中無人居住谷地過生活。

「身處雲端科技時代，在中東地圖上，有一個國家古代世界比它現代文明更吸引人，是埃及。」這是進出埃及一趟的感想。

冬日，飛機始觸地降落在開羅國際機場，剎那間，閃入腦海，是古埃及王朝秘辛、又雄偉又遠古宮殿和神殿、無遠弗屆帝國 界。

開羅原名叫作巴比倫，不是中東巴比倫帝國的國都巴比倫。回教（伊斯蘭教）佔領後，改稱開羅，意思是新城。

開羅機場內，豎立一尊勝利女神、和平女神銅像，歡迎朝聖者到來，並祝福朝聖之旅也是一趟和平之旅。

人在埃及，適逢當地導遊會講中文，年僅三十三歲回教徒，平時在開羅大學教法老王歷史的教授。

遙想，大膽幹練戰士成爲法老王。古埃及人注重來世，也相信法老王是國王，也是神。古埃及人用亞麻布纏　法老王木乃伊，留下石　、石雕上刻述精美事物和生活歷史。古代紙莎草書和文獻、象形文字手稿。拉姆西斯三世，是位傳奇性埃及王，演變到強大國王式微。原本世上輝煌帝國逐漸　潰，主因在於宮廷內背叛、謀反和陰謀。古埃及刑罰之一，是被丟入尼羅河餵　魚。

此刻，境內三座知名金字塔內，無法找到任何木乃伊。國土約一百萬平方公里，百分之九十左右爲沙漠，尤其是撒哈拉大沙漠。沒有尼羅河，就沒有埃及。河岸，蘊藏充沛地下水。河長六千六百七十三公里，上游在非洲衣索匹亞，流經九個國家，下游在埃及尼羅河口港亞歷山　港。首都開羅，有尼羅河流過身影。埃及人多土葬，少火葬。

巴比倫，是舊名，現被稱爲開羅，是文化古國埃及首都。早期開羅居民大多從巴比倫移民過來，所以就叫巴比倫。

開羅分新、舊城。事實上，舊開羅就是巴比倫。舊開羅，城堡早在羅馬時期建造。雖歷經戰爭摧毀，古老堅固城牆今仍安在。碉堡牆壁堅固，自不在話下，讓我們不禁撫摸著古老石頭　塊，憑　在古代衛守這座城市的軍事要地。

彼得前書：「在巴比倫與你們同蒙　選的教會問你們的安，我兒子馬可也問你們的安。」

這裡的巴比倫即指埃及的舊開羅。耶穌復活後，馬可先到埃及傳福音，後來彼得也到這裡一同傳教。彼得前書，是從巴比倫寄去安慰，鼓勵小亞細亞，就是今天土耳其西部，屬教會信徒的信仰勉勵言語。又耶穌誕生後，希律王想殺害聖　，天使指示約瑟要帶瑪　亞和小耶穌到埃及來避難。其避難處在今日聖色吉屋斯古教堂的地下室，地　和岩洞。

全國，約百分之九十以上都信奉阿拉回教徒。在老開羅市區，我們景仰了兩千多年歷史，由羅馬人所建造古塔、地下水道、聖母瑪利亞教堂。聖母瑪利亞和耶穌爲了躲避希律王追殺，曾待在地　一年多。午時，走在Mary Girgis街上。天空一邊是烏雲遮蔽，另一邊是白雲襯托著水藍一片。風涼。當地包頭巾婦女們穿梭在教堂邊鐵樹和古修道院（Nunnery of Saint George）附近。入內參觀了基督教堂（Serigous Church）。開羅市區的猶太會堂（Ben-Ezra Synagogue）內，希伯來文處處可見。會堂內有大理石　和地板、放置聖經古卷的約櫃，以及牆邊擺設一些座椅、中央爲講壇空間設計。最後踏進耶穌避難教會（Abu Serga Church）。

巴比倫城高塔旁，左爲埃及的教會，右爲主教堂的懸空教會。木製天花板、大理石　，懸空教堂（Elknesyh Elmoka）建立於尼羅河支流上。教會內彩色馬賽克壁畫，內容有耶穌、約瑟、瑪利亞以及三位一體。就在我們腳踏之地，難以想像當初耶穌一家曾避難於此約一年半時間，因此，懸空教會亦稱爲避難教會。

朝聖者拾階而上，抬頭看到教堂頭頂三個十字架，代表各各他三個十字架。中間那座象徵耶穌救贖。

冬陰大地，尼羅河從大巴士窗外飛掠而過，河水貫穿開羅市中心。河岸邊，肥沃黑土。汽車載著旅者朝向開羅西邊吉薩（Giza）城，法老王時代遺留下來金字塔和人面獅身像所在處。在那兒有四千多年前所建三座金字塔，是古夫、卡菲拉、曼考拉等法老王的陵墓，祖、父、孫三代金字塔。巴士行進時，沙漠中三座巨大古金字塔漸漸露臉。路邊不時出現綿羊、小毛驢、騎馬上街男子、驢拉板車、　子香　水果攤，還有堆積壯觀垃圾。

風中，走近起碼有四千多年歷史古埃及吉薩金字塔，它是世界上最知名考古遺址，也是久違古文明。困惑，當年，這些巨大碩重石灰岩和花崗岩石塊，是如何從開羅運至沙漠？

每座金字塔大門面向東方，也就是太陽日出方向。金字塔內暗沉，僅有石　而已。最高一座有一百四十六公尺。埃及年輕導遊說，金字塔每塊石頭平均重量約兩千五百公斤，最大一塊石頭約十公　即一萬公斤？牧師接著解釋：「金字塔，是古埃及人最早相信人類去世後，其靈魂會回到天上太陽神之家。而且日後，有一天還會回到在地上的屍體。所以他們相信，人死後還會復生。這就是爲什麼古埃及人把遺體製作成木乃伊，用紗布包　起來，將法老王的木乃伊安置在石造的金字塔內。金字塔就是法老王的陵墓。在亞伯拉罕和耶穌來到埃及以前，就已經存在了，是古代世界七大奇跡之一。」

金字塔的守護神，人面獅身像，是古代世界七大奇景之一。人面獅身，意思是象徵神人有獅子強壯身體，獅子是百獸之王，所向無敵，最有力量保護金字塔。而它的鼻子據說是被拿破　軍隊給打掉了，一直未修復。

在埃及，夜宿「大金字塔（Grand Pyramids）」飯店。旅館內，晚間電視播放回教徒到麥加朝聖實況轉播。古埃及信奉基督教，但到回教徒佔領埃及後，當地很多人改奉回教。

伊斯蘭教友每天於日出前、正午、午後三點、日落、睡前，共五次朝向麥加祈禱。回教徒穆斯林相信真主阿拉是大慈大悲大愛真神，所以他們祈願阿拉賜下慈悲，在地上可過和平生活，幫助窮人關心其生活，並祈求和平。他們認爲要達到內心有和平、平安生活和世界和平之境界，唯有大家都相信伊斯蘭教一途。爲了中東和平，回教徒一直希望把居住在以色列之地猶太人驅逐，而此教訓和耶穌不同。

回教相信人類祖宗是亞當、亞伯拉罕，這和以色列信仰無異。然而他們祖先是從夏甲、以實瑪利系統傳襲下來。至於以色列，則是莎拉、以撒、雅各這個血統傳承。回教徒相信中東要和平，猶太人一定要離開以色列迦南美地才有可能。結果，以色列人和阿拉伯人無往來。極端阿拉伯人就是要把以色列人趕出以色列，互不往來，仇　匪淺。雙方如此格格不入，既非阿拉本意，亦非亞伯拉罕子孫意願。如能愛仇敵，化敵爲友，似乎才有和平可言？

穆斯林回教徒一生，至少有一次會前去麥加朝聖。至於虔誠回教徒，則一年一次前去朝聖。阿拉伯人穆斯林有三個朝聖聖地，一爲麥加，一爲麥地那，另一爲耶路撒冷。聖城耶路撒冷是基督教和回教共同聖地。聖殿，對以色列人而言是亞伯拉罕獻以撒之地。然而對阿拉伯人而言，卻是獻以實馬利所在地。默罕默德騎白馬升天。地緣之便，住在以色列回教徒，大都一年去耶路撒冷朝聖一次。

在這兒，讓我想到聖經時代建聖殿這段歷史。但以理，因為有學問兼才華超人，於公元前五九七年被巴比倫王，尼布甲尼撒，　往巴比倫。他能為君王解釋異象和夢兆，因而獲王賞識，晉升為朝廷中大臣。歷經巴比倫、瑪代，直到波斯帝國統一天下，但以理仍高居首相位置。另外，波斯王，居魯士，曾說：「耶和華天上的上帝，……委派我在猶大的耶路撒冷為祂建造殿宇。」波斯（今為伊朗）國王准許猶太人回國建聖殿。當時居魯士以　教為國教，信仰聖火之神，與以色列人信仰烈火之神有共同神觀。故耶和華曾論居魯士說：「他是我的牧人，必成就我所喜悅的，必下令建造耶路撒冷和發命令立穩聖殿的根基。」居魯士甚至從國庫撥款，幫助以色列人回聖城重建聖殿。

波斯　教相傳於公元前六百年，由波斯大先知瑣羅亞斯德（**Zoroaster**）創立。他受猶太人信奉耶和華上帝為智慧、創世與烈火唯一真神影響。至於馬茲達（**Cahura Mazda**），則被尊為唯一至高智慧聖火之神。

二月，第二天，凌晨四點。早已起身且在吉薩區飯店內庭園散步。於淺色系四合院式建築群中，身穿大衣禦寒。望著紅色　虹燈飯店名字，特別清明。順著游泳池和花園不同角落彎道，晨走。不遠處，傳來高架道路上汽車轟隆呼嘯而過聲響。間歇，驚聞某處公雞不時地啼鳴。每一次，雄糾糾地狂喚三聲，尤其第三聲硬是把　音拉得悠悠揚揚才收尾。文明古國埃及，晨雞無端讓我想起十九世紀美國作家梭羅住處清晨雞鳴，並期盼喚醒鄰居人生啟示。

「生活中，更要活出心靈富足，去深掘鑽石人生，方不枉費此生？」

一早，七點十六分，朝聖團從開羅驅車往北盛產石油西　半島路上。石油、觀光和蘇伊士運河是埃及三大經濟命脈。公路左邊，多綠色棕　樹和果實　子園；右邊，是荒漠，偶有高挺密棗樹。密棗樹，不禁想起流奶與蜜之高地。

約兩個小時車程，九點三十五分，巴士無預警地停靠路邊。埃及導遊下車走至樹下，有一鮮黃香　、　子路邊攤，去採買水果請客，皆大歡喜。車窗外，晴光照人。汽車繼續前行，卻從柏油公路轉進小村鎮泥巴路，從此，車窗外本土風光鮮活地跳躍眼前：

「人騎小驢」。

路邊堆高著豐收紅番茄。

大塞車陣　中，一位大眼睛小男孩兒親切地向玻璃車窗內遊客我們打招呼。笑口打著手勢，以英語唇語要錢：「money!」。

烤餅店家伙計招呼生意，戶外咖啡座是小方木桌配上四張小木椅。

肉攤吊掛著整塊生鮮大腿牛肉，或縱切半整隻牛肉。

艷麗陽光下，屋外掛曬著清洗過衣物、浴巾和地毯。

小孩兒和　在電線杆上的小毛驢相伴。

成年男子手持著小　，專心騎著白灰色小驢。

小驢拉著滿載青牧草板車，慢行。

見穿長袍男人，和穿黑衣來自巴勒斯坦和約旦女人。

十字街口，人車繁忙擁擠。兩位大眼男童均好奇地直視我們遊覽巴士。一人露齒笑盈盈，另一位嘴閉。露齒男　側坐白色小驢在前，面無表情男　跨坐在後。小驢背上兄弟倆，凝望旅遊巴士出神。

成年男子在汽車內被車陣和驢隻　塞得動彈不得，忍不住，探頭破口抱怨。手持短截木片當驢　之騎驢者，意識到妨　交通，立即輕動手中木片但未抽　。小驢善解人意，微移腳步靠邊讓路。

路邊小河溝對岸，中年男子跨坐在驢背上，正和站立男子交談。

窄小田埂上，見一男子騎驢快奔。人和驢，精神抖　。

路旁，國中生和國小生模樣，手抱枯樹枝木柴，共騎小白驢　行。」

下車，仰望三千年前那摩西斯二世（**Ramsies II**）法老王雕像。埃及花崗石雖大抵風化，但仍挺立在 **San Elhger** 城一處大神廟遺址上。只見頭額有眼鏡蛇和頭巾裝飾上半身，下半身十三米部分早已風化入土。另一處神廟有十六座均高約二十五米、重三百　方箭碑出現，石面上刻有國王生平象形文字。五座古埃及神廟和墓園，散落荒野，我坐在花崗岩石上，靜觀著旅人瞻仰、撫摸數千年前古人遺留下來文化古蹟。

離開埃及首都開羅，往北方，歌　，方向前進。那兒是尼羅河三角洲，是以色列人到埃及定居之地。如今，城內住了很多埃及本地人。城市雖然歷史悠久，但未被現代化。因為不難見到除了主要道路外，都還是泥沙路面。旅遊巴士行經市鎮，窗外有尼羅河小支流貫穿三角洲。支流水量不大，但水量豐富。此地，城鎮與城鎮間交通工具，沒有公共汽車系統，僅有小汽車、小貨車。鄉間與鄉間兩地來往交通工具，僅是無車頂、　篷一輛小貨車。算了一下行駛在巴士旁小貨車上，竟擠滿了十四個人，實嘆爲觀止。鄉間道路旁有羊群，當初以色列人來此即以牧羊爲主。現在居民牧牛和耕種五　。眼望三角洲爲埃及農業、畜牧區，許多埃及城鎮在糧食和肉類供應上，即出自於此豐饒土地。眼前，街道擁擠，塞車嚴重，令人捏了好幾把冷汗。

舊名蘭塞，塔尼斯（Tanis）城，位於尼羅河三角洲，以色列人居住的歌　地。埃及新王蘭塞　待以色列人，命令他們在歌　地爲他建造兩座軍事大城，一座名叫作蘭塞，另一座城叫比東。居民用稻草泥土做泥　和石頭、沙岩、花崗石作爲建築材料。古城內，驚奇地看到摩西時代，古埃及人當時所使用象形文字被刻在花崗岩上，一直保留至今。遺跡上，一尊蘭塞國王石像，看上去，國王那時很年輕，正值以色列人在此當奴隸時期。廢　裡一些行碑、紀念碑，可推算當時埃及軍隊經此地去遠征。戰　如何?想必不錯，因爲眼前古代石　雖然無蓋且　空著，又木乃伊已被人盜走，但　墓周邊牆壁有指揮官、貴族、帝王豐功偉業浮雕。浮雕記錄下當時軍隊遠征，和凱旋勝利歸鄉。

巴士離開蘭塞古城，奔向聖山西　山。

途中，發現十字路口大都沒紅綠燈設施。

從駕駛座大片透明窗前望去，兩輛家用汽車前後緊接在一塊兒，互不相讓。在前黑色小車，就是不讓尾隨白色小車超車，甚至不惜危險蛇行。這招似乎仍舊無法　熄小白車高昂鬥志，形成賽車般有趣畫面。

午餐地點，後方有清真　建築。

大夥啓程準備通過蘇伊士運河地底隧道。這條由法國工程師領軍於一八六九年開　人工運河工程，起點是地中海塞得港，一路到終點紅海蘇伊士城（Suez）。運河隔開非、亞兩洲。運河營運，通行費款，兩者每年帶給埃及可觀經濟效益。五分鐘奇妙車程，人車上頭是運河水域。大巴士一鑽出洞口，意謂著遠離非洲，進入亞洲。

寒意冬夜，抵達久仰聞名西　山。牧師對我們說：「以色列人來到這裡，上帝頒賜十　，叫他們一定要遵守，這是以色列人出埃及最重要的聖地。」前有山谷，夜宿帳篷式現代建築旅館。兩戶連在一起，每戶有客廳、寢室和衛浴設備。四周安靜清冷。

破曉晨起，太陽光亮亮地在山的那一邊，朝陽是　彩兩道晨光。此情此景，領隊杜牧師說：「當初上帝降臨西　山的情景！」

西　山主峰，是摩西山。

身置荒涼曠野，西　山是岩石山。

牧師又對我們說，以前以色列人在這片荒地僅吃嗎哪果腹。今天，我們在這現代化餐廳裡，有麵包、熱咖啡、熱食、牛奶、蜂蜜、農產品當作早餐，一樣不缺！「今天的我們，比以前以色列人更幸福。」

太陽東昇，因陽光照射角度不同，岩山呈現不同顏色。晨　，更看清楚從前以色列人住在這片山谷景象。就在這地點，「上帝將十　傳給摩西，摩西再傳給以色列人。」昨夜留宿旅館，就是建築在當初聖經時代民衆安營地區。

驅車前往不遠處修道院，被建立是來紀念基督殉道聖徒。位於西　山麓，相傳公元第四世紀由君士坦丁大帝的母親海倫　爲尋找摩西的腳蹤，在一口古井和一棵荊棘的地方，建造這座堅固的修道院。此外，爲紀念早期埃及聖徒加他琳被羅馬皇帝殺害殉道，相傳天使將她屍體從亞歷山　城帶到西　山來，被人發現，因此這座修道院便取名爲聖加他琳修道院。山谷旅館未落成使用前，修道院內備有招待所，提供給朝聖者休息、過夜。抬頭，修道院背後，就是龐然西　山，岩山光　，空無樹木。低頭，修道院內一角，見摩西井。

臨行前，回頭，陽光普照遍佈西　山，牧師又　：

「好像上帝榮光充滿全山遍野！」

「以前居住在此山區的以色列人，看見上帝榮光充滿著這整座山！」

告別修道院，走著走著，望見山腰有一白色小建築，牧師解釋：「那是民衆拜金牛之地，摩西見狀，極爲生氣！」

不多時，巴士在山區丘陵間蜿蜒一陣。轉角，只見紅海大片海水，洋面讓人心境更爲開闊清爽。紅海溫泉，有人說是法老王到西　半島視察西　銅礦開採時，中途　浴之處，今日從溫泉洞口仍有少量溫泉水流入紅海。

看到紅海，意味著我們要離開古國埃及，準備在邊界管制區辦理入境，進入另一個中東國度，以色列。

以色列

以色列，讓我想起耶路撒冷、希伯　、伯利恆、拿撒勒四大聖地。

遠遠就看到飛揚國旗上，有藍色正三角和倒三角重疊在一起的大衛星。土地上人民絕對守著安息日不做工，聖地土產果實爲石　。又盈滿花精花油、金燈　、橄欖樹和十　，這個國度是以色列。

以埃邊境辦理出埃及離境手續，眼前屋頂上以色列國旗正飄揚，大樓頂部有顯目大告示牌：「歡迎來到以色列」。

已有一輛旅遊巴士待命，它準備載我們去以色列全國遊覽區和聖地。一入境，雖然立刻感受到這兒比古國埃及的道路整潔良好、建築物比較摩登，然而兩地各有千秋，無需比較。

以拉他，這是今日以色列在紅海阿卡巴灣海域唯一的港口，也是度假勝地。我們在著名紅海海洋生物館內觀賞紅海裡　　礁和繽紛多彩優游海魚。如魚得水，不受限制，快樂地生活。觀賞海底水族館實景，想說：人如魚這般無拘束，就更好！

驅車來到隱波給，死海度假勝地，附近有高級旅館和湧進大批觀光客。死海，因海水濃度，人浮游海面上不會下沉。岸邊有許多結晶　，被用來美容、消毒作用和治療皮膚病。

拉德，以色列駱駝商隊重要休息站，今發展爲國家公園（the Lard National Park）。

一、

一座被列爲聯合國文化遺產古城，城內古蹟有一祭壇、一口古井。可想而知，水井者，乃生命之水也，若無水，人無法在此生活。即使走進新城，仍可見到以前亞伯拉罕時期古井，今正在重修整建中。無雨故無水乾　河道，附近河堤是公園。城市設有一所大學，這裡是別示巴古城、別示巴新城和別示巴河所在地。牧師：「別示巴，意思是盟約之井。早先亞伯拉罕在這裡開井牧羊飲水，與當地國王亞比米勒挖井之約。以撒也在此處居住，並造一座祭壇敬拜上帝。雅各帶子孫下埃及，在這裡，上帝在異象中向他說話，安慰他。」行程中，我們參觀亞伯拉罕與亞比米勒立約之古井，與貝都因人（牧羊人）的博物館，以瞭解曠野中牧羊人的生活和歷史文物、珍寶。

另一座是別名大衛城，城內阿拉伯人多信奉基督，該城以基督徒和教堂數量眾多而著稱，這是伯利恆城。聖經名城伯利恆，是大衛王故鄉，是耶穌出生地。聖經時代，約瑟是大衛子孫。所以，戶口調查時要回到伯利恆。城中最受　目教堂，爲聖　耶穌誕生之地「耶穌誕生教會」或「耶穌主誕堂」或「聖誕教堂」。聖　耶穌於公元前四年冬天，出生在伯利恆一家客棧馬廄馬　裡，被白布包著，此處位於聖誕教堂地下室。在馬廄馬　，安置有一顆鑲嵌十四個角之星，這顆星通稱「伯利恆之星」，標示耶穌降生之馬　就是放在這裡。此處爲歷代基督徒最嚮往朝聖聖址。聖誕教堂於公元第四世紀，由君士坦丁大帝的母親海倫　所建。如今教堂爲第六世紀由查士丁尼皇帝於原址重建，直到今日，供人朝聖懷想。走進教堂，要低頭彎身鑽進「　」石門。據聞，以前爲了防人牽引駱駝、馬匹入堂休息，故刻意把門縮小，這些動物就進不來。往地下室走至耶穌誕生地點，來自不同國家朝聖者，用不同語言吟唱聖歌或祈禱。朝聖者都　地親吻伯利恆之星，因爲這是聖誕教堂最神聖地點。教堂內有一祭壇。

聖誕教堂旁，緊鄰一天主堂，是東方三位博士來伯利恆獻黃金、乳香、沒藥三樣寶物給聖　的房子。當晚，天使叫這三位博士不要回報希律王有關朝拜聖　之事，要從別條路回去。然後天使又告訴約瑟，趕快帶瑪利亞和聖　離開伯利恆，逃避去埃及。教宗也會來此天主堂主持聖誕　撒。小教堂地下室，爲古代供人居住所在，今已將這些小間房轉變成一個個小禮拜堂。我坐在小禮拜堂木椅上，默禱。

主誕教堂外頭陽光灑瀉。上帝是公平的，把陽光照給義人，也照給不義者。聖誕鐘塔，每年聖誕節來臨，都會從高塔內播放悠揚美妙聖誕歌曲。在長老牧師帶領下，我們在教堂外合唱「平安夜」。

聖誕教堂旁一小巷道，只消兩、三分鐘路程，就會來到一間小教堂。這是當初耶穌出生不久後，約瑟帶著家人來此居住。後來被告知不要回鄉，因爲希律王要殺耶穌。在天使指示下，約瑟、瑪利亞和耶穌一家三口就遠赴埃及避難。

逛進聖地伯利恆城紀念品店，多販賣銅　金燈　和用橄欖木雕刻聖經人物和故事。

二、

離開伯利恆，當夜，轉赴聖城耶路撒冷。

耶路撒冷，是以色列聖地中之聖城，建城歷史已超過三千年。亞伯拉罕曾帶長子以撒來這裡獻祭。耶穌來到聖城與門徒過　越節，守聖餐，被猶大出賣，受難，被釘十字架，死，埋葬，與復活等許多聖蹟，都發生在耶路撒冷。

飯店高樓內，待一切安頓妥當後，推窗居高鳥瞰、凝視古城燈火。我想像這座城市居民、土地歷史背景，以及所隱藏著豐富生命力。佇立窗邊，眼前彷彿重現十二歲孩童耶穌，在耶路撒冷殿　，坐在教師中間，一面聽，一面問。他父母在耶路撒冷守滿了　越節期，就把耶穌帶回拿撒勒城。

牧師說，神差點滅城，一座屬於基督教、猶太教、伊斯蘭教人類三大宗教匯集共同聖城。神差遣使者去滅耶路撒冷，剛要毀滅時候，耶和華看見後悔，就不降這災了，於是吩咐滅城天使說：「夠了，住手吧！」

猶大人攻打耶路撒冷，將城攻取，並且放火燒城。

大衛和跟隨者到了耶路撒冷，要攻打住那地方的耶布斯人。

掃羅逼迫教會。從這日起，耶路撒冷教會大遭逼迫。除了使徒以外，門徒都分散在猶太和撒馬利亞各處。

耶路撒冷啊，「你常殺害先知，又用石頭打死那奉差遣到你這 來的人。」

埃及王、亞述王和巴比倫王，都率領過軍兵攻取聖城耶路撒冷。埃及王上來攻取耶路撒冷，奪了耶和華殿和王宮寶物，連書都帶走，又奪取所羅門製造的金盾牌。亞述人威脅耶路撒冷，亞述王率領大軍往耶路撒冷，到希西家王那 去。巴比倫軍兵上到耶路撒冷，圍困城。巴比倫王就親自來了。猶大王和他母親、臣僕、首領、太監一同出城，投降巴比倫王。王將耶和華殿和王宮裡寶物都拿走，並將耶路撒冷眾民和眾首領、勇士、木匠、鐵匠共一萬人，都 去了。護衛長進入耶路撒冷，用火焚燒耶和華聖殿和王宮，又焚燒房屋，並拆毀城牆。

不但身爲烏西雅的孫子、約坦的兒子，而且尊爲猶大王的亞哈斯在位時，以色列王比加，上來攻打耶路撒冷，卻不能攻取。

光榮地進入耶路撒冷。耶穌和門徒將近耶路撒冷，到了伯法其，在橄欖山那 。

耶穌曾騎驢和平地進入耶路撒冷。但是拉撒路復活這件事，反而引起猶太人宗教領袖祭司長無端嫉妒，計謀要殺害耶穌。

耶路撒冷會議。有幾個人從猶太下來，教訓弟兄們說：「你們若不按摩西的規條受割禮，不能得救。」保羅、巴拿巴與他們大大地紛爭辯論。眾門徒就定規，叫保羅、巴拿巴和本會中幾個人，爲所辯論之事，上耶路撒冷去見使徒和長老。

耶穌被接上升日子將到，他就定意向耶路撒冷去，便打發使者在他前頭走。

亞薩求主解救國家。「神啊，外邦人進入你的產業，汙　你的聖殿，使耶路撒冷變爲荒堆。把你僕人的屍首交與天空的飛鳥爲食，把你聖民的肉交與地上的野獸。在耶路撒冷周圍流他們的血如水，無人埋葬。我們成爲鄰國的　，成爲我們四圍人的　笑　刺。」

新天新地。「我看見聖城新耶路撒冷由神那　從天而降，先前的天地已經過去了，海也不再有了。」

神要拯救耶路撒冷。「聖城耶路撒冷啊，穿上你華美的衣服！耶路撒冷啊，要抖下塵土！」亞摩斯的兒子以賽亞得默示，論到猶大和耶路撒冷。

波斯王塞魯士宣稱，耶和華天上的神已將天下萬國賜給他，又囑咐他在猶大的耶路撒冷爲耶和華建造殿宇。

哈迦利亞之子，尼希米，返耶路撒冷，並告訴猶大平民、祭司、貴　、官長，和其餘工人：「我們所遭的難，耶路撒冷怎樣荒涼，城門被火焚燒，你們都看見了。來吧，我們重建耶路撒冷的城牆，免得再受凌　！」

先知撒迦利亞舉目觀看，見一天使手拿準繩，而好奇地問：「你往哪裡去？」「要去量耶路撒冷，看有多寬多長。」

耶路撒冷，原爲上帝祭司麥基洗德祝福亞伯拉罕之聖城，也是亞伯拉罕首次奉獻十分之一財物給上帝祭司之處。又大衛王在耶路撒冷登基，建設大衛城爲國都，上方爲　安山。耶路撒冷，即　安，賜平安意思。三千年來，聖地遭敵人破壞、拆毀，但如今是一座亮麗壯觀聖城。

初見聖城，看它夜景，寧靜舊城。日出，推窗望外，耶路撒冷市景色調呈銀色世界，沒下雪，但如雪景般。晨 ，猶如上帝榮光充滿在這座古城。離開城市，沿途經過新城，人多車多，一幅繁華景象。

三、

還有一座城是猶太人祖先聖地，爲亞伯拉罕、莎拉、以撒、雅各等人墓地所在，大衛王登基之地，並有亞伯拉罕紀念堂，這是古城希伯 （**Hebron**）。大衛受 作猶大王。此後，大衛向耶和華說：「我上猶大的一個城去可以嗎？」耶和華說：「可以。」大衛說：「我上哪一個城去呢？」耶和華說：「上希伯 去。」造訪那天，我們見到不少阿拉伯人居住城中，少數以色列人住此。市街上漫遊時，全不見現代建築蹤跡。二十一世紀今天來看，它依舊保留古城樣貌。注意到阿拉伯人社區內道路，沒有以色列人社區來得完好。稍後，汽車行進間，車窗外掠過一道長長圍牆。牆內，是巴勒斯坦人住宅區。爲何被圍圈？當地人說，因爲巴勒斯坦人對以色列人不友善，常擲石或害人。因此，以色列人興建水泥圍牆，將對方圍住，防止他們四處亂竄危害安全。牆外，是以色列人住宅區。「此隔離是不得已！但非所有阿拉伯人居所，以色列人就把他們包圍起來，例如在比較友善地區，就無此圍牆。」一般外國人遊走兩區後，觀察到以色列人社區，環境較優美，道路也平坦些。內心，我卻隱約感受到戰亂

和無根浮　的感嘆，帶給巴勒斯坦人無邊痛苦和他們所隱忍淚水！

四、

聖經故事裡，雅各兄長，以掃想要把雅各殺害，利百加要雅各回故鄉哈蘭避難。逃至伯特利，這個地方在耶路撒冷北方一塊曠野。雅各在一塊石頭上夜眠。睡夢中，見天門爲他打開，有天梯從地上直通天上。他不但看見天使，又看見耶和華上帝站在梯子上方，對他說話：「不要害怕！」「我必帶你平安出去，也必帶你平安回來。」夢醒，雅各說，這是上帝的地方！如果我未來平安無事，必在此建築聖壇來感謝上帝，敬拜上帝。聖地伯特利也叫做上帝的居所。

沒多久，下車。我們在伯特利高地上見到寬大石塊，牧師說，這可能就是當年雅各晚上睡覺地方。上帝的殿，雅各說：「上帝在這裡，我居然不知道！」神在伯特利賜福雅各，且對他說：「從今以後不要再叫雅各，要叫以色列。」

代表上帝與民眾同在的記號，是約櫃。約櫃曾被設置在一塊福地上，眾人來此獻祭、敬拜、禱告和贖罪、感謝這聖地。此地，花木扶疏小公園內，喜見置於庭院不同角落古代陶器。想像著古人用這些大陶具來裝水、裝酒等懷舊情景和生活點滴。環視村莊遺址和會堂，思古悠悠。

五、

重返耶路撒冷城，迎春使者，即路邊叢叢紫綠、白色小菊花和紫羅蘭，無不昂首又開朗地綻放！聖城耶路撒冷，分四區。一早，抵達猶太人區由古代大希律王所建哭牆。聖殿的西牆，聖殿被羅馬軍隊於公元七十年拆毀，只剩下這段牆遺留下來。亡國後，猶太人來此處哀哭祈禱、　悔，故稱哭牆。我們在西牆前祈禱。一九六七年六日戰爭，猶太人從阿拉伯人約旦人手中收復哭牆。牆頭，大石頭上層爲小石頭部分，代表後來增建。

不少猶太人來到哭牆旁讀舊約聖經摩西五經，披著雪白披肩禱告祈求平安。男女分邊祈禱。孩童會帶教科書來，祈求智慧。成人把禱告詞寫在紙上，塞在牆壁石頭縫間。以色列人在聖城中最神聖地點——哭牆，以　、　悔心意向上帝禱告認罪，並希望有一天聖殿能重建。「願人類彼此沒有這麼深仇　！」退休長者　先生以一種憂愁無　心境在我耳際拋下這句話。我們入鄉隨俗，於哭牆西牆禱告區人人頭戴一頂白色小圓帽（kipa）。

聖殿山，有圓形金頂清真　，回教徒來此研讀可蘭經。原聖殿被羅馬人拆毀，僅殘留石底盤　頭，供人憑　。清真　廣場上祭壇，阿拉伯人認爲那是亞伯拉罕獻以實馬利地方，猶太人則視爲先祖亞伯拉罕獻以撒地點。這兒，是基督教、伊斯蘭教和猶太教共同宗教聖地。傳聞，在岩石祭壇上興建金頂清真　，以紀念教主穆罕默德的靈魂從這裡騎白馬升天。當年耶穌看到聖殿被拆毀，而哭泣。又清真　對面爲橄欖山，其間，今有一條柏油小路橫越，原爲耶穌騎驢進耶路撒冷小徑。附近有阿拉伯小學和安　小教堂。十字軍時代所建小教堂，是瑪利亞母親聖安　出生之地。教堂內石牆上有虔誠瑪利亞雕像。又十字軍時代曾在教堂附近建水池，也是耶穌在此醫治　腳已三十多年病患之地。

初春，尾隨牧師、長老，我們在高低不平小巷道，舉步踏著石階上行。親歷了一趟十字架道路，一站一站串成苦路。「沒有痛苦，就沒有榮耀！」牧師說完後，眾人開啓了一段以精神感召角度來看遺跡的苦路之旅。苦路，共有耶穌受難十四站，紀念耶穌從被彼拉多審問、帶經及、背十字架，到聖墓大教堂處被釘十字架、埋葬、聖墓（紀念石　）等處是歷代基督徒到聖地朝聖最主要的行程。

首先，來到耶穌接受彼拉多審判地點。

下一個定點，彼拉多問眾人要釋放耶穌?還是大強盜給他們?人說，要放巴拉巴，卻要釘耶穌十字架。在此，耶穌被戴上荊棘冠冕，受　打，也是耶穌開始背上十字架起點，踏上十字架道路。牧師告訴我們說，因爲耶穌受苦，我們得到平安。耶穌背十字架，「我們也要背十字架，才有資格追隨耶穌。」低頭看著腳底下當年耶穌走過地板石塊，想去捕捉感受那不朽脈動。

教堂庭院內，冬天，高挑大片牆面，鳥兒在樹上休息。荊棘樹和　茱樹順著牆面生根　延。牆內，院中另有四根　石大圓　，審判堂。一旁，古代巨型儲水　，還有羅馬第十軍團駐守時，拉丁文石碑。當時，耶穌接受審判地點。

我們一行朝聖團員，走在古羅馬時代所建大石塊徑道。

耶穌背十字架第一次跌倒，因爲十字架太沉重，而且被　傷後體力減弱。背十字架耶穌與母親瑪利亞見面，聖母爲耶穌哀傷不已。耶穌雖然跌倒後再努力地站起來，瑪利亞看到耶穌受苦，內心更是十分悲痛！這時候，耶穌反而安慰母親，因爲他知道他不是因爲有罪才被釘十字架，乃是擔當世人罪惡而釘十字架。耶穌跌倒處，今建有一教堂。

羅馬兵派遣一個人幫忙耶穌來背十字架，此人後來回鄉傳福音。

一婦女見耶穌臉上有血汗，於是拿出毛巾來擦耶穌臉　。有耶穌臉型拓印在婦女手巾上。

耶穌第二次跌倒地點。

耶穌看見很多耶路撒冷婦女爲他哀哭，反而安慰她們說，要爲妳們子孫來哀哭。因爲有一天，有人會包圍耶路撒冷來殺害妳們子孫。「不要爲我哭，要爲這個城市哭泣。」因爲耶穌預見城市將被毀滅。耶穌受難。見一群困苦耶路撒冷弱勢人民被法利賽人和羅馬祭司壓迫，油生同理心。

第三次跌倒，因爲耶穌力氣耗盡。在這兒，我們來到一棵胡　樹下。我隨興跳　抓了一把葉柄然後揉碎低頭嗅聞。沒有香甜，它是苦　味。

來到士兵擲　子，決定耶穌衣服隨身物歸何人？

大教堂內，是當年耶穌被釘十字架，及被豎立起來之處。

耶穌墓穴。正午整點，鐘聲敲響，噹　、噹　……。仍留存至今窄長石板路，兩邊除了濃郁咖啡飄香，也有現 新鮮大紅石 果汁。

來到聖墓教堂大門，牧師說，聖墓教堂是耶路撒冷中心。這是一座由君士坦丁大帝的母親海倫 於四世紀，爲了紀念耶穌在各各他被釘十字架而建，至今已有一千六百多年歷史。於此地，斷氣後，耶穌從十字架上被卸下來，放在大石塊上，身體被塗上香料、沒藥，然後送進 墓。今日朝聖者， 地親吻這一塊石頭，塗油石。我們也見到教堂祭師正在換新燈油，希望燈火長明。走往樓上，那裡是耶穌被釘十字架後，就被豎立在各各他山上，爲罪人擔當罪惡，「他的受苦，我們得平安；他流出寶血爲了洗淨我們的罪，使我們能與上帝和好。」參觀聖墓教堂大廳，抬頭，見大廳圓頂有彩色耶穌圖像。牧師說這景象好像，他在天上照顧看顧世人，爲人禱告，賜平安給一切相信他的人。這所教堂是君士坦丁的母親發現十字架地點，同時也由亞美尼亞人教會和埃及人教會共同參與管理。聖墓教堂出口處，有早期十字架設計圖案呈現在石牆上。出了門外，外牆上卻有現代十字架不同設計，即下方多了葡萄。葡萄代表耶穌是真葡萄樹，我們是枝子，結葡萄來榮耀上帝。

走完十字架道路，走出聖墓教堂，前方是大希律王宮殿，希律堡。大馬士革城門和希律王城門兩處古蹟。大衛塔，大希律王的故宮。東方三博士來這裡問希律王：「那要成爲猶太人的王，出生在哪裡？」現在這裡改爲以色列歷史博物館，參觀一趟，等於走過以色列三千年來的歷史時光隧道。

接著參觀耶穌的花園聖墓。

耶路撒冷耶穌聖墓花園，乃紀念當初耶穌被羅馬士兵釘十字架。斷氣後，亞利馬太人約瑟和法利賽人尼哥德慕，一起去向彼拉多求領耶穌聖體，移到靠近各各他一個園子內一座新墓安放。耶穌在這墓穴短暫安息了兩夜三天，就從死裡復活。四十天後在橄欖山升天，又回到天上，是要為信徒預備地方。好再來接信徒到天上去，使信徒永遠與主同在，享受永生福樂，不再有眼淚與死亡。

我們現身各各他岩壁　地。耶穌在各各他被釘十字架，在各各他，有耶穌聖墓。各各他山壁的木門上寫著：「在這裡，耶穌已經復活了！」

踏進橄欖山客西馬尼園教堂，牧師說客西馬尼園這地點就是耶穌帶著門徒在半夜裡祈禱，並禱告天父，說，「讓這苦杯離開我，但照你的意思，不要照我的意思。」耶穌也在此地被猶大帶來的羅馬兵抓捕。乾涼舒爽、無風的黃昏，匆匆一瞥客西馬尼園，兩千多年歷史橄欖樹園，其對面是耶路撒冷城東邊雄偉城牆。

參觀雞鳴堂，想起耶穌從客西馬尼園在半夜被帶到這裡受猶太人大祭師審判。大祭師問耶穌：「你是不是上帝的兒子？」耶穌回答說：「你講的就是。」結果，耶穌被關了一個晚上。第二天，被送到彼拉多那兒接受審判。於此，耶穌告訴彼得說：「雞鳴前，你要三次不認我！」我們一行人行經耶穌當年走過原始道路。路旁，有耶穌被捕浮雕。走進一家藝品店，掛在牆上，為達文西所繪「最後的晚餐」複製畫。

日落前，驅車前往以色列國會。這棟建築是一九六七年六日戰爭後，以色列收復耶路撒冷所建。國會大廈前有英國贈送巨大燈　，英國人希望以色列成爲世界之光。

六、

離開耶路撒冷，我們駛向拿撒勒城。

晚五點十四分，離開古代大衛王建立的王國、流奶與蜜之地。人生難得機會，跟隨耶穌曾經踏過腳蹤，以及大衛王和所羅門王足跡。我們由聖城環形道路接六號公路，奔向兩小時車程之遙拿撒勒城。鉛灰天際漸漸融入夜晚，車窗外閃過裸岩、石灰層岩山、集村，燈火亮起。汽車不停地在耶斯列平原上奔馳，於晚間七點左右於山區公路上蜿蜒約十分鐘，終於停靠拿撒勒當地一家旅店。山城雨夜地面濕　，當地人慶幸落雨，因爲：「以色列少雨。」

第二天，拿撒勒原野草場上羊群，襯托出以色列早春宜人風光。

一早八點十五分開遊古代名城拿撒勒村莊街道、一口古井，並走進約瑟小教堂。古拉丁文寫著「主的天使向使者顯現地方」。

市區一家雜貨店鄰近小廣場，　群覓食。只見一隻聰明　子離群，正在啄食滿袋子五穀米粒，店主渾然不知。

拿撒勒古城報喜堂，是聖地最大教堂。爲了紀念天使長加百列在此地向一位虔誠、　、純潔少女瑪利亞報告一個大好訊息：「上帝的聖靈要藉著妳來懷孕，妳要生一子，給他取名叫耶穌，因爲他要將他的百姓從罪惡裡拯救出來。」事實上，馬太、馬可、路加、約翰福音都有描寫基督降生故事。

教堂左邊，銅門浮雕所描述乃舊約故事：亞當夏　在伊甸園受試探、亞伯被哥哥打死等故事，還有挪亞方舟、亞伯拉罕獻以撒。至於中央大銅門上浮雕，描繪耶穌生平故事：例如出生、釘十字架、逃難到埃及、在加利利傳福音、小時候學木工、受洗。報喜堂內走廊壁上，有來自日本、　國、烏克蘭、義大利等地教會贈送彩色壁畫。教堂內彩色玻璃因爲陽光，使得柔美光線滲透進來，益顯神聖氛圍。教堂屋頂是百合花瓣設計，因爲耶穌是「谷中百合花」，象徵聖潔。教宗贈送一幅畫，主題是人們要關心窮人，學習耶穌言行。教堂後方，是耶穌當初從埃及避難回來，就住在那裡達三十年，然後才出去傳福音。教堂外，有約瑟帶著耶穌和瑪利亞回到這裡的雕像，當中，還有耶穌在這兒長大、接受家庭教育和宗教教育一些景象。走出聖家教會，小街上有堆滿聖地土產小店。

七、

轉至四公里外，吉波里古城，這裡是耶穌長大後，跟父親來此工作地點。這城也是當時加利利的省都。希律王在此地建羅馬城。我們到達當地時，杏花樹隨著疾風搖擺。

踏上登山石階路，沿途遇見古城當年因爲地震和戰爭被毀壞後所遺留下來遺跡。山道旁，石　樹　枝上，仍吊掛著兩個風乾石　。兩千年前古代半圓形劇場廢　，位於半山腰，今在冷風中默視著對面平原及環繞山丘。廢　堆，有古代典雅花紋裝飾石　底部，遺落在石塊、碎石、砂土山徑邊，與大葉仙人掌叢爲鄰。有古代　所坑。有天然彩澤小石所拼構出精緻馬賽克中，想像希臘羅馬神話裡牧人、葡萄園、用腳踩踏葡萄取汁辛勤工人、古希臘酒神戴奧尼索斯（Dionysus）、葡萄樹枝、飲酒比賽、酒神迎娶婚宴，更有保姆爲新生　兒洗澡圖、歡樂圖、吹笛者。

眼前山頂遺址是三世紀初所建，但劇場及當時富裕猶太屋主居所等建築物，毀於西元三六三年大地震。從馬賽克、劇院、大浴池、地　上太陽神圖案，都顯示出希臘羅馬文化在這片以色列山丘上產生不少影響，卻了無猶太文化蹤跡。古城小路兩旁建築，以石頭爲材質來做牆壁和地板。據說耶穌的父親約瑟當木匠，在這兒也是石匠，不但要做木工，也要利用石工建造房子。古老石塊地板馬賽克圖案，仍留傳至今。如果要了解當時有錢人生活情形和家用器皿，浮雕就是最好窗口。房舍遺址外是大石頭砌成城牆，城牆地基和富人宅院遺跡仍可見。當年猶太人敬拜上帝的會堂，今只剩下地板和一些石　。驚奇地看到野外有豔紅色野地百合花，和一群群自由自在遊行野馬。白色、棕色、黑色、花色野馬群，牠們可能就是古代羅馬士兵時代遺留下來的子子孫孫馬匹？

八、

耶穌把水變成酒之地，迦拿。我們只路過迦拿婚禮之地，未下車參觀聖經人物曾居住過鄉村景象。

奔向加利利湖，公路上，地中海海平面下野地，酪梨園連接著橄欖樹園。香　園影閃過，園內下鋪水管，由電腦控制把水和肥料定期送到根部。由於夏天氣溫可達攝氏四十度，因此熱帶水果園也包括了芒果園。公路沿途兩邊，野地、綠草、麥田、紅花和黃花，還有火山爆發痕跡——黑石。葉有絨毛如小指甲，牛　草，讓人想到大衛在詩篇求神用牛　草潔淨乾淨，比雪更白。這兒景緻，是否同屬地中海型氣候西班牙、希臘被複製？

加利利海周圍最高一座山，八福山。詩篇提到一種草本植物牛　草，我生平第一次眼見。想到大衛王：「求你用牛　草潔淨我、我就乾淨　求你洗滌我、我就比雪更白。」走向八福教堂沿途上，橄欖樹和棕　樹在側，並各國朝聖團來訪身影。從這兒，可觀看整片加利利海。進入教堂，中間位置爲禱告和祈福祭壇，也就是耶穌宣布人生八大福氣所在地：「耶穌看見這許多的人，就上了山，既已坐下，門徒到他跟前來。他就開口教訓他們說：『虛心的人有福了，因爲天國是他們的；哀　的人有福了，因爲他們必得安慰；溫柔的人有福了，因爲他們必承受地土；飢渴慕義的人有福了，因爲他們必得飽足；　人的人有福了，因爲他們必蒙　；清心的人有福了，因爲他們必得見神；使人和　的人有福了，因爲他們必稱爲神的兒子；爲義受逼迫的人有福了，因爲天國是他們的。』」登山寶訓。八福山（Mt. of Beatitudes）下，加利利淡水湖，東西寬十二公里、南北長二十四公里，水深約二十四公尺。湖畔斜坡，是耶穌在加利利傳道時，人們席地而坐聽道之地。依山斜坡地勢之助，聲波可傳達廣遠。

在八福山教堂前，我們分坐階梯上。牧師站著說，「虛心」兩字在希臘原文意指要飯的人、討飯者、乞　。虛心人有福了。在公車上讓座給老人就算是虛心？牧師述說著自己心靈體會。七年前，一家人從台灣移居以色列。當時大兒子六歲，上希伯來小學。牧師娘請來自俄國的猶太人老師費心照顧。兒子或許在溝通上產生適應不良，悲傷襲上母親心頭，欲帶子返鄉。但兒子卻說要留在教室，坐下來聽課。由於不忍心兒子聽不懂當地語言，一度想搬回台灣：「大人可吃苦，小孩別吃苦！」不過，還是先向神禱告。一天，希伯萊大學東亞系一位學生會講中文，於是雙方協調互教中文和希伯來文。這是第一個難關帶領，一關關到否極泰來：「虛心，真的像要飯的，心靈貧窮、困難。唯有如此，才願依靠神的恩典。神不出手，會死掉，如乞　，即是虛心。唯有如此，才經驗到真的有上帝了！虛心就是貧窮。」

中餐，我們吃加利利海特別土產，那就是彼得魚大餐，也就是我們所謂　郭魚。大餐內容有肥美甘甜無　味乾炸全魚、新鮮檸檬、炸薯條和蔬菜。餐廳外，園中金　果樹結實　。

中東唯一淡水湖加利利岸邊，湖水拍岸聲陣陣傳來。

加利利湖，耶穌於海面上行走。坐船過海，遇風浪，斥責大自然風浪後，風平浪靜。

漫步來到加利利海邊乘坐耶穌船，登上一艘　兩千年前耶穌時代建造木船遊湖。體驗耶穌當年跟門徒乘船周遊加利利海，以及他如何在每個會堂教訓人、醫病、得自由。我們搭「信心號」遊船。啓航中，想到耶穌在這海面上遇暴風雨，但是耶穌使暴風雨平靜下來。我們駛進風浪霧濛中，驚見上百隻海鷗緊隨行進中木船，張口接吃我們拋向空中無　餅屑。人手握餅塊，等待水鳥飛近人身啄食。人鳥相親。和海鳥相遇，竟令人心胸舒暢。人和生物融　相處，這就是爲何小孩喜歡去動物園？冬季方有鳥伴著人船此景，因爲鳥兒們遠從歐洲飛來加利利湖避冰寒。耶穌在兩千多年前，和門徒在湖船上亦遇風浪。門徒彼得離船走在海面上，因信心軟弱而下沉，大叫：「耶穌救我！」今年，船邊飛翔海鷗與人和平共處，無憂無慮，「人如果能像海鷗自由飛翔，不知會有多快樂！」如魚得水，人鳥相通，心靈自由。活在世上不受拘束，無憂無慮，上帝降下平安在心裡，上帝所賜恩典在生活當中，何嘗不是一大福氣？在加利利海體驗到人生如飛鳥，飛鳥不種也不耕，都得到美好照顧，人不比飛鳥更貴重嗎？「不必爲吃什麼、穿什麼去憂慮」，這是耶穌給我們珍貴教訓之一。一時間，風平浪靜，水色和灰濛天色連成一線，遠處是山　峭壁和樹林。忽然，風捲寧靜海，老小在船上各據一方，各自凝視海天出神。船上以色列船員用麥克風以卡拉OK方式演唱「奇異恩典」。我們繞了加利利海一圈，下午兩點二十五分靠岸。天暗，降小雨。雨天，在以色列實屬珍貴。湖邊僅三、五步之遙，彼得蒙召教堂附近樹　夾道。走進耶穌船博物館，參觀耶穌當時來來往往於海面上乘坐的船。

加利利海，是耶穌復活後來到這裡對彼得說，去餵養我的小羊。羅馬有　諦　聖彼得大教堂。羅馬天主教公認耶穌門徒，聖彼得，是耶穌復活後在加利利海邊授權給彼得作第一任教宗。但當他在羅馬傳道，被暴君尼祿倒釘十字架殉道。　諦　教堂大圓頂底端　金拉丁文，寫著耶穌告訴彼得說：「你是彼得，我要把我的教會建在這　石上……。我要把天國的鑰匙給你。」　諦　，今日世界十一億天主教徒精神信仰中心，並於一九二九年成立爲主權獨立國家，國名叫做教廷，與世界一百七十多個國家有邦交，其中包括台灣在內。

爲了避雨，匆忙間又奔回旅行車。車外，降雨不歇！

九、

雨中，抵達迦百　，下午兩點四十分。無頂大教堂遺址，想起耶穌出了會堂，進了西門住家。耶穌醫治了那時候與西門同住的　母所患熱病之苦。雨，滴滴答答地落在被柵欄保護的迦百　古道上，落在耶穌時代遺留至今火山岩黑石塊上。

友人說，曾在阿姆斯特丹機場目睹阿拉伯人見雨落，手舞足蹈起來。以色列人愛雨，如同台灣人見到下雪般欣喜！

加百　會堂古蹟，是古代羅馬百夫長所　建。遺址上，有耶穌時代壓　橄欖油石磨和儲存　。彼得銅像聳立園中。

耶穌趕鬼之地，今有庫爾希（**Kursi**）教堂，附近也有耶穌時代磨橄欖油之石磨、　油工具以及橄欖油流入的小池。古蓄水池，也在不遠處。

加利利海附近有希律王所建造一座城堡，保護加利利海不被敵人侵略。近處有聖彼得教堂，相傳就在這地方，彼得跟隨耶穌，耶穌對彼得說：「你要得人如得魚。」

十、

夜宿加利利湖畔。晨起，上午六點二十分，窗外湖面平靜無波。回想，昨日登船遊湖時上下起伏浪波。晨遊湖岸，水清澈。鳥鳴外無雜音，投身清幽乾淨庭院中散步，喜見加利利海景。住在安靜水邊、青翠草園裡，一無所缺，就好像住在迦南美地，喝奶、吃蜜、飲水、享豐富美食。眼前水果長滿樹枝，還有落地黃果。紅紫五星花開，　棗樹右邊，依舊可見加利利湖水景緻。

揮別以色列，上午八點整，無風、煙濛天際、煙霧迷山。近水靜躺，遠水則隱沒在一片薄霧裡。

「把加利利的美麗、聖潔帶離返家！」友人回眸一望說出。

加利利湖出口，流入約旦河。

約旦河？觸景生情，追想聖經所描述：去耶利哥城，就得過約旦河。摩西告訴以色列人，他只得死在約旦河這一頭，不能過河。但眾百姓必過約旦河，得那美地。大衛王回耶路撒冷，到了約旦河，以色列人和猶大人去迎接王，請他過約旦河。以利亞和以利沙在約旦河邊，站住。以利亞將外衣捲起，用以打水，水就左右分開，兩人走乾地而過。

慕名來到約旦河受洗之處，有各國不同文字拓在牆上描寫耶穌受洗情形：「當下、耶穌從加利利來到約但河，見了約翰，要受他的洗。約翰想要攔住他說，我當受你的洗，怎麼你

反倒上我這 來麼?耶穌回答說，你暫且許我，因爲我們理當這樣盡諸般的義，於是約翰許了他。耶穌受了洗，隨即從水 上來，天忽然爲他開了，他就看見神的靈，彷彿 子降下，落在他身上。」

和暖無風，拾階而下至約旦河邊。八隻白 在眼前不停地盤旋。東邊日頭亮，天開了。有人屈身用寶特瓶 些河水，準備帶回家。

約旦河，是以色列、約旦兩國天然國界。一棵粗高尤加利樹，樹幹細滑，有些部位正脫皮呈米色。揉碎尤加利葉片嗅聞，提神，妙不可言，「尤加利樹和迷迭香、鼠尾草一樣可醒腦！」有人說出。

十一、

往南，車窗外，春天草原到處都是野地的花。離開以色列國境前，我們參觀了最後一個景點 Gan Hashelosha (Sakhne) Nature Reserve 自然保留區。清澈池水，清香柔美草地，天冷，溫泉。茂盛棕 樹，池水滿溢流出 水聲。此景讓人聯想到經上所說，耶和華是我牧者，領我到青草地上和可安歇的水邊。

經歷約旦河谷的美好，靜嘆嫩綠青山、廣柔草地、野地大片黃花紅花、果園、杏樹、水泉，像極一幅應許地。花瓣及豔麗花色，就連所羅門王所穿戴，均遠遠不及。

最爲難忘，是山下一處水泉公園。曠野中竟出現一池清澈見底泉源，清明得比水晶還透亮。魚和人，都在深潭裡悠游。二月難得暖天裡，我坐在一塊大石塊上，看著大自然裡水紋出神，它比任何圖案設計都簡美。不一會兒，眼前一個小男孩低頭對著比他更矮小女孩講希伯來語，冷不防，一手把女　下，　通一聲，男女輕盈入水，水　四處。

「水是溫的！像室內游泳池溫度。」

「真的？」我難以置信地探問。伸手入泉水，果真如此。岩石一角，蜜蜂二十多隻上下左右在小小方圓內飛不停且繞行。有時，數隻蜜蜂降落岩面逗留片刻。置身在這麼一個橄欖樹林立角落，尤其在中東之地，再一次，體驗到流奶與蜜何其佳美。

當人車正準備上路，離開以色列入境約旦之際，長老於上午十點五十分當眾宣布機場罷工，我們無法入境約旦。大夥得留在原地靜待進一步消息。一聽，心涼，擔憂起換洗衣物所剩無幾？台灣友人接機怎麼辦？眼藥水　量是否足夠？剎那間，深刻感受到有家歸不得所帶出絕望之情。眾人祈禱。上午十一點十七分，領隊講完一通手機電話後回報：「上帝聽我們的禱告。現在罷工完畢，一切恢復正常。」可以朝回家路上邁步，再好不過！我們坐在涼亭裡長椅上，作完感謝禱告後，站立，手腳隨著長老步數，全體舞蹈同聲讚美主。

以色列野地的花，在地中海型氣候影響下，冬雨紛飛時，才會綻放。明令不可摘野花，否則無花種籽，明年花就會少。五月到十月，是乾季。

約九月底十月初至　年三月底四月，是雨季。九月、十月降落秋雨，是早雨。三月、四月紛落春雨，是晚雨。

約　旦

從位於地中海東南岸以色列，大巴士駛近邊鄰世襲王國約旦。邊境，望去，約旦那兒是霧茫茫。

來到約旦邊境移民局辦理入境，戶外多隻烏鴉棲息樹枝上。領隊牧師抒發以利亞的故事：「耶和華的話臨到以利亞說：『你離開這裡，往東去，藏在約旦河東邊的基立溪旁；你要喝那溪裡的水，我已吩咐烏鴉在那裡供養你。』於是以利亞照著耶和華的話，去住在約但河東的基立溪旁。烏鴉早晚給他叼餅、和肉來。他也喝那溪裡的水。」

牧師又告訴我們，耶穌和瑪利亞曾在離此不遠處一個小山洞居住。小山洞就是耶穌和門徒、母親居住所在。耶穌曾在此休息，過夜後，再啓程傳福音。

午時一點五十分，朝首都安曼方向行駛。約旦河平原上公路兩旁，橄欖樹下綿羊、山羊低頭　吃青草。旅遊巴士爬上山，牧羊孩童趕著棕色大小肥羊正橫越山路過街。司機停下，耐心禮讓貴客後再上路。

陽光下，窗外閃過路邊市集流動人潮貨車，和裝有滿貨車鮮紅番茄。

不多時，我們仍在山間環繞直到山城安加拉（Anjara）。阿拉伯世界山頭上，難得見到聖母瑪利亞天主教堂及附屬學校。阿根廷籍神父和當地修女，忙著指點我們找校區內學童所。簡陋。抽水馬　、洗手臺兩處水龍頭無任何水滴。豔藍無雲天空下之群山，冬寒。

朝聖者來到傑拉西（**Jerash**）古城。中餐在一家約旦餐廳用餐，享用約旦當地美食、西餐和點心。餐廳外有紫花，花心黃色，綠草坡地上有一群羊正在吃草。這一座約旦古城，耶穌和門徒曾來到傑拉西這個地方。耶穌上了岸，進城，一個被鬼附著的人迎面而來。他見了耶穌，就俯伏在地，大聲喊求耶穌不要叫他受苦。鬼離開那人， 求那人和耶穌同在，耶穌卻打發他回去，說，你回家去，傳述神爲你作了何等大事。他就去城裡，傳揚耶穌爲他作了何等大的事。

午餐後，驅車前往參觀這座在約旦、超過兩千年歷史，由希臘、羅馬人建造古城遺跡。西元前三三二年，「傑拉西古城，基督教大城，是羅馬皇帝亞歷山 在中東建立主要城市，亦是至今被保存最完整羅馬古城。」被耶穌趕出去的格拉森人回到這大城傳福音作見證，使這座大城成爲基督教的城市。後來建有十五座大教堂，是中東著名古蹟。古城門、圓粗石 、羅馬公共澡堂、圓形競技場、 圓形跑馬場、半圓形劇場、神殿、圓 廣場、水道橋、大街和凱旋門等。聽到亞歷山 和其軍隊腳踏這片土地聲響?其實眼前所浮現古都遺址只佔百分之七，另外百分之九十三仍深埋於土壤中未見天日。

之後，抵達傑拉西國家公園，享受著飽含芬多精於森林一片。馬可福音第五章情景再現，耶穌來此，治好被 鬼附著的人。現址有拜占庭時代所建造教堂來紀念此事，四周有蓄水池，舊水井則左右各一 ，和一座 橄欖油古老石池。

離開傑拉西，夕陽西沉，天色漸晚，往南，來到日落水泥橋。背對著公路上來往大小車輛，我們一排人面向橋下涓涓小溪，那是昔日雅博渡口。這渡口和亞伯拉罕雙胞胎孫子雅各、以掃有關。早先，先產的身體發紅且渾身有毛如同皮衣哥哥以掃，漸長，善打獵，常在田野。隨後出生的弟弟雅各，漸大，性情安靜，常住在帳棚裡。由於雅各欺　了以掃兩次，即奪走了長子名份和父親對長子的祝福，就怨　雅各。以掃欲　機除之。之後，雅各心想：「我先送厚禮如山羊、綿羊、駱駝、牛隻和驢子給以掃，排解他對我的　，然後再見他。」爲了安全起見，夜間，雅各起身，帶著妻子和使女，打發他們過了雅博渡口，只剩下雅各自己。雅各和以掃兩兄弟終於相見。雅各一連七次俯伏在地，才就近他哥哥。以掃跑來迎接他，將他抱住且　著頸項，兩人就哭了。就此，宿怨一掃而空。我們在公路水泥橋上俯視河水，想到，以前雅各在這兒遇見天使，晚上跟天使摔跤，結果雅各　了。天使告訴他，你的名字不再叫雅各，要叫以色列，因爲你跟人跟神摔跤，都得到勝利。以色列，這個名字名稱就是勝利意思。信仰之旅，也就是勝利之旅。

一趟聖地之行，我們行走天路歷程，跟隨上帝曾帶領人類走過的路。勝過懼怕。落日紅彩霞中，高山曠野之間，我們繼續邁向古羅馬也曾建都之地——安曼：

「安曼是石頭城，有如以色列全城中聖殿、住家，大都是石造的聖城耶路撒冷
多處古羅馬遺留至今古蹟和廢
白色石灰石建造成白色之都
市中心一半爲古城，保留古文化約旦大城。」

逗留約旦那幾天，不論在山區或在燈火通明、車流如河奔、車聲隆隆城市，中餐大抵享用羊肉飯和鮮蜜棗。

天幕低垂！我在安曼市 **Al Madena** 街旁，或走路或小跑幾步，盡情深呼吸，預先享受略帶清寒戶外空氣。因為，我知道，不久，登機，從中東飛回亞洲漫長旅程中，要忍受　塞混濁又狹小機　空間，再度動彈不得。

人在安曼夜街。回顧，幾天前，農曆年期間，第一次搭中東世界民航客機，從香港經曼谷到約旦安曼市的約旦航空。機　內，一頂　紅色皇冠為商標圖案，被印在餐巾紙上。猶記啓程那天，台北，向晚六點四十分起飛後約十六、七個小時，機窗外仍是夜空，屬於黎明前黑夜。「地球自轉，我們一直追著黑夜跑。」友人說。

從台北搭機那一刻開始，一直到安曼轉機直飛埃及首都開羅，甚至後來乘坐大巴士由埃及入境以色列。我發現這三個中東國家觀光旅館均不供應牙刷、牙　外，地表多為曠野、荒漠、枯黃大地。飛機上，洗手間內只提供洗手液和紙類，沒有乳液等瓶瓶罐罐供應。雜　袋內，連一本中東或歐美休閒雜　也沒有，空蕩如洗。約旦和埃及的機場，沒有舒適方便空橋。不論晴雨風雪，都得魚貫走階梯下機，再從地面搭乘接駁轉運車至航空大廈，才入境。搭機，則是接駁車載客至龐大客機旁，攝氏五度低溫下，人人依序拾階踏進機　內就座。

旅館房間內，沒有雜　、紙筆、免費礦泉水、咖啡或茶包任何供應。更遑論公共冷熱飲水機和製冰塊機等架設。市區店家內，少有五彩繽紛商品廣告單或冊子。

約旦古國，想到乾旱茫茫沙漠，和居無定所游牧民族貝都因人。游牧民族在滾滾黃沙曠野中生活，走自己的路，孕育出駱駝經濟、羊毛帳棚文化。教會長老說，摩西的出埃及記，大都在約旦境內發生。至今，仍然懷念上次在當地嚐過松子撒在　煮羊肉飯上，和羊奶酪甜點。

采集

二月才沒幾天，鉛灰迷濛天空下，棕　樹片片枝葉被風吹得沙沙作響。破曉時分，天際一線曙光漸露，視線漸明。

還差四分鐘就是清晨六點，身著休閒卡其短褲，走進　黏黏以色列死海，輕　海水在手腳上戲水。

身旁有男有女，正享受全身漂浮晨靜海面上。岸邊，有人做晨操、冥想。

流連於淺海處，腳掌踩踏大小形狀及色彩多樣石頭。小心謹　地舉步，留心防跌。一時興起，彎身　拾海水中石塊，放在手掌上玩賞並比較。從中挑選了十一顆海石放入褲袋，好伴游我在中東國家閒蕩那些日子。離開沙灘，見一木板告示牌：「平安地離開吧！Go in Peace」。

入夜，停留不同國家、不同飯店客房裡桌上或床頭櫃上，偶拾十一顆奇石都會被陳列出來。觀看它們，是我奔波旅途中慰藉，是死海留給我丁點印記。

古時，每年從所居住山地小城來到示羅，以利加拿，他樂此不疲都是爲了敬拜、祭祀萬軍之耶和華。如此說來，此趟中東行豈可錯過拜訪示羅古城？

午後，路邊多橄欖樹、松樹，株株無不　強地　根硬石塊間，活出堅強生命力。電線桿上高掛紅球，提醒飛行器、或表明此地爲噴灑農藥區域。綠樹紅球像是一路迎賓。

出塵、清幽宛若修道院庭院屋舍。紅瓦木屋被松柏圍繞。棵棵細桿松樹下，滿是沙土松針小碎石地面上，分散羅列著十四張野餐原木桌椅。一角，石砌深　大蓄水池。無冬風揚起，庭院景色，延伸到不遠處小樹林，還直達更遠裸岩山丘。

冬陽，輕灑由石灰岩塊砌成的拱門內粗壯棕　樹上、自古用來製作約櫃的皂莢木樹上，還照耀枝頭仍懸掛著風乾果實的石　樹上。

暖陽，淡淡跳躍在石塊窄徑旁奶白淡紫的迷迭香花叢間、在綠葉綠細桿且頭頂著紫色花冠的鼠尾草叢間。

一位阿　遞給我一枝花葉迷迭香，牧師緊接著說，只要手觸，就會落得滿手香草味。聞後，彎身，忍不住折了一枝鼠尾草。帶著采自示羅花草上車，隨手擱在右側空位上，　望草葉陪伴片刻，忠實相隨。

古代，約書亞時代，以色列眾人都會站在約櫃旁，並在抬耶和華約櫃的祭師利未人面前，一半對著基利心山，一半對著以巴路山，爲以色列民祈福。

冬季，日頭偏西漸沉，氣溫漸降。

接下來，汽車爬上山，海拔八百八十一米高、宣告福氣的基力心山。從山頂低望示劍城，並來到巨松下遙望對面海拔九百四十米高、宣示咒詛呈光　狀的以巴路山。

基力心山峰上，冷風　，太陽偏掛天際，陽光仍無法暖身。沿著層層石壘和草坡亂石傾斜舉步，終在一棵松樹邊佇足。依樹幹鳥瞰有陽光有山陰，示劍城現代建築林立市區、道路、流動汽車，偶爾遠處傳來的汽車　聲。轉身欲返山頂途中，見一株小松樹，暫停腳步，好奇地　下從樹底拾起一粒緊密堅實不開　小圓　松果，有別於我所認知形狀和內容。將它握在掌心把玩：「這個小松毬，足以代表了萬象！」並將它放進口袋裡有好幾天。

山頭 **Josef View Point** 鄰近野地，發現豔紅花片，近身一瞧，原來是　　花。此時，多人圍著紅花拍照或人花入鏡留影紀念。

黃昏，四點三十六分，人車下山。座位旁空處，多了一個淡棕色松果和一朵艷麗野花，伴我餘程。

中東異鄉遊蕩數日，采集大地風姿，不但可伴遊，更是往後記憶盒內靈性寶藏：海石、迷迭香、鼠尾草、小松果，和　　花。

雀躍

一個人變得狂喜起來，是直覺反應、即刻、歡樂般雀躍，在以色列。

汽車行駛道路旁，常見到以色列政府建造隔離牆。如果牆東是巴勒斯坦管制區，那麼牆西就是以色列管制區。車輛進入以色列境內，都會被要求先停車接受　查，以防止有人從以色列東區巴勒斯坦攜帶炸彈入境。因此，不論希伯　（Hebron）軍事管制區，或出耶路撒冷往基遍（Gibeon）途中軍事　查哨，身著綠衣軍服配槍武裝警察，嚴肅地上車　速巡視。

然而，參觀希律王時代用石頭砌造古蹟建築物時，一位綠軍服綠軍帽年輕警察看到近距離我們一群東方人，手持擴音器說出中文：「你好！」隨團長老用英文表明我們來自台灣。對方馬上回應：「台灣你好！」笑聲、掌聲中，他轉為興奮莫名補上一句英語：「成龍是我　。」

晴朗但涼意襲人冬晨，聖誕教堂參觀耶穌降生馬　後，漫步戶外廣場上，三位當地年輕小伙子迎面走來。長老又自我介紹：「我們來自台灣！」一聽，其中一位毫不遲疑、露齒揚眉興奮地又是大叫英文名字：「成龍！」

說來也沒錯，港星成龍確實是百分之百台灣女　。

聖地遊踪

起初，地球上土地、岩石、水，和狂風律動。有了生物人類，有了村落和城市。聖城卻是唯一。宇宙之城、聖城耶路撒冷，擁有地中海型般氣候。城門面對橄欖園和橄欖山。耶穌升天，在橄欖山。路旁栽種橄欖樹。春天序曲，是綻放暗紫色紫羅蘭。聖殿山（the Temple Mount）內，漫遊橄欖園邊，聽到：「橄欖已結果！」人人驚喜。手上黑色小果，剝開，黑皮紫肉汁。「肉皮可吃。核籽可　橄欖油。」有人說。接下來幾天，三兩個黑色橄欖果，亦被我玩賞於股掌間。

客西馬尼園中，亦有橄欖　油田。

聖地遊，認識了七盞燈的金燈　，又光明上帝要人做光明之子，在光明中做事，作世上的光。約櫃，內有上帝與人立約的十　。

一趟中東行腳探索，覺醒，體驗到聖地曾經走過歷史痕跡、土地上源源不絕生命。由於，這片天地所蘊含諸多想像和古舊回憶、生活體驗和對未來夢想，因此，直到今日，我們仍可見證這兒沙漠人類與大地共生文化之延續。旅途中，探索了人跟自己的人性，人跟環境、人跟自然和人跟信仰，相互交流。交流後，清亮地所呈現出感情語彙，那就是，人類內心深處的悠遠記憶和悠悠感動！

食物銀行

「架子上乾糧、果醬、義大利麵和罐頭食品，有需要，你就拿去享用。」麥克神父站在位於地下室儲藏室門口，以一種平靜略帶熱誠口吻對我說。

遠在印第安納州，麥克神父是當初帶領我第一次聽聞且見識到食物銀行引進人。此後，每當有人提到食物銀行時，難免都會想起神父和一些過往。

美國麥克神父

「你那一雙湛藍眼睛真漂亮！」擁有一頭雪白閃亮、帥氣短髮 Elsa，仰著頭笑意盈滿地直視麥克神父雙眼讚嘆不已。

別說神父，連我站在一旁聽起來也都覺得意外和微然　，不知該如何回應去幫神父解圍才好，只落得傻笑幾聲。至於理個平頭、黑髮神父僅微笑，無言以對。

Elsa 以一種媽媽對後進晚輩口吻，再自然不過地脫口而出，是真情流露出自內心讚美。雖然如此，但我還是暗自捏了一把冷汗：「他畢竟還是一板一眼神父啊！」

那天早晨，Elsa 開車幫我從她家搬些家當來到校園中 St. Francis of Assisi 天主堂，展開爲期近三個月漫長暑期「免費住宿工讀」生活。湊巧，卸下行李時，神父適時出現前院迴車道。

與神父機緣，這不得不提到來自波多黎各一位女同學愛德　。我倆曾一起選修博士班海比克（Habich）老師「美國文學：超驗主義作家作品」課程，因而結緣。

暑假前一個暮春午後，愛德　來到英文系寫作中心。一進門左手邊辦公桌旁，當時我正在中心內擔任助教。聊了一會兒，天主教徒愛德　靈機一動：「你何不去申請校內天主堂暑期住宿打工機會？這可省下大約三個月房租，一星期只要幫教堂打掃或整理環境六個小時，就可以免費住在教堂裡。如果你有興趣，詳情最好還是和他們聯絡一下，到時候你就說是我介紹。」心直口快、爲人爽朗的愛德　熱心地建議。

第二天，電話上，教堂秘書接待員要我前去領取一份申請表，填寫完後，並附上一封介紹信。幾天後，秘書會通知我是否有面談機會。

隔了幾天，一個早晨，走出研究生宿舍大樓赴約去面談途中，難免擔心神父會問些什麼？他會接受遞件申請？要是被拒絕，下次再見到愛德　豈不辜負她當初善意？經過圖書館紅綠燈左轉直行，再經過一個丁字路口，道路左側，教堂在望。

它，全然不是一般印象中傳統天主教堂建築結構。反而是綠草如茵、花木扶疏、樹高院大，一棟兩層樓堅固石頭洋房，如大戶人家民宅。屋前是巨型半圓私家車進出車道，氣派壯麗。

進屋，迎面辦公桌後是接待員珍　。她起身領我至進口左側會客室等候，那是一間裝潢如居家客廳，鋪上厚軟地毯、壁爐、圖案色彩典雅長沙發和幾張單人沙發，舒適宜人。

麥克神父終於現身，身高一八〇左右、唇上一道短　鬚、黑髮藍眼、五官端正，不疾不、神態自若。一身黑色短袖襯衫、黑長褲、腰繫黑皮帶，雙腳穿著一雙圓頭厚皮黑皮鞋，只有領頭是白色小方塊。神父講起話來或傾聽，音調低平，不慌張，口氣中肯外，一雙藍眼又自信、又親切地注視著你。偶爾淺笑，或牽動嘴角一下，甚少大笑出聲。就算笑出聲來，也是淺淺帶過，然後又再回到自然沈潛並散發出某種溫度神情裡。不　弱、也不粗勇大塊肌，有的只是適切體格，厚實雙手握起手來誠　有力。難怪，後來有不少女性同學或友人來教堂探訪我，都在我介紹她們給神父認識後，私下對我說：「麥克神父看起來斯文瀟灑又不失男人味，作神父實在　可惜了！太暴　天物。」　。

面談當下，神父問了我有關求學近況、研究領域後，接著就介紹起工讀內容以及四周環境。他親自領我上二樓行政辦公間去認識職員、三樓寬　樓男工讀生寢室和衛浴間。最後，他想一起一件事似的，看著我：「抱歉！我差點忘了帶你去地下室瞧瞧！」從廚房靠牆面樓梯走下，我們進入沒有什麼隔間、顯得格外寬裕無阻地下室，心境立刻清涼起來。一大片棗紅色毛絨地毯上，佈置了一組軟綿綿沙發、一張長方形的茶　和一台大型彩色電視休閒區。第一眼，就喜歡上這個親切安　角落，我盤算著，它不但是印第安那州炎夏裡悶熱天候避暑天堂，同時，不免受寵若驚：「住在這兒，哪像是一般學生住處一切求簡又寒酸？簡直比一般住家都來得精緻些、舒適些！」神父轉身：「架子上乾糧、果醬、義大利麵和罐頭食品，有需要，你就拿去享用。」麥克神父站在位於地下室儲藏室門口，以一種平靜略帶熱誠口吻對我說。從那一天開始，一連幾個暑假，我都快樂地住在聖方濟天主堂（St. Francis of Assisi）內。但是我從未使用過地下室食物銀行，因爲這些物資該給更需要的人吧！

五月開始放暑假，第一週，友人幫我搬家到教堂。從此，展開我寄宿天主堂炎炎夏日，一直到八月下旬秋季班開學前一週。

我被安排和其他兩位同住在　樓美國男大學生、和主建築物旁一間迷你雙層小石屋裡住有四位美國女大學生。大家一起分工維護教堂內外的清潔整理之任務：比如用除草機割除院中以及籬　周邊的野草；用吸塵器清理行政大樓的會客室餐廳、二樓行政辦公間、主建築物後的摩登明亮教堂內聚會大廳和地下室活動空間的地毯；打掃清潔教堂一樓的男女　所、廚房和地下室的桌椅。

入住後，由神父召開第一次會議在會客室舉行。那天，勤勉地推著除草機將前、後院並將四周草　作些整理後，準時赴會。男男女女坐在舒適沙發椅上，等待神父空檔，不禁好奇：「這種會要怎麼開？不就是清理環境，再簡單不過？有需要花上半小時或一小時時間來討論？」疑惑著。另一方面，當時以一種看戲似期待：「倒想見識一下這種會議是怎麼個開法？」

麥克神父祥和臉龐，尤其是一雙清澈藍眼，加上不慌不忙語調、和舉手投足之間，從不會給人任何壓迫感。但是，　奇妙，在於他無痕自制裡，使得面對他的人會自然而然尊敬他之外，竟也自重起來！他作完一個開場白，就示意我們開始工作報告。爲了不致於輪到自己時腦中空白一片、不知從何說起，於是我細心觀察了前面幾位美國大學生發言內容作參考。原來，看似無味無趣集會裡，你只要放慢說話速度、一個句子有時候拆成兩半來說。避免嬉皮笑臉一派輕浮狀，更不可沒有自信一副膽怯狀（就算是　裝，你也得裝出來）。偶爾停頓一兩秒鐘，輕　或點頭交錯使用　體語言。工作內容，則講出所需要協助、資源或感言，甚至執行上所遇到哪些困難。至於麥克神父，大多是聽取我們的反映並作回應。

一天，奔波前後大院除草拔草十分帶勁，力求表現，事後，不知何故，手腳紅　刺痛難耐。過了一陣子，第二次工作會議上，我把情況相報。神父立刻判斷是毒草（poison ivy）惹禍，並介紹我去藥房買藥　治療。

校園天主堂設計與設備，和學生宿舍大樓相比，算是高檔摩登之外，更有住在大戶人家大廳大院舒適感。那一段印第安那州整個夏季時光，幾乎每個黃昏，都會在寬闊綠地後院慢跑。淋浴後，輕快地去廚房開著收音機，邊聽音樂邊做晚餐。最後，夜暮時分，走進地下室，身靠沙發椅背觀看電視節目。

某個黃昏，廚房內穿梭準備晚餐，電話鈴聲響起。拿起話筒，對方是附近聖瑪麗教堂修女。修女說要找麥克神父，聲調帶著一種興奮和期待音波。由此可見，麥克神父的好人緣。

有天晚上，一位三、四十歲中年洋人女子出現在地下室，詢問麥克神父何在？她自我介紹，目前就讀英文系攻讀文學博士生，名叫　　。雖然不同組別但因爲同系，我們立刻變得熱絡些。隔天下午，見到神父，我把　　留話代爲轉達。

「她心情現在非常低落。單親媽媽帶著兩個孩子，同時，博士班課業搞得焦頭爛額。這些日子，她需要找人幫忙心理建設一下，就會來找我。」

回想，　脂粉未施、短髮、衣裝樸素無華，身高適中　長型，一眼看上去，與一般美國主婦無異。唯有和她對話幾句，當中，不慌忙說話速度和中肯語調、談話內容，整個人就會隱隱散發出一種女學究味道。

之後，一個夏夜，神父和　一起走進地下室小客廳區，「你要跟我們一起開車出去吃冰淇淋嗎？」神父口頭邀請。由於處在觀賞電視影集興頭上，我婉謝了。兩、三個星期過去，另一個夏夜，神父又難得出現在地下室。這次，當面邀我和他就兩個人出去吃冰淇淋。「和神父夜出吃冰淇淋，聽起來　滑　有趣！」那時，內心爲何有這種想法，我也弄不懂。反正，我再度敬謝。可想而知，此後，神父再也未向我提議吃冰了！

自從第一次搬進教堂住上一個暑假，往後幾年我都幸運地待在天主堂度過夏季。

幾度寒暑，返國任教。當我再度返回蒙西大學城度暑假，一個星期天早上，從 **Elsa** 家走路到校園天主堂，想探望當天可能會主持望　撒麥克神父。由於起身較晚，因此抵達現場時，教友們作完　撒魚貫走出會場。攔住一位教友借問麥克神父？「前面背對著我們那位，正和兩位教友話別，就是了！」上前喊了一聲，他一轉身，我一看不是我認識，困惑地問眼前陌生神父：

「對不起！我要找麥克神父！」

「我就是！」

「不是　，是幾年前在這牧會的麥克神父。我不知道他姓什麼？」

年輕高大神父恍然大悟我要找的人後，竟笑出聲來：

「他結婚了！」

我不敢置信，震撼地後退一步。

「有住址和電話？」

得到回應是天主堂也不知道。

把這一則勁爆新聞帶回去，Elsa 聞訊露出吃驚稀奇表情，看似比我還投入。因爲她和神父畢竟曾有一面之緣，所以熱心地循著我回憶麥克神父曾在教育學院兼課，Elsa 親自撥電話去教育學院查個水落石出。輾轉搭線追蹤，我們終於取得神父電話號碼。

電話上，聽出是我，他以一種平靜、愉快語調告訴我，他和　結婚了，現住在離蒙西小鎮不遠安德森市。　博士班畢業後，就在安德森大學教書　今。末了，麥克神父提到我是天主堂暑期工讀生中，工作表現最好。這遲來肯定，經他這麼一說，逗得我在話筒另一頭笑開了。掛上電話，閃入腦海難忘一些記憶，有一年夏日午後，我在三樓寢室內忽然聽到從屋頂傳來巨大紛雜敲響聲。好奇地衝向窗邊，探頭一看，竟然是天降一顆顆大冰雹。也是在那年夏天，多次奪窗而出，坐在高大老樹　下三樓屋頂上納涼。麥克神父剛好上樓找另一位學生，見狀，哈　一聲後離開，不打攪我沈醉在印第安那州濃濃暑意裡。

加拿大亞伯達省

兩封介紹信，一封來自以前房東，一封來自鄰居。加上一段時間等待，終於盼到對方打來電話，擬安排面談。

下了公車，再轉一趟車約三、兩站，下車。亞伯達省冰天寒地行人稀少愛蒙頓城，我仍在尋找「食物銀行」掛牌辦公室，不得其門。清藍　朗冬陽下，藉由一位迎面路人指點，大街右轉深入左側，終於如願。

介紹完當初熱情市民是如何成立該機構原始動機和宗旨後，我們交談彼此近況並約定義工排班時刻表。

「你先在食物裝配現場工作。未來，將會安排你負責約談、評　市民申請『食物銀行』資格審查，是否符合標準？」負責人蘇　對我說。

「我會儘量幫助他們！」故作鎮定回覆對方，同時，其實有點心虛在想：我怎麼知道貧窮底線？又如何判定個案該核准與否？

「　，不！你要很嚴謹　視他們所提供資料。我們不希望他們太依賴這項服務，我們這機構是要幫助真正需要幫助的人。但是在幫助過程當中，要鼓勵他們獨立自足，以免養成一種依賴，不求長進。

「到時候，你會聽到他們告訴你很多不幸故事，但不可輕易全然地相信。重要是，根據他們所提供證明、以及在　詢過程中自由心證作判斷。

「我們希望愛蒙頓市窮人比例要一直下修！救急但盡力把他們推回生活正常軌道。情非得已，否則最好社會上人人能自給自足。這才是我們食物銀行成立真正目標和理想。」短髮且說話俐落但真誠的蘇　，一口氣耳提面命完畢。

「當然！」我連忙點頭。

「很好！來！我帶你去見麥克，他是負責食物分配現場負責人。順便也把我們四周環境給你介紹一下！」

走進一間休息室，其內設置有打卡鐘、冰箱和長桌。桌上放著一大盤可口甜甜圈、和一保溫狀態熱咖啡。

「你現在和剛才在外場所看到吃的、喝的，都是本地批發商倉庫、超級市場和農家所提供一些保鮮期限將屆食物。這房間裡所放置任何點心和咖啡，你們義工休息時候歡迎自由享用。

「對了！你想什麼時候開始上工？」她問。

「就現在吧！」我躍躍欲試。

高挑偌大倉庫內堆滿著豆類或豆類肉末罐頭、海魚罐頭、　肉罐頭、蔬菜玉米罐頭、不同種類水果罐頭、　兒食品玻璃罐頭；美鮮湯類罐頭、義大利麵醬；一包包義大利麵條和通心麵、及兒童果汁　包、奶製品加工食品和長條　司麵包。還有整屋鮮果菜根莖類等琳琅滿目食物。

麥可領我到食物打包區。現場一位媽媽型志工教我如何將大包裝紙袋奶粉拆開後，再按一定的重量裝進透明　袋。每袋奶粉份量排列整齊，以便和其他食物再組裝成一份，提供給個別家庭之需。

不知誰把一個二手貨老舊收音機放在木架上。上前扭開開關，播出節目是當地電台西洋流行歌曲音樂節目。

歌曲旋律中，本著利他爲善輕快心情，一手拿　測量奶粉重量，一手撐開　袋，最後兩手　綁成小袋裝奶粉後，堆積於一角。配上音樂節奏，雙手不停啪啪啪，在奶粉堆中瀟灑飛舞。想到：「等一下有多種口味甜甜圈可挑選品嚐，一杯冒煙咖啡可品　。曲曲動聽歌曲可聽，又正在做一件對社區有意義工作，這種種組合，深得我心！」不自禁地喜上眉稍、嘴角上揚。

一連四個小時過去，其他志工來來去去，我也將告一個段落。準備打卡離去途中，巧遇麥可，他一見我就大笑不已，邀我立即隨他前往蘇　辦公室去。納悶何故?當他們兩人一起捧腹時，麥可說：

「你去洗手間鏡子前面瞧瞧你臉！」

一看，滿臉沾上一層白色奶粉，竟然成了大花臉。

除了正常志工時段，有時是冬夏戶外召集令。

白色冰雪覆蓋大地，正月，一通電話通知我週六去都市南邊超級大賣場，推銷「愛蒙頓

城青少年曲　球」慈善活動。戶外工作時，穿著雪衣、帶上雪帽和手套，拿著一疊宣傳單。眼明手快，只要有人鑽出車外或由停車場走向大賣場，我就會趨前報上食物銀行志工身分。接著，簡述並遞上單張，直到對方收下。分發完畢，回到店內櫃　，再拿取一疊單張後重返冰凍大地。當然，也有少數人充耳不聞、大搖大擺擦身而過。來回幾次，不到兩小時，午飯前完成任務。

「你全都完成了?這麼快?」櫃　小姐笑著對我說：「那些比你早到的都還在發呢！」

夏天，信箱裡躺著一封邀請　，有關擔任處理民眾　款現金支票、　贈食品飲料等義工活動。

綠草如地毯般鋪滿城市，年度傳統節（**Heritage Festival**）登場。

濃綠起伏丘地和一池水塘、面積寬闊休閒自然公園內，來自世界各地不同膚色、長相移民團體，不同遮陽棚下販賣家鄉飲食、陳列傳統文物、母國介紹或民族舞蹈等文化表演。年年吸引大批人潮、歡樂聲色聯合國。食物銀行也據有帳棚基地，另備有一輛載物貨車停靠樹下待命裝貨，將一批批民眾　贈給窮人物資運回。

坐在棚內一張木桌旁，等待善心人士上門。陸陸續續，我收到五元、十元、二十元不等加拿大紙幣或支票。有時，接下一袋袋超市可購買到、專爲食物銀行準備一袋食物，或自家預備罐頭等食品。

由於節慶週末和爲善熱心市民，當日被分派現場擔任義工人員爲數不少。有一天，見過最佳拍檔是全家出動擔任志工，父母帶領著家中讀小學中、低年級模樣兒女，一起從事社區服務。

「原來，從小養成志工服務，也可以是家庭教育中一環。」

溫哥華英國國教教堂

爲了一探溫哥華市中心英國國教教堂（Christ Church Cathedral），想好好欣賞並感受一下溫哥華市第一座石造及最古老教堂內木製設計座椅、講台，是吸引我跨進教堂並坐下參加主日崇拜之　因。有了第一次，日後就變成固定聚會一員。

頭幾次，坐在哥德復興式建築內聽道時，順道翻閱節目單，看到一則「三明治計畫」（Sandwich Project）相關報導。教堂呼籲教友，火腿乳酪或果醬花生等三明治快用　，需補貨。盼教會有心人士可在家中繼續製作某種口味　司三明治後，轉交給活動負責人瑪麗。她會將這些專門爲市區飢餓遊民所預備，存放在地下室冷凍冰櫃裡待用；並打廣告號召義工生力軍熱情投入。

主日聚會後咖啡點心時間，我主動向操著一口英國腔英語、具有博士學位瑪麗報名。她要了我電話、姓名和住址後，抬頭對我說：「我會通知你。」

靜待約兩個星期，音訊未明。「不是幾天後就可以加入義工行列嗎？這不是一件非常簡單嗎？」難免猜測自問，越思越發不解，終於忍不住打了一通電話去瑪麗家。

「我們還在等待溫哥華警察局良民記錄通知。應當快下來了。」她優雅地解釋著。

「當然！」設身處地一想，確實，在人雜群聚大都會裡， 選義工也是一個細心決定。

沒過兩天，被電話通知、並需要安排一次職前說明會和認識環境。同時被告知，和我搭檔是已退休吉姆先生。

初秋，滿心期待生平第一次面對遊民朋友，面對面和他們互動。

側門一開，是教堂厚重、略帶年歲冷杉、香柏木樑架和原木長椅區。街友們井然有序地進入空間不大，大理石牆面、石灰岩牆面前廊等候領取飲食。再一道木門掩著。推門入內就是教堂行政區、廚房和儲藏室。

打從一開始，提醒自己，眼神、聲音、舉手投足之間總要真誠。

「早!你要杯咖啡?幾塊方糖?」確定後,用夾子將方糖放入杯內，一個轉身扭轉龍頭，冒煙黑咖啡流出。再回頭，順手抓一張餐巾紙，連同咖啡一併遞上。至於鮮奶、奶精，則依個人喜好 量自理。接下來，他們會往右移一步，另外一位義工會口頭報知當天提供三明治種類，像是花生醬、火雞片、火腿片、果醬等以供選擇，一人僅一份。

有人拿了吃的、喝的就離去，有人會在靠牆邊一張長木椅上坐著享用、聊天。

如果，哪天輪到我配發三明治，開張前，都會花點時間稍加熟記品名和食材內容，才不致弄錯出 。

之外，牆上貼了一張溫哥華市區免費供餐慈善團體電話與住址。手邊也有數頁包括便宜二手貨店家、社會福利金詢問處、醫院、洗衣店、短期住宿收容所時間表和過夜洗澡等規定及聯絡相關資訊，好幫助街友過著一個較順遂日子。

初秋，過渡到變葉深秋，經過冷　風寒月份，雨季過後春季，最後來到宜人夏日時光。一路走來，也就是從秋裝、厚衣外套、頭套手套全副武裝，到一件件褪去，穿著清涼夏裝。入夏，是一段偶爾逗留在小室的淡濃體味、不太常洗衣裝所散發出來氣味時光。我遇見男男女女，當中有滄　中年人或老者，甚至不乏幾位年輕臉孔，這些有緣來相見街友們。

彼此閒話天氣，說說笑話，但儘量少談生活故事中較敏感私領域，怕不堪回首、傷了心。

廣受歡迎三明治是炸肉圓、漢堡餅、火雞肉片等。

某日，當我問：「今天想吃點什麼？」年約三十多歲男子露齒　掌看著我，語調昂揚：「　！太好了！來點牛排、龍蝦，你覺得怎麼樣？」難得幽默，引起一片爆笑聲。

某天早晨，「今天，人怎麼明顯地少了許多？」我問。

「今天，是他們收到政府發放社會福利金支票的日子。」吉姆回答。

有時候，不待我問，吉姆會在四下無人之際主動說明：「你知不知道剛才有人向你要了十顆方糖，猜猜看爲什麼？」「不知道！」「那是因爲他吸毒了。有人吸毒後，就會想要吃進大量甜糖。」

當年，常在溫哥華繁華街道上、或朝向海灣沿街上閒逛。白日，教堂前或路旁，巧遇臉熟街友，他們或站或坐，以一種期盼眼神　望過往善心人士能丟下幾枚硬幣在地上帽口裡。這時，我會邊走邊主動打個招呼，兩人相識一笑後，各自再繼續回到原本情境中。

晚，從高架捷運SkyTrain市中心地下車站鑽出地面大街。匆忙間，不經意，迎面一位身穿黑外套衣褲、青年人「哈　」一聲。應聲抬頭看，認出對方是「三明治計畫」常客。我牽動嘴角，並丟出一句寒　語。他卻停下腳步，邊說邊伸出手掌給我看被割傷手指。

「怎麼搞的？」我擔憂地皺了皺眉頭繼續說：「最好別感染了。一兩天過後，情況如果還沒有改善，我看，你還是去看一下醫生吧！」在車來人往街道旁，我收起笑意，關切起來。

華燈初上。兩人簡單道別，各自繼續編寫人生不同故事篇章和要學習生活中不同功課。

回到台灣，一次下午茶聚餐悠閒裡，回憶起溫哥華善緣體驗。

友人笑問：「你不成了　幫幫主？」

我知道對方沒有其他意思，不過，毅然收起以往盈盈笑臉，整個臉頓時　地平靜下來。

台灣版食物銀行

回到台灣二十多個寒暑流逝，五月，非常難得，跨　派民進　、國民　、台聯、親民等十位立委連署支持「社會救助法」提案修正。

立委們看到世界上，有二十一個國家在面臨糧食資源分配不均困境時，紛紛地成功設置了食物銀行。這些國家讓民眾家中多餘糧食，藉由食物銀行中繼站送達給需要同胞。企業、量販店裡賣相不佳、即將過期前物資，不必丟棄浪費或退回廠商，也可經由食物銀行中繼站轉送給各弱勢團體民眾。

家鄉立委們，同時也意識到台灣每年浪費兩百多萬公　食物，約兩百五十八億元食物。因而構思，在物價　漲，低收入戶弱勢家庭三餐不繼悲劇下，催生台灣版「食物銀行」。又建議「庫存或過剩農產品送到食物銀行，讓受助戶不侷限於罐頭、泡麵等乾糧，也可以有生鮮蔬果、肉類可享用。」如此，平常可調節蔬果生產過剩、遇災可提供災民物資，更省下要把這些糧食丟棄垃圾掩埋、焚化等資源。事實上，台中市政府社會局計畫完成國內第一個「實體食物銀行」。由民間提供場地並　贈整修經費，再由紅十字會負責營運和管理。

意外地，在台北捷運站候車之際，眼前出現巨大告示牌：「中華基督教救助協會。給渴的人喝、飢餓的人吃。」內容還包括：「食物銀行二〇一三年將透過三〇一個一九一九服務中心，關懷全台三八〇〇個弱勢家庭，總計發出二二八〇〇份食物包。」

神拯救我們意義之一，　長老在初春主日證道中引用以弗所書：「為了要叫我們行善。」

何為善？　迦書：「行公益，好　，存　的心，與神同行。」路加福音：「要給人。」非基督徒也是上帝所造的。提摩太後書：「行各樣的善事。」　言：「你手若有行善的力量，不可推辭。」讓人感受到的是善心，而不是一大堆的道理。

長老直言，在台灣，基督徒比例不到百分之五，而佛教卻普及原因？「歸　於基督徒僅傳福音，佛教重行善，難怪大家對佛教比較有印象？」

什麼是富足人生?除了不可自視甚高，不靠無定錢財，而是提摩太前書：「行善，在好事上富足，持定那真正的生命。」路加福音勸勉人：「免去一切的貪心，因爲人的生命不在乎家道豐富。」活的時候，善用財富來幫助別人，讓自己在世上財富轉變成天上財富。

另外，行道重於聽道，如雅各書：「要行道，不要單單聽道。」要實實在在地行出來。行道，要付出代價，這是有信心之人表現。約翰福音：「有了我的命令又遵守，這人就是愛我的。」約翰一書：「不要只在言語和舌頭上，總要在行爲和誠實上。」不要給人太過現實印象，也要關懷未信主之人，如此，「神的福音廣傳，方無　！」「作世上的　和光！這就是我們教會推動社區傳愛小組的意義。」

如何過一個有意義人生?長老舉所羅門王所寫傳道書：「終身喜樂行善。」

早年那個初夏，當麥克神父指向食品儲藏室內食物銀行之際，其實他已播下一粒行善種子在心田，且一直默默地影響我的思潮至今。關於這一點，可能也是他當初萬未料到！

黑板樹邊的低迴

「人成了一台戲，給世人和天使去看。」——哥林多前書

沒有一個人是完美無缺！每個人，一半是天使，一半是魔鬼。

一生當中，多少都有些或明或隱藏的　聞。可能是過去式，要不然是現在式，搞不好是未來式。沒有哪個人生，是純然童話故事。正因如此，命運帶來了深度和人性。

四十五歲那一年

曾經非常害怕孤單的感覺，恐懼自己一個人掛單。

擔心自己人際關係不好，沒有朋友。讀書時候，害怕一個人走在校園　，害怕一個人吃飯，沒人在旁，就覺得　。尤其，一直擔心別人是不是會不喜歡我。

不但害怕孤單，更害怕被別人看穿，雖然身在人群中，但內心卻感到孤單這等心事。一度，察覺到，也許就是因爲對人際關係憂慮和面對孤獨產生恐懼，所引發心理潛意識作　和心態問題，並且對自己沒有自信心。

成爲一位高貴善良的人，是長久以來夢想。

有天，自己身爲人妻人母後，方棠終於領悟並學會在一個人，也能泰然自若去面對。並且，意識到總不能老是被動地希望別人能夠主動來認識她，應該學著積極一點、讓別人也能感受到來自於她的熱　。

以前，方棠最常解決自己心理問題與恐懼方法之一，就是將問題寫在日記中，藉由表列問題過程中，好好地整理自己思緒，將問題好好地分析給自己聽。往往這時候，就會看清一些問題，傾聽自己內心聲音。

多少時候，忙東忙西，可以和自己相處時間，真是少之又少，於是經常會忽略了發自於內心微聲。

一天，「我怎麼會陷入人生情迷困境，如此這般?啊！我真是迷失了自我！」方棠終於不得不承認地嘆了一口氣：「怎麼會這樣呢？」問月亮，問星宿。

勇敢去看待自己走調人生?

近來，每逢黃昏時刻，不似往常，方棠已經很少再走路回家，而是乘坐電梯到地下二樓停車場，直接開車回家。一方面，固然是　骨不適，醫生不得不忠告她，於這段期間，暫且要對雙足略盡　護保健之責，儘量少有激烈長時間步行或跑跳。另一個主要原因，是怕走進校園中那排黑板樹道。

回想起來，兒子唸國三，女兒高三那一年，家中結婚多年枕邊丈夫，仍然如年輕時般疼愛著已經四十五歲的她。生活中一切，儼然是這麼有秩序、圓滿及看起來是這麼篤定、自信。卻萬未料到，在精神上，方棠卻悄然不知不覺地、卻又有那麼一點點難以抗拒像似　揉些有意識情愫，暗中喜歡上年紀剛滿三十歲、未婚、甫進大學校園工學院任教一位年輕男教授小杜。

兩人研究室門對門，一個學期不到的光陰，有那麼一天，方棠驚恐地發現，生命中此時此刻最不可能發生的事，竟然真實地發生了。那就是已婚自己竟然暗戀上比自己小上十五歲單身青年男子。排山倒海般襲來而身不由己，無法自拔，暗自深陷在澎湃洶湧之間浮沉：一方面驚訝人入中年，卻在婚　中再度嚐到宛若愛情滋味，一方面又千愁萬緒全無心理準備而驚慌受挫。

爲此，一度曾在無人角落哀愁，深嘆。此情此景，一如回到年輕時初戀情境，一樣勾人心弦。

二樓走廊兩排研究室，分別爲文學院及工學院一些系所教師所共同使用。基本上，以文學院爲主，至於工學院，只有少數新進教師在工學院新建大樓尚未完工前暫時棲身之處。一待黑板樹畔　新工程二館教學研究大樓完工，二樓會還原到先前景況，全歸文學院使用。

黑板樹。

校園中常綠筆直兩排黑板樹道，每株主幹有很長一段不見分枝，樹幹通直，樹冠濃綠，儀態優美。「就像小杜！」曾幾何時，方棠難免睹物思情低迴起來。

這真的是我嗎？

話說，起初，方棠對門研究室已空了一段時日。老實說，她根本不在意誰會駐進，而它就這樣一直閒置下來好些時候了。

生活上，不論家中兒女丈夫也好，或教職工作也好，事事項項看起來一切都是那麼順遂美好、平靜安定。研究室隔壁資深且年紀比自己大上好幾歲男教師是老丁，方棠也和老丁妻兒熟識。十多年同事情誼，雙方一直愉快相處。只要她在校，門總是　開著。老丁的門，大都也是開著。三不五時，她會以老朋友姿態和老丁商量系務或閒話家常。相安無事。

居家，幾乎每天，方棠會爲全家人悉心調製早餐精力湯，含有蔬菜、水果、堅果，有時候　加五穀、豆類或　類。

如果忙，方棠下廚嘗試烹調牛肉麵。用帶　質　子肉下鍋，注意火候。用大網子把麵攤涼，接觸空氣後再把麵丟入滾水煮，如此重覆三兩次，麵條更Q勁。

如果不忙，過年或平日，方棠偶爾會爲想吃紅燒獅子頭家人，走進市場挑選油脂分布均豬後腿　肉，以板豆腐、洋蔥、芹菜、胡蘿蔔、　　等材料做成一顆顆圓球。肉　先炸後，　後湯汁去油、去渣，這時肉　再與白菜　上一個半小時。末了，冬粉鋪底，才放上獅子頭與白菜再次加熱。如此，家人可以好好品嚐白菜甜味和獅子頭鮮味，兩者所交融出來清爽美味。

直到有一天，對面搬進來一位工學院新　三十　噹未婚男教授，方棠生活步調，在往後歲月中竟會漸漸地從此變調演出。翻　程度把方棠自己給嚇到：

「這真的是我嗎？」

秋季，初次見到充滿朝氣、　、自信，而且幾乎每天身著藍色襯衫、黑色西裝褲和黑色皮鞋年輕學者教授，是在暑期末新學期即將開學之際。的確，小杜衣著品味雖然可看出他力求簡單線條、素淨色調，竟也擁有一種莫名專業感。神態上，整體看來也非常淡雅自然。方棠承認這位年輕人確實是第一眼看上去，就叫人討喜。就像女人在　熱難耐夏日，忽見一位長得稱頭出塵美男，眼睛心靈立即大吃檸檬愛玉冰或大喝冰鎮酸梅湯般，令人愉悅。又像賞玩瑪　，冰滑如玉。玩賞水晶，神清氣爽，忘了炎炎悶熱。

小杜將研究室整理得清爽溜亮，就男生來說，這誠屬難得。因爲，記得就讀高中省女，被一位就讀省中男生追求。一日，踏進青年人租房住處，方棠被室內雜亂景象給嚇到。因爲，印象中高中男生穿上制服，襯衫不但雪白發亮、　得平整有型，就連高中軍訓大盤帽也都被細心照顧地有　有角。出現在家中和街上，兩者落差之大，怎不令方棠嘆爲觀止？

翩翩風度，小杜尤受工學院女學生歡迎，帥男老師名號遠近傳開。每學期開課，行動不快一點，就別想選上小杜的課。有人甚至開玩笑地說，小杜在講台上講課，台下說不定有人在流口水哩！

當時，一開始，方棠以一種長輩對後進小輩讚賞心情爲出發點。一展自知本身具有那種鄰家大姊親和力般感染力。兩人見面，方棠總會主動綻放笑容，輕聲寒喧，分享些零食水果，且隨即附上關懷之情。

「對一位新進年輕同事，哪個不都是應當這樣被對待嗎？」方棠心安理得地這麼認爲著。她也會對這麼一位青年才　尊稱一聲「杜老師！」而對方也會對著看似面善溫柔方棠回稱一聲「方老師！」

實際上，在系裡，大多會稱呼同事們不是連名帶姓，就是直接稱呼對方名字，以視平等之意。尊稱爲某某老師，只有對那些資深或專業領域中較有聲望同事而言。

小杜搬進研究室沒多久，方棠注意到，只要她來學校，　開研究室大門，對門小杜也會將把原先緊閉大門給打開。當兩個對立門戶都互通時，感覺上，面對面兩間研究室，交流通暢。這情形，乍看起來和隔壁老丁互動一樣，沒啥特別。

有一、兩次，方棠晚來學校，卻見對門小杜室內燈亮著，門卻閉著。然而，待小杜開門見到對門年紀稍長和　可親方棠開著門，他就會即時開門。一兩次下來，似乎有種默契，加上相互信任而產生自在氛圍存在兩人之間，特別是在彼此不約而同地透露出，兩人均屬於星期天要上教堂虔誠信徒。

對自己、對旁人來說，方棠以爲「已婚加上基督徒」雙重身分加持下，使得她對小杜或小杜對她兩人之間互動，雙方自認爲是那麼安全、篤定、坦然的催化　與鎮定　。換句話說，就是這兩種身分，賦予方棠一種若似金剛不壞之身般保護　，絕不受任何波動流轉或枝節所困擾。

起初，剛認識不久，本著新鮮好奇，雙方禮貌有加、　和氣，互有好感。於是乎，由此，兩人寒　往來是這般優雅、餘味無窮，念念不忘。

天氣炎熱節期，小杜有一次帶來紅肉西瓜。切了好幾片，卻只給對門方棠給送過去，方棠自然是喜上眉梢，感受到小杜對她情有獨鍾友善表態。小杜，從小在農村長大，得意地介紹如何　選香甜好吃西瓜，例如拍瓜聲音、底部　股大小等，如數家珍。

一聽到小杜口中說出「　股」兩字，方棠頓時帶著一種純真小女孩無邪神態與語氣，立刻睜大雙眼看著小杜說：

「　！『　股』要大，西瓜才會甜噢！」她拉高聲調「　股」兩字。

語畢，天真小杜這下更熱心地加以說明，爲何西瓜　股大才會甜諸般道理。

又有一次，小杜率真地坐在方棠研究室內沙發上，　談著大學時期就交往一位女朋友。男女交往在七年之後，因爲女方求去，終究畫上休止符。這可讓小杜痛苦了一段日子，至今感情空白。

「七年之　？難道『七』真是一個難關數字？那位傻女子怎麼捨得離開眼前這麼年輕有爲、英　、有學問又彬彬有禮難得好男人？真是不懂得珍惜？」方棠邊聽邊默默心生不捨。

另一方面，方棠也爲小杜所受失戀委曲，靜靜心疼！

隨著年輕男子愛情故事起伏，當下，方棠聽著聽著而流露出　惜表情，又鎮定地看著正在說故事小杜雙眼臉龐。專心聽著故事發展，冷不防，方棠一個不動聲色內心驚　：天啊！兩人如此近距離聲氣相連，方棠隱約地嗅聞到從小杜年輕精壯軀體上，所散發出來　人體香，它完全不同於有些男人擦　古龍水濃膩人工氣味。更甚者，這些日子以來，就連與小杜擦身而過，都能微微呼吸到來自青春馨香與所流　出迷人靈　氣韻，恰如醞釀詩歌醇酒。小杜聲音、小杜氣味席捲而來，一度令方棠　片刻。這種經驗，倒是頭一遭。不論是現任丈夫，或在大學時初戀男孩，他們都沒有這種天然體香散發。丈夫身上狐　也好，香港腳　也罷，方棠會將這些氣味視爲男性陽剛粗　原味　力。多年來，方棠都挺習　這些氣味。年入中年，竟然能近距離聞到年輕男子悅人體味，還真是第一次。爲此，她不得不承認那難以抗拒迷惑。還好，雖然一度閃神，理智很快地將她拉回現實。想到自己身分，不敢做任何浪漫遐想，方棠趕緊端裝起來，並慶幸自己眼神應該沒有失態，　露丁點天機。

每次，小杜和方棠交談，小杜發現方棠都會展現出鄰家大姐般親切之外，還帶有天真無邪般神情，外加上雙眼誠　地望著對方。如此專注一再傾聽點頭，對小杜任何談話內容，方棠都展現出莫大興趣。這些細緻　體語言，無不讓小杜覺得被尊重被接納，而這也更激發了小杜滔滔不絕，也漸漸產生對方棠無形好感與微微依賴。

雖然兩人研究室門對門，小杜竟然也會伊媚兒給方棠一些電子郵件，分享或傳送生活上、知識上、信仰上資訊片段及感受點滴。方棠也都高興地閱讀著且回覆信件，禮尚往來，來來往往。然而方棠字裡行間儘量表達出一種節制卻又不失冷淡，帶著微然溫馨陳述，其實內心偶生迴盪，上下左右，七上八下哩！

不可思議，日復日彼此頻繁交流，方棠竟然抵抗不了　惑般將自己悠悠地融入對方感性世界，喜歡上小杜。這種情愫確定後，從此，每一次見到小杜，方棠開始不禁驀然心跳、暗地激情被挑起，如潮水般呼嘯奔湧漫過身心與靈魂深處。幻想現在自己，多麼希望是一位能夠拯救眼前男子登上愛情彼岸，能將他保護於懷中給予慰藉唯一女主角。心中那顆不老心懷，再度被小杜窩心體貼給觸動而重現。一旦感覺來了，神不知鬼不覺微妙感情一旦放了丁點進去，那就是一條和往常　異不歸路了。只有越陷越深，無法自拔，「自己是無法走出來了。慘了！」

深淺、濃淡

小杜來校第二年，暑假前，方棠和其他三位教師有個期末小聚會。地點是在她研究室隔兩間、年約五十多歲董老師研究室裡。當時，門　開，和小杜研究室相隔距離僅爲斜對面。兩男兩女坐在四張木椅上圍著小木圓桌，吃著點心水果喝著熱茶，方棠興致高昂地有說有笑。下意識裡，她巴不得她愉快笑聲能夠傳達到小杜耳際。爲什麼希望讓他聽到？想引起小杜注意？或讓他知道她是如何地在同事間受到歡迎與被接納？一時也說不準，反正就是想引起注意就是了。

大夥熱情地天南地北你一言我一語時，小杜意外地帶著兩位年輕、身材　細　整、皮膚細緻女子出現在四位資深男女教師聚會的門口。小杜臉帶青春微笑、謹　溫柔地喊著一聲：

「方老師！這兩位是陳小姐和王小姐！」

一轉身，見到眼前散發著青春活力男女，方棠頓時有種莫名混雜著忌妒與欣慰情緒。前者是隱藏住；後者，是方棠勉強故作驚喜狀，馬上以一種刻意嬌柔聲調：

「哇！他們兩個女生好可愛　！」

當時心情，方棠是莫名忌妒起眼前兩位女子和小杜之間任何關係，還有她們青春年華。小杜身旁這兩位姑娘，都是曼妙身材、緊　細緻如象牙皮膚、黑白分明靈動盈盈雙眼，這些準會吸引小杜吧？相較之下，方棠自己略帶母性，配上與年紀不相稱嬌態神態準會黯然失色？暗地　，方棠覺得自己好像被打敗塗地，心頭微沉。

方棠和出現在小杜身邊年輕女子們，不論老小，似乎人人心中多少都有股莫名忌妒。深怕任何一方獨佔了小杜。一般來說，女人，處於一群女人堆、置身多變境遇中，彼此是如此輕易地成爲親密手帕交，一切事情好商量，相安無事！唯獨當共同面對一個令人垂涎欲滴男人時，那完全是另外一回事了！爲了他，女人們明暗都會毫不留情地伸出利爪毒勾爭得妳死我活，就算是遍體　傷，都在所不惜。唯一和解，是那個男人去廟裡當和尚或去修道院當神父，終身不娶。要不然，萬人迷意外離世等，也都可以。就是不可以任何一個女人，不管是老女人、小女人擁有他，精神上、肉體上的。

費洛蒙散漫開唇齒之間，男人　素、女人妒忌，讓人生變調　深淺、濃淡。

詭的是，方棠又暗中沾沾自喜於她和小杜之間相互默契。小杜好像能閱讀了解方棠心中所想心事，善解人意地把來訪兩位女子帶到她面前展示跟她見面，表示小杜和這兩位女子關係是一種坦蕩蕩，讓方棠不要想太多？方棠難以解釋出確切事證，但是那種泛點出男女微妙符號，使她迷惑但也一時沉迷其中。尤其，方棠坐在椅子上抬頭，仰看著英挺小杜對她那種真誠默默神色與語調。同時發現，小杜眼神只對著方棠卻完全忽視其他在場三位資深男女教師。這一點，看在方棠眼裡心裡，竟忽然感受到一縷柔情略過心頭。

這一天過去了！

方棠爲了報答小杜，機會終於來到。某天，方棠嚴重　怕傳染給別人。午間，小杜研究室門也是　開著，猜想他一個人安安靜靜地在室內忙著事情。方棠正要走出研究室去洗手間，湊巧和一位文學院年輕男教師在走廊上相遇。適巧，當兩人剛好站在走廊中央、也就是小杜正門口，方棠見狀機不可失，立即揚手示意，要對方止步不要被傳染了，急著嬌態地只喊出：

「你不要過來，你不要過來！」

文學院年輕男老師笑出聲來，說了簡單幾句應酬，逗趣後，和方棠擦身而過。

方棠喜在心頭，心想，不明就理正在辦公室小杜，清楚地聽到方棠無頭無尾地拒絕和其他年輕男子：「你不要過來！」希望小杜能體會她只在乎他某一種錯覺、一些幻想？

閱讀

系教評會議於中午召開。大致上，與會老師們都會先吃便當、邊等待後續入場同事，約二十分鐘左右後，系主任看出席人數差不多時，才會正式宣布開會，進行各項討論議題並決議。今天，方棠和同樣姓方的男同事緊鄰而坐。兩人不但同姓，有些背景頗相像，例如都曾在目前校園內行政單位待過後才進入教學單位、同樣畢業於北部某大學。連 氣小臉、長相身材和講話 恭有禮神態、行事風格都相似。要是說兩人是兄妹或姊弟，沒有人會懷疑。兩人關係更重要一點是，兩人曾在同一行政單位任職，男老師還是方棠頂頭組長。可想，兩人見面總是相互微彎身體 躬、點頭，輕聲問候或細語討論。

當會中討論事項來到姓方的男老師要申請出國一年，準備帶妻女去美國時，方棠莫名地忌妒暗地油生。該案投票通過時，方棠若有所失，極度 喪。以致於會後趕去課堂教課時前二十分鐘，她腦袋一片空白木然，站在學生面前，還真不知所 。課後，方棠微想自己內心深度隱然忌妒心，以及爲何看不得對方好這種心理狀態？難道這就是人性？普世性？比如自己和旁人私下聊起某人不堪入目人格特質之際，方棠總會帶著超然口氣說：「這個人值得閱讀！」今天，方棠反思對象是自己：「難道我不也值得別人對我閱讀嗎？」她想起資深同事董老師曾說：「沒有人都是那麼優雅！」這倒想起有那麼一次，方棠有感而發對董老師說：「如果說我受學生歡迎，那是因爲我對他們倒像一位媽媽。其實，我現在反而希望學生對我的教學反應問卷，只求過得去，也就夠了！」

觸動

瞬間，社會新聞版老少配。為人母的　　，和姊妹　兒子小　，一老一小曖昧故事正襲捲整個台灣平面和電子　體版面。方棠心有戚戚焉！

年紀已有五十一歲，　　只有十七歲唸高中小　的母親，兩個女人原是鄰居朋友。開了一家小本經營卡拉OK店。為了打零工　錢，小　前去阿　輩　開設店家打雜。萬未料到老少發展出轟動一時姊弟戀，從此，他們熱烈故事日夜不懈、如火如　地在全台灣傳播與被熱烈地討論。

那天，晚餐後，當一家大小盯著電視晚間新聞看。當中，記者公開播放小　寫給　整頁情書告白，內容諸如小男人會永遠愛戀與照顧大女人一輩子。家中女主人方棠，聯想到自己和幾乎天天見面男老師小杜。她掩藏著觸動心　，不讓家中丈夫兒女看出來任何　絲馬跡！

第二天去學校，她忍不住主動和董老師提起，日昨電視上當眾公開小　情書內容後，附上一句：「好感動！」

同樣一件事，人不同、角度不同，看法也會不同？比方說，身為一位母親和做為一個女人兩種立場，可能各異其趣。顯然地，正在熱頭上，方棠僅想到做為一個女人感受，似乎完全沒有想到，有天，自己唸國中馬上要唸高中兒子，萬一在高二時期，也和一位年約五十多歲大女人私奔，身爲母親，方棠還會雙手贊同？另外，方棠到時候也會同樣說出：「好感動！」之類感言？

不難看出，方棠完全將自己陷在一個如夢似幻「戀愛中女人」情境般。好些日子以來，縈繞在腦海中只有小杜一瞥一笑。留校時，有意無意悄然地去注意對門大門是　開？即使是關閉著，那麼室內燈光有點燃否？小杜今天來學校了嗎？

單方面精神上依戀，無異將自己推入一種迷思，原處打轉，跳脫不出一個隱形　架。肉體上外遇，則是另一種情境。大學校園教師新村內，確實有因爲婚　中無性生活，猶如過著守活寡一樣，苦悶不堪，甚至不滿丈夫：「每天就是吃飯、睡覺、大便！」女方尤其把「大便」講得更大聲，以強調多年來對丈夫所累積下來不屑與不滿。也有人因爲如此寂寞空虛，墜入外遇中。例如德高望重老教授都快屆齡退休，仍然不顧多年髮妻，　情地迷戀上年輕助理，朝思暮想，又是電話又是情書　熱攻勢，宛若一位懷春小伙子。

對方棠而言，年紀比自己大上幾歲丈夫，在性生活方面依舊是活龍一條。肉體上滿足，對現階段方棠而言不成問題；更挑明講，方棠有時還覺得自己疲於奔命，多少得應付老公性需求！有時不得不嘆：「男人和女人好不一樣！」對女人來說，果真，腦部才是最重要性器官？因爲，現在方棠日夜所思總是小杜身影。

那麼「枕邊丈夫和小杜，不同之處爲何？」

這一夜，忙完一家人晚餐後，方棠拋下簡短一句：「想出去走走！」後，帶上門，身影隱沒在月夜廣闊校區。走進陰暗無照明人工湖邊和林地。小涼亭內石椅、小圓石桌，雙雙在孤清月光下清醒過來靜思，如方棠。寂靜月夜，思想、注意力重新集中。再問：「現在，這兩個男人，不同之處在哪裡？」這個問題很奇怪？因爲這兩個男人此時此刻在方棠心版上，莫名其妙地拉扯在一起。又爲什麼小杜比現在家中老公更被放置在一個深深思念位置？

記得，婚前，如今枕邊人，當時只是一位碩士班上略顯鄉土純樸同班同學而已。他上課態度，愛上不上，顯出一副放曠不羈神情。所以，第一學期期末考前，他跑來借筆記應付考試。中規中　求學上進女同學方棠不屑地回絕：「不借！」不過，有一天，他們兩人變成班對，而且踏進結婚禮堂。多年下來，夫妻彼此除了靠子女維繫，更多部份存在兩人之間如親情般感覺。

記憶，小杜在短時間內　獲芳心。其主因，原來是在於他年輕氣息、　、學究氣質、時尚感。這些不都是少女夢中理想戀情白馬王子整體印象？而這部分，方棠過去曾經幻想過，但未曾擁有過！

然而，近日，身處在要命曖昧裡，靈魂出遊，這又教人如何說起呢？

印第安那州普渡大學

大學校園裡另一椿精神外遇老少配、女大男小，是當時丈夫身爲副校長資深教授　綿和同系新進助理教授小江。一個是有夫之婦，一個是有婦之夫。在系裡，這幾年他們兩人發展下來，大部分老師們都心知肚明，只是沒人去　破　綿和小江之間曖昧關係。當事者，或許自認爲隱藏得很好，尚未被人識破，而暗中慶幸？其實，系裡同仁們偶爾閒聊，私底下都會將他們拿出來開玩笑一番。甚者，這樣心神流轉故事，怎不會被傳聞開來？像方棠就是這樣輾轉被告知。

小江從當初被　進來一直到轉他校任教，這六年之間，方棠聽了不少　綿和小江兩人諸事。他們都是從美國中西部普渡大學取得學位。小江拿博士，　綿早年隨著丈夫出國攻讀理工博士期間，自己也順道修了一個碩士學位。

已婚尚未有任何小孩的小江，幸運地申請到系裡來教書。那時，他才三十一歲，　綿已是四十八歲擁有一對子女的母親。據聞，當初登報求才不久，　綿在最後入圍少數候選人當中，對小江申請資格和經歷還諸多微詞挑　。她在徵　教師會議上表態不支持小江，但是由於另一位教師力挺，投票結果，小江終究還是以兩票之多脫　而出，成爲系上新進教師。

小江，和陽光　小杜比較起來，在方棠眼裡，小江實在談不上什麼帥氣。中等個頭，整個人看起來粉白斯文書生面、彬彬有禮而已。

至於一百五十多公分　小身材、臉部長了一顆　婆　，　綿時時展現出一種好強和旺盛意志力。

不到半學期，小江馬上看得出新進教學單位環境生態。他察覺到所有教師們在會議上，都不太敢拂逆尊爲副校長夫人且身爲資深教授　綿多數意見與理念堅持。日常生活上，大家似乎也都小心翼翼地將　綿捧在手心上，深怕一個不小心，招惹了她，會對自己不利。小江盤算，自己不但要在這個教學研究單位立足，而且爲了未來準備從助理教授升等到副教授，那麼，　綿這號人物絕對是要好好費心去經營安撫。所以，打從一開始，小江眼中只以　綿所有意見和情緒爲依歸，加以　護。諸如，見了面，言行上恭讓示好自不在話下，會議中，小江也都會公開相挺選邊站。久而久之，看在旁人眼裡，私底下就封了一個「小李子」稱號給小江。

小江和他太太，本身原就屬於姊弟戀。江太太在彰化一所大學文學院教書。據系上一位見過她面的人覺得，小江看起來是比他太太年輕多了。而且江太太確實有點老氣、衣著打扮也較土氣些。有人說，當初兩人都在美國讀書，學姊在課業上幫助學弟不少，這一層感激加上寂寞，小江就追起對方來。

由於先生職務上優勢，　綿享盡了周邊人對她百般善意與奉承。當中，小江更是如入無人之地般加以討好她，又小江最得　綿歡心。系上女教師數目偏多，女人也較敏感；因此有人就私下戲稱：「小江和　綿這種關係，　綿所有表現，是標準職場上異性相吸典型例子。」就連被一般人認爲感性遲　篤信宗教王老師，都忍不住婉轉地發表過：「好有趣，　綿一看到小江，整個人就快樂起來、聲調拉高、笑聲不斷！真有點類似兩性之間起了化學作用。」另一方面，和　綿一樣個頭較小，而且彼此辦公室不是在對面、就是在隔壁另外兩位新進年輕女老師，將一切看在眼裡。竟然，她們偶爾也會刻意地製造些機會，給　綿和小江在一起，比方說分組研究或爲大學生轉學、研究生入學考試出題小組。

午餐時間，小江和　綿爲固定班底，偶爾有一位或兩位其他同事加入，相聚在系會議室一起吃便當，狀甚愉快。系務開會，　綿或小江會選擇坐在彼此旁邊。會議進行中，常見綿不自覺傾身挨近小江，討論事情或交頭接耳。

其實，小江來系上都已經快一學年那麼久！暮春時節，　綿敦促老公副校長出面請小江吃飯，以表示迎新，其他老師們爲陪客。

由於和老婆居家彰化，離北部稍遠，所以小江常常會週末留在學校，忙一些研究教學之事。無巧不巧，以前甚少週末返校，　綿不知何時也開始於放假日，在幾乎空蕩蕩系館裡出現。如此，　綿和小江碰面閒談機會也就更多些。

一日，獲悉小江的太太住院，　綿主動號召大家開了兩部車，遠征彰化探望江太太。此一舉動，令系上多年同事男女老師們驚訝不已！這一點實在太不像　綿了，因爲，系上以前迎來送往來紅白喜事，　綿大都不出席，僅以禮金表達心意。

心底，　綿還是暗喜，每天有小江來豐富在校生活。除了衣著變得更眼花撩亂、精神常處於　奮狀態外，最大不同是　綿把臉上大粒　婆黑　給點掉了，臉部也變得柔和清爽起來。

年近五十，　綿有一次，在大夥閒談城裡哪家美食餐廳口味不錯正熱烈著。像個小女孩般難藏心中美好回憶，　不得藉題脫口向系上老太婆們炫耀，她自己和小江是如何經常相在校外一家超　餐廳裡共餐。所以，　綿公然地轉頭面對小江確認說：「我們兩個人上次不是開車去中正路那家餐廳吃中飯？那家也不錯耶！」

勁爆天大事情，在一次系務會議開完後發生了！小江當眾說：

「我想離婚，但是我太太不肯！」

綿簡直不相信自己耳朵，卻也有點多情地暗想：「應該不是爲了我吧？」隨即當著其他同事及兩位助理面前，轉身對小江說：「等下我要跟你談談！」

會議結束後，　綿和小江闢室深談。當然沒有什麼結果，這只能算是給小江一個機會，

露婚　生活中無趣與無　。

那時，真相當然只有當事人小江知道，其他人全悶在骨裡。真正導火線，是小江和一位大四女學生相戀了！快畢業那位女學生在戲劇社曾擔　一　舞台劇女主角，她戲劇表演天份轟動全校，令人激賞。留著長髮、充滿個性自信美的女大學生，主要是和小江結緣於「田野研究」這課堂。利用某個假日舉辦戶外實習課，身爲導師，小江竟然不知不覺地和這位大四女生來電。教師又身兼攝影師雙重身份，小江猛拍大四女學生　影，而忽略了其他學生還存在。所以，當回到學校照片　洗出來，大家一看傻了眼，因爲大部分相片都是以大四女生爲主。

師生兩人曾背地裡在中　一帶租屋同居，以避人耳目。誰曉得，男女逛街，被一位系上不知情女老師不經意地瞧見，但她未上前打招呼。幾天後，在系裡走廊上遇到小江：

「週末我在中　市區看到你和你太太在街上走，她看起來　年輕的嘛！我沒有打招呼，

是因爲我不想打擾你們。」

小江當下不知如何圓　，只淡淡說出：

「她不是我太太！」然後技巧地轉換到其他話題上去。

經過一段時日藏藏掩掩偷情過日，小江還是沒有整理出個頭緒：婚到底離得成不成？那麼和大四女生之間濃烈感情會有未來嗎？

小江在校教書第六年，終於決定還是回到老婆身邊。他更具體地申請到他太太所任教那所大學去教書。換句話說，小江要離開　綿他們了。消息來得有點措手不及，　綿知道這個消息，震驚不已，有點張慌失措。不過，她也沒有什麼辦法。

方棠陸陸續續聽到　綿和小江種種八　故事，不禁想到自己和小杜。感嘆，走進婚　成熟大女人在人生最篤定之際，竟然還是會精神上出軌，而她絕不是第一人。方棠深刻地覺醒到，人還是對每件事情不要這麼篤定信誓旦旦，不要不信邪，草草早下自我定論或論斷別人，以免將來　。

漂流游離

女人，有了委屈大概都會找人傾訴一番。

方棠也不例外。自從和小杜表白不再去他課堂上分擔輔導老師角色後，這似乎意味著，兩人之間關係要做一個更清楚切割。而這樣忍痛裁剪劃分，令方棠悲痛至極。

臉上因小杜，一度乍現光芒神采，如今因爲終日憂傷，偶爾失眠而面無血色呈蠟黃、暗沉下來。衣著打扮方面，因爲小杜，曾經找了一位在課堂上看起來挺會打扮一位女學生，課餘陪方棠去挑選幾件漂亮衣　，以期打造出亮麗朝氣光彩。如今因失戀般苦　，只將身體包在一襲黑色長風衣裡，好掩飾一切精神苦悶和思緒翻騰。

當忍無可忍地在學校、家庭間漂流游離一段時日後，方棠寄出了一封電子郵件給彼此還談得來同系教書、且較年長的董老師，期盼近期能相約一聊。

兩個女人見了面。

方棠有如瀕臨幾乎溺斃之境，眼前忽見一根浮木，而奮不顧身地趕緊抓住。

明知無法解釋清楚，又想維持一種尊嚴不讓任何人知道私人秘密細節。所以，方棠避重就輕地描述近況，仍不免　哀語調：

「我最近好難過，非常低潮！」方棠對多年來視同大姊般董老師說。

「怎麼了？」

「你知道這學期小杜在我們文學院開了一門　詢輔導課，他找我隨堂當輔導？結果，上次，我跟他說，我不能再配合下去了！」

「爲什麼呢？」

「有些學生的難處，不管在生活上、感情上或家庭，都不是我能應付得來！所以，想想，還是不再擔任輔導老師！當我把這樣想法告訴小杜，他非常生氣我怎可半途求去？竟然大聲地對我說，信上帝的人不可以這樣沒信心、輕易地就退縮！」

這時候，方棠講著講著竟然眼淚不禁奪　而出，不顧人前抽　了起來。這下，可把董老師嚇了一跳，連忙說了些安慰話。其他，也就不知該說些什麼了，只有靜靜地聽著方棠哭訴。

董老師一開始不解，因爲按照方棠目前所講情況，應該還不至於那麼傷心欲絕才對。誠然，當人有難，身爲如大姊她當場也就心軟了下來，不便再追究事實真相。不過，依直覺，默然地意識到眼前這位中年女老師似乎隱藏了一件秘密。最終，董老師還是不忍心，所以忍住沒將疑問說出口的是：

「妳戀愛了?妳愛上小杜？」

研究室位於走廊盡頭的董老師，這才順便快速地回憶起，自從上個學期小杜搬進這個樓層以來，迴廊間，感覺出方棠好像變得笑聲多些，穿衣也穿得有些亮麗品味來，確實有令人驚喜變化。同時，方棠和對門小杜之間愉快談笑機會，是比較頻繁些。

女人，也真是個　。方棠主動找人來傾訴，不過這下子，自覺有點不好意思在董老師面前失態落淚。更進一步想，她似乎也以一種女性直覺：「會不會董老師也猜到我真正心事？她會敏銳地嗅出我秘密夢幻？」

先前，還不覺得有什麼不妥，可是越想，方棠越有一點後悔當天找來董老師，並在她面前真情流露。因爲：

「她是一位想像力豐富的小說家啊!萬一，有天，她把我不欲爲人知秘密寫成小說篇章，那我該怎麼辦？」

這個時候，兩個女人，還好，都不動聲色、進退得宜地將那一次會面以溫馨收尾。

方棠隱藏內心秘密，至今，她了解到，她或許該擔心眼前小說家了，而不是家中老公和學校辦公室隔壁老丁。「男人還是比較好應付過去！」

方棠家中老公也是大學校園裡老師，因此兩人相互　解與包容生活上偶起小漣漪。有如夫妻倆都是演員，不會太在意對方在演戲過程中，一時太入戲，閃神片刻。

在家，老公不止一次聽過小杜這個人，因爲，方棠就曾經當面告訴丈夫：「在學校，老丁和小杜，這一老一小，都是好朋友！」

更重要，近年，意識到孩子們也逐漸長大懂事。於是有天，在晚餐桌上進餐，方棠當著老公對兩個孩子們說：

「媽媽哪天要是先離開這個世界，　還是需要有個女人來照顧他。那個時候，你們兩個人不可以有任何意見，知道吧？」

自忖，孩子們聽下去了。老公默然不語，且未發表即席任何意見及異議。

所以說，就算方棠生活中蕩漾些小插曲，她有十足把握，確定枕邊人是不會去計較。

至於多年同事年過五十的老丁，任何事看在他眼裡，就算看穿方棠一些心事，方棠可以感覺到他也不會替她漏出任何風聲，只會表現出若無其事模樣。

方棠感想：「這種事，還是女人比較敏感。」

春日

春日，無聊煩悶午間約三時左右。方棠拎著一袋垃圾，無神且滿懷心事地走向學校宿舍新村內警衛大門旁垃圾　。倒完垃圾，轉身空手走回家。才經過左邊第三間平房住家，傳來屋內一個男人氣急敗壞地大　：

「妳破壞人家的家庭！」

之後，方棠立刻聽到一個女子長長且連續不斷地　吼尖叫聲。

一驚，沒有停下腳步聽個仔細，方棠不動聲色只顧著一直往前走。這下子，原先滿腔哀愁的情迷，頓時，像似　了一盆冷水，使得她清醒過來，難免　地想到自己當前窘境。

夜晚，先生孩子們都進房休息。方棠獨自一人坐在客廳用遙控器選台看電視。當轉到一個訪談節目時，隨意一聽，一愣，怎麼講到「精神外遇」？她專心聽主持人和被訪者之間對話片斷：

「男人用左腦（性），肉體外遇，

女人用右腦（精神），精神外遇。

肉體出軌，不同於用想像的精神外遇。

肉體出軌有得救，精神出軌沒得救。

自己　自己。一大堆說法、理由爲自己解套。

精神上出軌，最終目的是肉體上出軌。

尋求慰藉。一次回味就無窮。

主菜？甜點？背棄家庭。

人的一生，男女互相認定，開始一起過日子的時候，就是出軌的開始：平淡無奇，失去愛情新鮮感。

婚後偶爾精神外遇未嘗不可。

什麼樣的人容易有外遇？被冷落的人，心靈不安定，個性中溫柔、多情、浪漫的人等等。

內　的表現爲回家後對老公更好。過度熱情就是冷淡的開始。

心不在焉？疲　？比較打扮自己？不與老公親熱？」

怎麼搞的，有些怎麼好像都講到自己內心深處？方棠又是一驚。

黃昏

五月第二個星期天，母親節。方棠在這一天，居然收到女兒滿滿五頁長信，滿紙全是抱怨數落人母的不是。唸完信，方棠百感交集，有種哭笑不得之感，懷疑起自己是不是作母親失敗？

女兒不平之鳴其中一項，爲偏心，只照顧弟弟需要，心中只有弟弟。方棠不解，姊弟兩人平常感情不錯，有時不是還　伴逛街？只要說起兒子，方棠整個人就會抖　起來，不但有耐心，而且母性發揮得十足。母女關係中，耐心和母性溫愛這兩部分，是家中女兒自認爲最欠缺。

近日，方棠也常在想，真巴不得兒女快快長大，插翅遠飛！

不過，覺得欣慰一點，從小備受　護寵愛、愛運動尤其愛打籃球小兒子，不止一次對母親說：「我每天放學回家，要看到妳在家！」方棠暗地將兒子視爲生活中一片陽光，帶給她無窮喜悅！

兩個星期後，一個黃昏，方棠走到宿舍住家巷口一家麵包店，準備預購一家大小第二天早餐。麵包店位在較偏僻角落，門前和對街都栽種有幾棵　樹。當時正經過樹下，不經意間，方棠看到迎面而來一位身穿紗質　裝、玻璃絲　及腳著一雙高跟鞋女人刻意打扮。女人神態微怯但強作鎮定，輕步慢慢向前走來。這時候，方棠也注意到自己正走在前方一位站立姿態男人背後。光天化日之下，看似　黑粗　中年男子突然不顧來往行人，對著女子破口　：

「幹伊娘！妳走去叨位？」然後，一連串　話言語傾巢而出，一發不可收拾。

結婚多年，方棠直覺到：「　！他們是一對夫妻。看樣子，八成，老婆偷跑出去幽會情戲碼！這麼確定，那是因爲一眼看穿紗質　裝女人，掩藏不住神態上所　漏出來秘密故事。這下子，他們夫妻有得吵了！」心裡頭，不免擔心那位盛裝女子回到家後，是否一定會遭到家庭暴力之苦？未來日子怎麼過下去？那個男人從此會饒過那個女人嗎？邊走邊想，同時，方棠彷彿在那個女人身心上，看到一小部分自己，另一方面又思索：

「爲什麼就算到了三、四十歲，不論已婚男女，一不留意，還是會跌入未預期的另一段愛情迷 當中？非得經過一段時日之後才會清醒嗎？還是一直會執迷不悟下去？」方棠想到一位男教師年已四十好幾，女兒都上大學了，背地裡卻和一位年輕職員小姐發展出一段婚外情。聽說當他老婆知情後，夫妻兩人對質，出軌的他還理直氣壯不覺悔意。

「就連結婚多年快退休年紀六十歲一位院長，也被傳出明顯精神外遇。原本在他校教書、氣質出眾、結婚多年女教授來校應徵教職。院長大人在教評會上，難得地大力運作，利用自己職位和在校聲望爲她背書又推 。可想而知，她如願以償得到這份教職。平常，院或系裡教師職員大都可以感受到，原本看似保守死氣沉沉又無趣的院長，只要一見到那位氣質熟女教師，整個人像是活過來一樣，連雙眼都閃爍著一種奇異光芒。有一次，學術研討會在花 舉行。他們兩人應邀參加並發表論文，院長因爲有佳人相伴，旁人都看得出他的好心情與再度被挑起一股活力。」

「更別提，早年，剛來學校，就和其他老師們有目共睹，當年有婚 校長，竟然公開地和一位紅粉知己交往。」

方棠最後暗自量：「想到這些男教授和自己，類似但程度不同的困境。如今，面對人生苦 變幻，心生一些同情，不再像以往那麼嫉惡如仇、 釘截鐵地 加論斷起來。某些事件看起來，好像都是人性中某個弱點！也因爲如此，我再也不會美化『大學教授』這麼一個所謂社會地位崇高、形象清新高貴階層。他們也是凡夫俗子，一樣具備了人性中貪 痴疑所有不堪潛在因素。」

此時此刻，方棠深深體驗到，日前曾在電視上聽到：「Everyone of us is capable of profound evil」。沒錯，普天之下每個人都有墮落的可能性與能力。沒有一個完全義人、沒有一個完全聖人，一個都沒有。

心事

方棠決定不再去小杜在文學院開授選修課堂上，陪襯當輔導老師。其中一個原因，她越來越沒有辦法忍受，自己像是被坐在講台下一兩位女學生冷靜目光，似乎洞見看穿心事。另一種情況，方棠越來越沒有把握自己在學生面前能掩飾住對小杜無形好感！一開始，她表面上還能維持一點矜持端莊。前幾次還能罩得住，後來，是一種不自覺而且無法控制　體，自然流露出一種陪在喜歡人身邊所產生不自然嬌柔。而這些，具體顯明在微妙神情上，和豐富語尾音上之失態。

雖然，已是四十好幾已婚女人，就心態上，方棠一直認爲自己還年輕只有雙十年華般，從不認爲自己是一位老媽媽。於是，方棠有一天，當忽然覺得自己好像和坐在講台下年輕女生們一樣，都在競爭一個美好對象！這下子，驚憂參半！

「我畢竟還是爲人母、爲人師表啊！總該維持一個起碼尊嚴吧！」這種良心覺醒，讓方棠萌生隱退之意，「而且，這種事情不就像　綿和小江個案，攤在大庭廣眾之下，總會被識破、傳開來！」

五月的婚禮

小杜要結婚了！

小杜要和同年齡但交往不到一年女朋友結婚了。而這位未婚妻，就是早先受邀擔任小杜課堂上心理　詢輔導老師。小杜傳給校園裡同事們喜訊伊媚兒內容第一句話，就是喜氣洋洋好不得意地告召天下：「我要結婚了！」及「誠　地邀請你來參加我們的婚禮，分享我們的喜悅，並祝福我們。」

婚禮訂在五月某個週末。因爲 SARS 關係，那一天結婚喜宴典禮與茶點，決定安排在通風良好　新系館的迴廊上舉行。

小倆口　在草地上甜蜜合照留影，兩人都快樂地展露白齒、燦爛笑容。

大喜日子，方棠有風度地參與新人婚禮予以祝福。

「最終，每個人還是有每個人的日子要過吧！」

不再典藏

小杜結婚後，同一校園內任職行政工作新婚妻子杜太太，偶爾會出現丈夫的研究室。從此，方棠就少來學校，除非必須趕來教課，這情形一直持續到小杜他們搬到新系館去。

難得一個輕鬆午後，方棠在自己研究室裡和文學院年輕男教師大聲地說說笑笑，小杜新婚妻子剛好路過。第二天，走廊上巧遇。杜太太先向方棠打聲招呼後，馬上冒出一句說，她注意到方棠每次遇見那位男老師都笑得好開心。過後，方棠開始去回想杜太太說這些話可有意涵？猜測年輕杜太太之前是否多多少少察覺到方棠曾經對如今成爲自己丈夫的小杜有過好感？會不會如小杜過去所提到，結婚前，兩位年輕人約會時光，小杜常提到方棠及表現出對這位資深老師尊敬有加，因而讓現在的杜太太累積些忌妒猜忌？新婚女子剛好利用這次機會，對著方棠有意無意地拋下如此一句耐人尋味言語？

「小杜終究已經有了妻室！」這也使得方棠下定決心，不再典藏這份記憶與回憶，不再懷想小杜。除了一般客套，內心已準備將小杜從自己生活中，完全　除乾乾淨淨。辦得到嗎？絕對可以。舉個自己年輕時候例子吧！大學時代，交往兩年那位才情洋溢文武雙全初戀男友，當初未能給方棠任何承諾，方棠傷心離去。多年後，女嫁男出國留學。有天，男子學成歸國但仍未婚。友人通風報信，探尋早年初戀男女兩人是否再見一面？安排敘舊？方棠堅定拒絕：「你們不懂嗎？當愛逝去，女人會變得很堅決，她會全然冷靜劃清界線，毫無惋惜。沒錯，過去是我愛他愛得比較多，只是當時他做了選擇，以致我不得不黯然離去！這些年來，我也有兒有女了！對他，如今，我一點感覺都沒有！男人爲什麼不明白？一個女人過去愛你，你不把握，日後要再回頭，那是很難的！千萬別認爲有人過去愛你，就永遠都愛你！男人如果這樣子想，那就實在太悲哀太幼　了！」

當晚，打開電腦將過去保存小杜寄給她所有伊媚兒電子郵件通通給　掉。抽離出來，方棠知道她願意走出來，不是因爲自己有多理性後決定，而是小杜已經結婚了。這個事實打消了以往所有對小杜浪漫　，反　的是，也因爲這樣，反而成爲方棠的救贖！如果小杜仍未婚？方棠不敢保證自己會不會一直迷惑下去！如果是，結局如何？實在不敢去想像。「太恐　！」

跳脫後，方棠反而有種海闊天空平靜舒坦。否則，不但把自己，同時也會把身邊家人及小杜，統統推向一個接一個　暗深淵裡。

決定走出迷　，方棠鬆了一口氣，抖去塵埃，兩袖清風，輕盈如精靈仙子。原先認爲忙得團團轉像　螺般無頭緒，例如養兒育女、教學和爲人妻、爲人女，生活中多管齊下多重角色扮演。如今，頓覺這些瑣碎反而是一種自由，如行雲般自在。

課餘，趁著校園下課鐘聲未敲之前，人少，方棠走向黑板樹道。樹下靜心　行，前塵往事，靜想自己近況，更不經意地想到多年來不太願意去碰觸童年心事。因爲，過往歲月和她父親糾纏在一起。記憶中，一家之主長年缺席，因爲，父親和另一個女人在外結籬同居，置妻女不顧。這個缺角，　鍊母親成爲一位意志堅強女性。至於年幼人生中頓失父愛，方棠無形中，成年後性格養成裡，多少　雜著沒有安全感、十分在意別人何種眼光和感受，以及事情一旦決定後，所展露出來決絕，絕不拖泥帶水。一直不　解父親，且長年記怨在心。就連父親最後離世喪禮，母女二人都不聞問。方棠因爲小杜，第一次回想父親生前選擇外遇、拋家棄子。就外遇而言，不論肉體上，或精神上柏拉圖式，方棠此刻誠實地內觀自己。竟首次體驗出　中滋味，對父親一向仇視，第一次，多了一絲體　。體　人生中，無法盡訴的無常和某些時候身不由己。

墓誌銘

一個人樣貌、性情都挺獨特，都是造物主所鍾愛。每個人有各自道路要走，互不相干。一個人任何階段所擁有的，是祝福，而不是拿來和別人處處作比較。如此，只有自信，了無自傲抑或自　。

從傷口中站起來，爲了一個尊嚴。想切斷過去一場小插曲，逃離一場差點成型悲劇，尋求一種新能量。尤其，對家庭有全新體認。包括自己在內，沒有一個義人和完人。如此認識自己，別人才會多了三分同情，別人才會想擁抱軟弱的自己。轉念後，這反而進入一個新世界，創造一個重新來過的可能性。

多年來，不論是佳言名句或生活偶感，方棠都會紀錄在筆記本上。這一天，她拿枝筆，落筆在其中一頁寫著：

「感謝神！我何時軟弱就何時剛強

當我面對自己生命諸多的破口時

上帝給我答案是

你生命破口由我寶血遮蓋
給我生命第二次機會的神
再度向我保證
我生命將不會　破而要成全
因祂寶血遮蓋我生命所有破口
現在我心中已有明確答案
在承擔人間悲苦同時
我知道我無法改變人間缺憾
只有將缺憾還諸天地，由上帝爲我們承擔
我們只要去愛去了解，唯有選擇愛，才能成全生命
因爲擁抱愛，就擁抱了生命
夜盡天明，我又重生了
謝謝　接納我軟弱殘破的一面」

第二天，一早起床，心情煥然一新，方棠又迫不及待地在書桌上振筆疾書：

「今早，起床，內心清晰湧現『全新的我』四個字
……是全新的我，令我非常歡喜
想起昨晚仍爲很多事而難過

一再沉思、聆聽內心聲音
似乎已能重　自己再出發
想想已是經歷大半生的人了
應可以涵養出幾分從容與自在才對
曾經　惡過自己性格
善感脆弱的心，容易被周遭牽引
但若非如此
如何能聆聽……
鳥兒對話、湖水低語、樹影婆娑、風兒呢
在學生天使般臉龐，找到了歡顏；
從上帝話語，感受到安慰悲
野地花兒、天空飛鳥……
聆聽無言天地卻蘊涵無限可能
我終能明白　快樂由單純中來
平凡如我
最珍貴乃是對單純信心的堅持」
帶著一種雨過天晴好心境，方棠擺脫了近期以來強忍住不安與失落感！以一種補償心情，當晚，她難得下廚且很用心地做了幾道可口菜 等待先生、兒女們回家晚餐。一想到過去這段日子以來，由於心不在焉，沒有心情料理三餐，因此，大都買個現成早點或買便當充當午、晚餐。爲此，心中泛起歉意：「最近真的難爲他們了！」

下廚做了第一道菜， 蛋苦瓜。切片苦瓜用熱水 到半熟後 乾。 蛋黃下油鍋炒至略起泡，苦瓜再一起下鍋，加水悶煮三分鐘。加入 蛋白再一起悶煮，最後放入蔥花炒 片刻，起鍋。

方棠接下來烹調第二道家常菜，菜 蛋。把泡水半小時菜 乾切丁，下鍋炒香後起鍋。切成末的九層塔、紅蘿蔔、 頭、蔥花一起和菜 放入蛋汁中 ，所有食材放入熱油鍋內兩分鐘後轉小火，每一面煎至焦香。

最後，她炒了一道客家小炒。泡軟 魚乾、五花肉、豆乾都切絲，個別下鍋翻炒。只是魚絲爆炒後，加米酒悶煮三分鐘，分別起鍋。將食材一起下鍋，添加醬油、米酒，開中火悶煮五分鐘。又快速翻炒，加入蔥段，蓋上鍋蓋。用小火再悶煮五分鐘收汁，加入少許糖提味， 炒後上桌。

一個家庭，只要廚房角落活絡熱鬧起來，家中成員大小也就隨之活 生動。菜香人語，一家人父母子女高興地圍著飯桌吃飯，聽聽兒子女兒白天在學校裡一些片段或趣事。用餐快近尾聲，方棠適時平靜地說出一個心中願：

「我將來墓 銘，你們要這樣寫上：這裡躺著一位愛家人、愛學生、愛朋友的人！」

移動的山

多年來，腦海中經常浮現一個畫面，深海，一隻個頭龐大的　魚優雅地游移。

萬年青和椰葉

大學校園秋季開學沒幾天，正好從教學大樓三樓系辦公室，走回二樓研究室途中，迎面的她沉穩平靜地開口：

「你是新來那位？」

微笑且禮貌性地客套：「是！請多指教。」阿土看著眼前高個頭、長髮陌生女子，恭謹地回覆著。她臉上表情仍然維持著先前鎮靜如夏日夜晚，沒有停步意思，且目光直視，悠緩地邊走邊說：「噢！」緊接：「我的研究室就在你隔壁的隔壁。」就這麼悠緩地前行而去。行步調裡，像似被放進一種有意無意矜持、優雅，還有一點自　。悠悠緩緩，當然還不至於像似熱帶雨林　樹懶。

踩跳走下二樓樓梯間，不免納悶：系裡女老師們不論年輕資深或未婚已婚，她們對阿土這麼一位新力軍歡迎招呼，是那麼自然親切又飽涵著熱絡。方才不同系但同一個學院的她，看起來四十多歲了，怎麼講起話來不管是音調，還是語氣，難掩那麼一丁點　、媚？還有，對女人來說，她的頭確是少有碩大。

阿土喜歡　開他那位於走廊上第一間研究室大門，喜歡那種延伸通暢感觸。大頭進出同邊第三間研究室，一天下來，阿土總會意識到她過門好幾次，就如同對門一排老師們進出情形差不多。

料想，研究室內要是擺上兩盆綠色大盆景，應該是再好不過！幻想了幾天，終於一個電話打到總務處相關單位，說明願望。令人驚喜，電話另一頭傳來爽快正面承諾。於是第二天下午，室內就多了高茂闊葉白玉萬年青，和一盆　葉。

這兩座盆栽不但美化了空間視覺，沒幾天後，大頭也悠悠地飄遊跨進阿土研究室，從容語氣說些綠景如　之類讚賞語。

阿土初從美國回來教書之故，這勾起大頭不少回憶。她自顧地　說到，高中保送台大。出國前，年少時光，「每天過得很單純，不是回家，就是學校和教堂。我很　的。」大學畢業後申請到赴美獎學金攻讀研究所，　八歲拿到博士學位。出了校園又如何順利成功地在美國中西部芝加哥、和西岸洛杉磯、西雅圖等地幾個知名大公司待過輝煌過往。

早年，遠道。」

「妳有直去美國中西部留學，年輕，不乏沒人追求。曾經和一位台灣男生走得很近，她

也 喜歡對方。結果，男子思想太左，傾向中國大陸激昂言論，在那個年代，深讓一直信仰「反攻大陸」信條的她，無法忍受，快刀 情絲，揚長而去。

三十六歲離婚前，曾和學藝術一位老美結婚，兩人曾共同生活了七年多，但無任何子女。被問到何以分手？

「那個時候，我 他不會 錢。你知道，我們一家人都 有生意頭腦。我不但拿高 ，而且週末還開班教老美做中國菜，愈發沒辦法忍受丈夫僅靠作曲或演奏來 些 頭收入！」

「不過憑良心講，他父母待我不錯，也 喜歡我這個 婦。就算後來離了婚，我和他父母還是有書信來往一段時間。」

「妳前夫當時知道妳離開他，是因爲他不會 錢、沒錢？」

「當然知道告訴他？」

「沒有！這種事不需要講，男人就是會知道！」

臉露困惑：「怎會？」

「會啊！比方說，我不經意態度語氣，或者常舉別家男人如何如何啊！」

至於阿土，懶得向任何人包括大頭，去敘述和說明離婚狀況，阿土簡單帶過：「未婚。」待她離去，阿土翻開學校發給每個人一份教職員工通訊錄。翻看出生年月日那一欄，掐指一算，她四十五歲，比自己大上七歲。

那次交談以後，只要阿土待在學校 開研究室房門，大頭就會三天兩頭來串門子。有時，一天來個三兩回也不稀奇。大多時候，她也不會輕敲門沿或先來個招呼語，反正就是以一種悠緩語調，劈頭一邊講一邊走進門沿，要不就跨進室內一步，笑聲爽朗愛說不停。這樣情況，在週末，亦是如此。往往，覺得大好時間就這樣被聊掉，有點可惜與內　。那些原本欲完成手邊工作，多少都會被　誤下來。但是想到，耐心聽她喋喋是否也算是做善事一樁念頭時，阿土也就不以爲意、多加計較了。

至於絕大多數談天內容，全圍繞在「男人」這個議題上。有名有姓男士，不分單數複數，在她口中都概括爲「男人」兩字。男人長、男人短。

不需要好奇探問，她藏不住男女之事，會主動大剌剌地報給你聽。因此，得知有一位六十出頭退休男人常約她出遊和相　參加飯局。一講到這兒，大頭常顯得不耐且十分　棄神情語調，大談如何被老男人喜愛、又老男人常以贈送禮物來取悅她，以及她有種自己被利用拿來炫耀之感。因爲，每當親友社交聚會場合，她都會被介紹出來是位大學教授。

另外，多次和老男人赴宴小　吃喝，大頭十分認真　眉抱怨起：

「都是他帶我出去吃飯，害我現在體重都掉不下來！」這還不打緊，她竟然也把剛調到私立大學任校長的前任校長，一併抱怨一頓：

「都是他害的！以前還在我們這裡當校長，常叫我也跟他一起去吃不少婚宴喜酒。害我現在想　都　不下來。」

原來，她本身英文不錯，故曾被前校長邀請去協助校方行政單位相關外語業務。

外交部長

不知何種緣由，有一陣子，系裡男女老師們利用每個星期三中午，會從家中攜來一些連鍋帶碗煮熟菜　，或者埋首研究室內使用電鍋煮出香噴噴滷味、　菜或湯品，擺放在工作坊辦公室內會議桌上。招呼左鄰右舍一聲，擠滿一屋子人，共享暖　吃喝好料來暖暖胃。由於星期三下午，教務處規定老師們不許排課，校方為了想讓學生們能參與一些課外活動及校際演講。這也使得系上老師們在當天中午用餐時間，可以從容不迫、悠閒進餐，歡笑聯誼在一起。

一次，大頭熱心地做了兩大盤三角形土司三明治，夾有　魚、生菜和乳酪片，並用小竹牙　從中插住，好將食物固定在一起不致鬆散開來，並準備了一　熱咖啡。她打了個電話至阿土辦公室，急促地叫他趕來吃東西，深怕錯過美食！這叫阿土頓時覺得　窩心，也樂得急忙奔去。

歡樂聚餐進行中，當著大夥面：

「知道嗎?我真的　喜歡做些美食、水酒之類派對。」講完，大笑數聲後又說：「我覺得我應該嫁給外交部長錢復!穿梭在外交派對，周旋在不同人之間，並安排一些餘興節目，是我最喜歡做的事。」

煤礦

一日，「我在離學校開車大約十分鐘路程，近水源地用　款買了一棟三樓舊公寓。」她置產理由是，學校單身宿舍　公用廚房，總會撞到其他男女教師共炊在一起，這多少不如在自家廚房準備三餐，來得自在舒服。

離校不遠，位於一個擁有兩座水庫純樸鄉鎮，買屋。大頭開車行經蜿蜒山中小路，道路兩旁不是綠色農田，就是橄欖樹、肉桂樹、柚子樹和芭　綠葉編織成　人安寧農業區。

那天，她邀阿土去看剛買不久的公寓住宅。此時，阿土第一次坐進她從美國用海運載回台灣的私家汽車。車內，她說遠在洛杉磯也還擁有一　房子，後院建有一座私人游泳池。

「游泳池？」阿土不敢置信睜大羨慕眼睛。

姊姊、弟弟們全居住在加州，父母幾年前先後在台灣過世，如今，只有她獨居台灣。

早年，家中成員兄弟姊妹眾多，連父母共十口一大家子。身爲夾在中間老三，她可是不疼娘不愛。尙且從小學開始，放學回家後，還要背著仍在　中幼弟、　著　煤球生火煮飯。爲了讓父母注意到她的存在，於是拼了命讀書向上。然而，問題是，上頭兄姐還是底下大弟二弟，每個人都把書讀得很傑出，高中、大學全都第一志願。這下子，在別人眼中傑出學業表現，在家　完全不覺稀奇特殊，這是她在家中爭寵過程中，備覺辛苦。

印象中，母親被一堆孩子們造就出一身絕活，其一，就是切五爪蘋果高超絕技。當年，這麼一顆鮮紅欲滴代表幸福泉源高級水果，在子女眾目　之下，母親就是有本事刀刀切下，八片大小一個樣，每片不多不少。

她笑道：「開玩笑！稍有疏失，我們小孩不吵死才怪。偏心這等罪名，我媽可承受不起！」

後來，不知何故，聽說那輛從美國運回來私用汽車，脫手了。沒幾個月時間，大頭買了一輛二手汽車。阿土這才聽說沒幾個月，好景不常，就又被大頭賣掉了。

「我的聲音很好聽。」大頭對阿土說：「最近我幫圖書館錄製有聲書。」

一個週末，大頭興高采烈地告訴阿土，她得知一個大陸煤礦開採投資　錢機會，一股腦就砸了幾十萬下去。剛說完，迫不及待地返回研究室拿來股權證明書，她要讓阿土見識見識。阿土一看，非同小可，忍不住爲她著急起來：一來，台灣大陸兩岸雖已開放，但彼此相互瞭解氛圍，還不致於成熟到那個地步；二來，現在什麼年代了？電腦產業發展得如火如　，誰還去投資什麼傳統採煤？「千萬別被　了！」

「你怎麼那麼聰明？」她苦笑說著。但心裡也微覺不妥，暗地七上八下一陣，一種肉包子打狗不祥預兆，悄然爬上心頭。

俊　明

還不到學期中，她藏不住興趣和滿腔興致，開始常常提起一位正在他校攻讀博士班、今在本校擔任兼任講師的　明，方年三十一。　明不知從哪打聽到消息，藉故常主動去接觸恢復單身的她。

「可能我是專任老師，他知道系教評委員會對兼任老師來說，多少有點什麼功用吧！誰知道？」

　明從小就是個孤兒，在孤兒院裡長大。

後來在聊天過程當中，發現　明論文指導男教授是她認識多年朋友。不知是否再加上這層關係，　明對她更爲殷勤、關切，相約吃飯互動機會逐漸頻繁起來。

「他長得很帥，年輕、高高　　。」又熱情地說：「下次他來找我，我帶他來你研究室給你看！」

終於有一天，　明出現在阿土研究室內。阿土看著大頭一面介紹　明，同時，內心不免暗笑：「什麼　　的！他根本有點過重！說他壯碩模樣還差不多。什麼　　的？」旋想：「每個人用自己標準角度去看同一件事情，結果是可以這麼不同，實在有趣！」

曾幾何時，老男人，再也不曾在大頭口中被講到。

自此，聽到都是有關小男人　明消息。

她說，　明要取得博士學位，大學規定，博士班研究生在研究期間內，應證明其研究水準可達到在有名望之 SCI 學術期刊發表之程度。因此被要求至少要有一篇論文是該研究生爲第一作者，而且要投稿 SCI 認證期刊，被接受發表過，才算通過。

「他博士論文一直寫不出來，有好一段時間了！」

「最近，他要我向他論文指導教授求情，放他一馬，助他一臂之力。」

「昨天，我打個電話給他指導教授，也就是我朋友請多多幫忙幫忙，我朋友也答應了。」

一段時間過後，　明論文指導教授果真把自己原本要投到期刊上去發表的學術論文，改用　明名字寄出。大頭出面幫忙，　明果然在短時間內，於初夏，畢業了。

這麼一來，　明更視大頭爲福星救星。一方面，　明繼續帶她外出用餐或電話上　寒問暖，套交情談天次數增多，盼增加彼此的情誼。另一方面，計算著，一不做二不休，趁勝追擊。秋季班一開學，　明央求大頭協助，在系教評會提出升等爲副教授時，能多加美言推　。

果然，她細心地幫　明邀了一位同是系教評會委員男老師，外加一位他系女教師爲陪客，四人一同外出吃頓日本料理。席間，她暗示說　明想提升等，男老師只是點頭微笑，不置一詞。

系教評會裡委員們，大家內心都知道，近日來大頭和　明走得比較近。又　明升等資料攤開來看，實在也不怎麼吸引人。可想而知，投票結果是沒有通過。

升等失利過後，　明對大頭興趣漸減，這時她非常不習　。聽聞　明其實早已交了一位女朋友，這叫大頭更是不滿、不是滋味。一天，藉故打了個電話給　明要求見面，他騎了一輛摩托車來。見了面，談了幾句，也到了晚餐時間。　明戴上安全帽，後座載著大頭，發動引擎後一溜煙地消失在暗夜校園裡。奔向校外繁華街道，準備找一家餐廳吃晚飯。飛馳間，大頭用豐滿雙乳，用力頂著前座正在騎機車　明後背，默然地帶著一抹嘲笑：「我看你有什麼反應？」

隔了幾天，　意十足。她不知從哪兒打聽來兩個電話號碼，分別聯絡上　明現任女朋友，以及住在加州洛杉磯前女友。大頭想探聽她們兩人對　明在感情世界中種種印象，以及她們對　明有何看法？聰明如她們，當然避重就輕地淡然帶過，以免刺激老女人莫名嫉　。

放心

黃昏，近晚餐時間。老李邊走，邊在走廊上拉起如日中天般公雞、雄　地吆喝著：「吃飯　！」

他年齡四十多歲，但一臉幾乎未被歲月催得絲毫老態。一頭厚黑髮絲，一派樂觀仍盈滿著一顆年輕心懷，如果看走眼，極可能被誤認他才　九、　歲，一輪朝陽般。老李性情活也會在午休後，下午第一節課校鐘敲響，在空無一人走廊上，拉大　門：「上課　！」之際，邁步走向教室準備教課。

老李是個受歡迎男老師，比阿土小上兩、三歲。阿土就曾有一次搭電梯回辦公室，正要走出電梯，適巧有三位女大學生下課才要走進電梯。阿土聽到　年華女學生們　喳喳以一種高昂興奮、語調無視旁人語氣喊著：「我愛李　！」然後電梯門「碰」一聲關上，下降至底樓。

方才老李嚷喊著「吃晚飯　」沒多久，大頭和阿土，分別不約而同地走出研究室出現在走廊上。兩人也傷腦　去哪兒用晚餐？難得三人順水推舟結伴同行，走向校外夜市一家飯店，享用吃到飽自助餐。飯店內裝潢、氣氛當然有別於街道兩側小攤小店。

三個人愉快地閒扯淡一通，吃吃喝喝、　哈哈，真的有點重溫大學時代與同窗歡聚趣味。岔題，大頭兀然丟出一句含蓄語，像是她和阿土在一起的話……話還沒說完，阿土即刻擺出無辜狀，用自然、輕聲語句：「啊——那不是亂倫嗎？」

語一出，激怒大頭，嚴詞：「什麼亂倫？」

「姊姊和弟弟在一起……」

「你又不是我親弟弟！」

老李笑笑，打個小圓場，什麼姊姊弟弟的談話才淡出。

用餐完畢，三人走出飯店。

阿土先告辭，獨自打道回府。

老李說要買碗豆花帶回研究室當宵夜，他幫大頭也買了一份。大頭、老李兩人一起走回校園。沒錯，他們兩人都夜宿各自研究室內好一段日子了。

先說老李，家住在外縣市。然而，連續幾年升等都未通過，所以最近一年更是發憤圖強以校爲家。只有在周末假日，才返回老婆女兒幸福巢窩。

大頭，留宿在研究室內也有三兩年了。那是爲了省麻煩，免得學校宿舍兩地奔波；另一個主要原因爲九二一大地震所帶來不安全感。盤算一下，省得人在台灣，每月還得負擔繳交美國洛杉磯房子定期　款和維護費。加上人又不在美國，還憂煩出租房客層出不窮狀況。終於有一天，她想通了，於是將台灣、美國兩地房產全賣了，求得一肩輕鬆。

至於吃，校內有多家自助餐可選擇外，美食攤和便利商店也不少。睡，則睡在研究室內寬　沙發長椅上，舒舒服服得沒話講。洗澡，位於研究室同一樓層的公共　所旁，系裡爲老師們隔了一間窄小但裝設有　蓬頭，供淋浴之用。洗衣服，老李每次週末回家，就會打包好換洗衣物帶走；大頭，則利用飲水機邊的水　和自備　水　，用手洗來清潔一些簡單換洗衣　內衣等，大件衣物則送到校內乾洗店。。

一日，心中惦記著要去影印第二天課堂上發給學生的講義。阿土低頭邊看稿邊走向影印室途中，大頭一如往常，迎面昂頭、緩緩　行而來。省略招呼語，沒頭沒腦用輕柔語調向阿土提到老李：「前天晚上，整層樓就我們兩個人在。你知道嗎？」露齒淺笑、眼波帶著媚意且微然地　了　眼，才繼續：「我有勾引他，但是我跟你說，他都不爲所動噢！」然後，露出更多牙齒張大嘴、　大聲笑了起來。即使大笑，她還是維持那種矜持、優雅狀。說完後，輕挪身軀離去。阿土　在原地半秒，思索著：「什麼？勾引？……」

這倒讓阿土想起，一天，大頭　著嘴對阿土說過，以前在美國芝加哥上班，和一位有婦之夫暗通款曲，暗地裡交往起來。某日，她被男方邀爲上賓。不知情女主人忙裡忙外打點餐食美酒，又非常稱職地堆滿笑容歡喜待客。「飯桌上，我和她老公媚來眼去。偶爾看著不知情家中賢內助還殷勤招待，心底感覺　滑　！」說完後，又是仰天露齒哈哈大笑幾聲。

不過，憑良心講，大頭有時也挺善解人意和善良。舉個例吧！隔壁是同系老黃的研究室，介於大頭和阿土兩間研究室中間。大兒子讀大學，小兒子唸高二，太太是學校職員。拜夫妻上班地緣之賜，黃太太常從同一校園內行政單位上班辦公室來系上找丈夫，因此認識了大頭。黃太太打從一開始就對大頭付出關心、相約吃飯、談心。每當大頭一連陷在愛情遊戲　中，兩個女人常相約談心。大頭有一次，心誠意足地對黃太太說：「放心！我不會勾引妳老公的！」

男人二十六歲

幾年過去。一個近午餐時刻，對門老林研究室門　開著，阿土路過，決定入門寒　串門子。老林談到太太陪兒子準備大學聯考一番苦心，才講一半，不甘寂寞的大頭循聲也走進老林研究室內，加入課餘閒聊。東南西北　聊，不知怎麼了，大頭又講到她和阿土如果在一起等話語，阿土仍是不疾不　地回應：「啊！那不是亂倫嗎？」一聽，她不顧人前，氣憤地放聲嚷著：「你又不是我親弟弟！」

人不會永遠在原地踏步。再經過多少年後，某日，阿土和大頭巧遇且談天說地。講話三分鐘不離男人，大頭微　著嘴，一臉帶著　、又犧牲且委屈語調對阿土說：「不管了！不管啦！現在，男人二十六歲我也嫁了！」那一年春天，她六十歲。

會有這樣子念頭，可關係到日前她在課堂講台上，班上一位男大學生當眾笑鬧：「老師，我旁邊×××說對妳有意思。他說他就喜歡像妳這樣的女人！」大頭把這一段男學生笑鬧告白帶回來告訴阿土，說著說著心情微帶嬌　和歡愉。

北加州灣區

趁著申請到加州大學研究一年出國機會，大頭邂逅了校內一位同樣來自台灣擔任行政職員的同齡男子。由於都是台灣同一所大學畢業，因此兩人一聊起來，不管是人事物還是心境，總有一些交集，故雙方交談十分投契。一段時間下來，愈走愈近，終於如大頭所願，兩人發展出情人關係。

當不得不回台灣教書時，臨別依依。

回頭看看，過去一年，在加州，大頭和已婚男人一起度過無數歡樂時光。每一次相聚，就像是置身在一場接一場節慶活動，無限快意。兩人足跡遍及北加州灣區，介於舊金山和聖荷西之間大小城鎮，嚐遍美食：

Sunnyvale，初夏櫻桃節

Cupertino，海鮮炒麵、牛　豆腐和咖哩豬排石鍋飯

Santa Clara，蒙古烤肉和日本拉麵

Palo Alto 市區，Cheesecake Factory 旗　店餐廳招牌原味乳酪蛋糕、炸魚和薯條、配上新鮮熱麵包和奶油

開車穿梭 Los Altos、Menlo Park、Redwood City 市鎮

或者前往 Mountain View、Fremont 市

要不然 Milpitas、Saratoga 城鎮大街小巷

不是聞香下馬走進中國餐廳、日本料理店、東南亞餐廳，就是搜尋法國餐廳、義大利餐廳、印度餐廳、墨西哥餐廳。偶爾也會雙人結伴在這兒喝咖啡、在那兒吃冰淇淋和甜點、在某處品嚐葡萄美酒。逍遙度日，這些吃喝同樂和供養一輛代步汽車種種龐大花費，都是由大頭來買單。因爲她知道居家男人支出有限，花費如有任何異常狀況發生，都會引起家中老婆懷疑。現金用完，就痛快地刷信用卡，享受難得愛情滋潤，於是金錢此時此刻對大頭而言，轉爲不足掛慮。結果，信用卡刷爆及負債累累。回到台灣，還被法院傳訊。

開學前一天，阿土在體育館前碰到大頭。她因爲要上法院面對司法，而當街落淚。見狀，阿土拍拍她肩膀爲她加油打氣。

雖然人已回到台灣，然而大頭那顆心仍留在加州老情人溫熱懷裡。從來沒有想過要隱這段戀情，巴不得廣播天下嚷嚷她戀愛了！系裡兩位老師一男一女都是教徒，不但沒有把道德　架重重地壓身，男女還爲她慶幸中年有愛，雖然明知道對方是位仍在婚　關係中有婦之夫。更妙還在後頭，大頭也向常來往但不同系一位女老師圓圓透露。下意識，有點像是在炫耀「自己是戀愛中女人」時，聽者圓圓亦深爲大頭高興並獻上祝福。如此一來，大頭如虎添翼變得更加理直氣壯地認爲，老情人應該和原配離婚娶她才對，希望在這三角關係中積極去爭取一個正當性。

每當想到這裡，就會三不五時地打越洋國際長途電話到男人上班處，細訴衷曲並催婚。大頭幾次使用一種近乎祈　、撒嬌且濃密愛意的哭調：「我想要天天做飯給你吃！」老情人怎麼可能離婚拋妻棄女？於是好說　說連忙　她，並千萬叮嚀不要打電話到他家去。後來，老男人實在不受其擾，於是連她打到辦公室長途電話也不接、也不回了。

大頭又愛又　地備受煎熬，備受委屈。

愈想愈抓狂。在一次衝動激怒之下，撥個電話就偏偏要打到男人家去，剛好他老婆接聽。電話另一頭，遠在加州的家庭主婦不相信丈夫出軌。大頭就攤牌直說，她和男人是如何相識、相交、同遊。爲了徵信起見，不得不老套戲碼重演，連男人隱密處生理特徵都指證歷歷。最後理直氣壯：「他愛我！」兩個女人在線上火爆口角，不歡而散。

氣不過，帶著挑釁復仇決心，沒隔幾天，又從台灣校園一個電話打到加州。這一次，是家中獨生女兒接電話。女兒得知父親　聞，在電話上也叫大頭不要　擾他們家庭和她父親。這麼一搞下來，遠在加州大學的辦公室和家裡都沒人敢再接電話了。大頭，憤怒不已且默默計謀著暑假。學期一結束，非得要親自走一趟北加州，當面和男人對質，討個說法。

果然，學生期末考一結束，第二天，大頭已搭機去美國。

到了舊金山，一位高中時期女同學來接機。稍事休息後，第二天一早，她搭便車來到老男人任職的美國大學校園。利用校內書店分機，聯絡上老男人辦公室找人。男人一接電話，聽出是大頭，即時表態不便見面。

「只要幾分鐘就好了。」大頭平靜地信誓旦旦且口頭保證。

男人知道無法逃避不見面，但又不想再製造任何困擾，因此心意已決，一再告訴自己絕不製造雙方一同出去吃中飯任何機會，免得後果不堪設想。當下權宜之計，他只答應約在公共場所會客大廳。

大頭走進大廳，挑了一張面對陽光沙發長椅，向著光，坐等男人出現。

熟悉、懷念不已一個身影，終於在台灣忍耐了一個學期近四個月之久後，一團溫度、屬於男性強烈嗅跡飄至眼前、鼻尖，活生生現身。她覺得有點沈醉地昏　，空氣也好，無言氣味也好，令人有點透不過氣來，略帶莫名小小緊張。

不過，男人一進廳內，沒有挑選大頭身旁沙發，反而是挑了兩人面對面、大廳另一端沙發椅坐下。兩人中間隔著一大段遙遠、冷漠距離。男人防衛心頗重，又心事重重。

這一個動作，立即　起了大頭無名火。然而，掩住心碎，發出了無言「　！」一聲。

默想：「好！你有種！老娘我倒要看看你有多大能耐。我就不信！」

兩人在簡單、無情緒波動地寒　幾句後，沈默下來，不知道彼此互動該何以爲繼？男人是謹　怕事這廂沈默，女人則是決定要反攻、準備要撒下陷阱密網那廂沈默。

陽光灑瀉在大頭全身上下。

她遠遠靜靜地看著男人，緩慢地張開雙腿成大八字型後，不疾不　地撩起　擺，一直往上拉，拉到下體陰毛陰道全裸。

「　！今天要來之前，我就特地沒穿內褲！」靜思不語。

加州男人，沒有例外，就像台灣火車上一名性飢渴女病患新聞事件中男人們。報載女病患需要不斷地交　做愛，來儘量滿足自己。想到解決方法之一，就是搭區間車火車，在火車移動時，用眼神去勾引異性至　所內做愛。據她經驗，只要是免費提供性交，不論是高中生、大學生、成年男性都會輕易上鉤，連列車長都走進　所內。

圓圓如夢驚醒

圓圓學妹，年紀較輕就結婚了，和大頭都是高中讀同一所女中、大學同校，如今兩者均在同一所大學任教，但不同系。年齡差距大，但仍算是前後期學姐學妹。加州男人盤　大頭整個生活重心和心思的每一天，那段日子裡，她多次主動向圓圓訴說心情起伏、劇情最新發展。口中滿是對加州老男人無邊無際好奇和興趣。

一旦發展到連加州老男人身邊老婆、女兒都扯進來，搞得有點　陋，身爲人妻人母圓圓學妹，變得不安起來。心想，如果由大頭所引起這種種外遇糾纏苦痛，發生在自己家庭，將情何以堪？這又哪來浪漫可言？另一方面難免內　。是否當初基於事不關己客套，表露出對一位身旁「年近六十女人」還能擁有一段就算對方是人夫黃昏感情，既慶幸又祝　表情，反而助長了大頭成爲一位破壞別人家庭、　血女魔頭，扭曲出一張令人不敢恭維嘴臉？

圓圓如夢驚醒，一改過往鄉　、表面應付心態。圓圓出於善意委婉勸說，和人夫戀情，要是玩得文明有格調，旁人也難置喙。因爲男女之情，誰又說得準？如果玩不起又搞到張牙舞爪田地，那還是掉頭走人算了吧！

隔天，大頭在走廊上碰到阿土。一見面就氣憤地　一番，不但把昨天圓圓對她勸言重複一遍，而且不以爲然地下了個結論，那就是圓圓在婚前年輕交友階段，一定常常被男人甩。聽完，阿土不解，她們兩人有時像姊妹　一樣，怎麼大頭一碰到任何人不稱自己意，然後說翻臉就翻臉？阿土揣測圓圓原委：「誰家無兒無女？人總是要有個良知吧！」不過，他把這句話活生生地給硬吞下肚，不發一語。

最後一次，加州男人的太太再度接到大頭打去國際電話。由於家庭幸福一再遭受威脅，於是，那一次，自保地說：「如果妳再　擾不斷，我就打電話到你們大學去告妳！」自此，說也奇怪，一旦大頭見識到對方也是個狠角色時，就再也不敢隨便亂打電話過去了。在這之後，一切看似安靜下來。

不多久，大頭露臉大大方方地對阿土說，最近她常去校內　商中心接受心理　商輔導。講著講著，笑道：「我那一位　商師是年輕男生　！」那天，　商中心恰巧貼出彩色海報公告幾場演講：像是「與孩子談性說愛」、「辦公室的人際溝通術」。

把加州男子家庭弄得翻天覆地、烏煙　氣，夫妻、父女之間關係搞得痛不欲生之後，沒多久，大頭告訴阿土，加州情人罹患　臟　。聽到這個消息不到三個月，男人過世了。

法院

沒人知道，不知何因？大頭又開始四處借錢。

一位資深男性老師在電話上：「她昨天向我借錢！」

阿土問：「你借了嗎？」

「沒有。我編個理由跟她說，每天趕銀行下午三點半。開玩笑，她平常對我一付不屑高姿態，還借錢給她，不是頭　壞掉嗎？」他舉例，多年前，有天下午，走到四〇一教室準備教第七和第八節課。那時，她剛好上完第五、第六節課，準備離開教室。明明看到他站在門口，她當面竟把教室開關「啪」地一聲關掉，教室立刻無光暗沉下去。她小姐就臉色木然、目中無人施施地離去。同樣的，幾年前，他和一位學生師生兩人正在系圖書室內長方形會議桌邊討論課業。她走進室內，使用影印機完畢，離去前，也是右手把開關給關掉，面無表情慢步走開。這個動作使師生立即陷入黑暗當中。。

男資深老師還透露，一位新進女老師日前也被大頭要求借錢，不知該如何是好？借？不借？於是跑來問他。他說，　　！因爲，傳言，她還錢信譽低。

聽到這兒，阿土回應，多年前，系主任也一度傷腦　是否要借錢給大頭？雖然阿土表白不鼓勵，但身爲主任難拉下面子，於是還是決定只借兩萬而不是三萬塊。交錢時，耳提面命動之以情、說之以理，強調這筆錢一定要在下個月發　水時歸還，因爲家需。大頭信誓旦旦，差點沒對天發誓。期限一到，大頭不動任何聲色。又過了一、兩個星期，依舊毫無動靜。於是，債主一個電話去要錢，大頭說手邊沒錢，之後，一再推託。不甘如此被不守信對待，終於在多次主動追討下，大頭還了兩萬塊錢。系主任事後，堅決地表示沒有第二次了。那時，系主任也舉了一位系內資深女教師爲例，借錢給大頭，但該還錢時，不見錢蹤。於是，打電話去索錢，未料，大頭在電話上大哭說大家都在跟她要錢！當下，資深女教師被嚇到！暫且不追究，只有再等下個月吧！然而，推託像似遙遙無期。由於不甘錢丟進水裡，再三追討下，債主才把錢追回。系裡老師之外，大頭借錢觸角也伸到系外老師口袋。一位女老師也是多次催討，才拿回借出去的錢。另一位不知情女老師借出更多錢財，一直要不回，因此，走上法律途徑。後來，法院裁定，大頭每月　資一部份，被強迫要還錢給大債主，分期還清。

小舅

走廊上，阿土被一位女教師叫住。一回頭，對方略帶神秘又不可置信眼神、口氣，怕人知曉，刻意壓低　音：「　！你知不知道？老大的事件登在學校網頁上？」

「真的？」阿土震驚。

「新聞報導內容，非常直接、露骨！」接著十分不解：「我們算是知名大學，怎麼在校方網頁上PO這種新聞？不怕家　外揚嗎？」她輕輕地擺了擺手作勢：「你趕快去看看！它登在學校『對外事務組』首頁。」

由於剛好教完課，剩餘時間都空閒下來。於是，阿土加緊腳步匆忙趕回自己研究室。打開電腦，迫不及待地進入網頁，果然，標題和整頁描述確實吸睛：

「外籍女生控教授性侵

忍三年　畢業前揭發

師：無中生有」

大學網頁轉載報社記者：「三年前男教授在研究室對一名外籍女大學生強吻、摸胸，還帶到薇　汽車旅館強拉上床，要女大生幫他打手槍。女大生因擔心影響學業成　，直到畢業前夕，才向校方　露上情，校內性別平等委員會和　警調查中。」

當阿土繼續讀到：「……教授就強拉她上床，她當場拒絕並要求離開，但教授並未罷手，反而脫下衣物強吻，撫摸私處，接著自行戴上保險套，拉她的手撫弄生殖器，直到射精爲止。……」時，忍不住暗叫：「天啊！這簡直像是在看古典小說『金瓶梅』部分情節！」

第二天，兩人又在走廊巧遇，難免又提起老大。

「不但全國性報紙刊登，連昨天晚上電視新聞也有報導！只是他好運，因爲昨天陳致中救了他，因爲陳致中被人爆料召　新聞，反而成了　體頭條。」

兩人順道回憶了一下老大當初被系裡新　、被大家十分看好的一位青年才　、前途無量學者人選。之所以後來背地裡被幾位老師稱爲「老大」，猜測，可能自從助理教授升等爲副教授後，老大自認在大學教書工作算是真正穩定下來。從此，再也不必擔心六年之內如果沒有通過升等，就得捲鋪蓋走人之窘境。因而漸漸在諸多系務議題上，大鳴大放，不但主導，而且常在會議上推翻先前決議等緣故。

「你還記得他剛來，三十幾歲，記得嗎？他告訴我們年輕時候曾動念想當牧師？另外，有天下午，邀請我們四個人在他研究室喝熱咖啡、吃著特地從校門口『白木屋蛋糕店』買回來精緻點心。我們坐聽他閒談歐洲留學難忘時光和見聞？」阿土說。

「那個時候，他太太帶著兩歲兒子來系上。我們都還說，能娶到如此長相清　、溫柔個性賢淑太太，男人夫復何求？」聽者回應。

老大糾纏女大學生，在系上早已在少數幾位知情同事間流傳開，這已不是什麼新聞。多年前，就有一位女學生向同系一位女老師訴苦被性　擾，每天收到多通老大打來電話或手機留言：「我愛妳。」爲了證實所言不假，學生還當面播放一遍熱情如火留言證據給女老師聽。然而，愛莫能助，除非受害者勇於揭露，否則非當事者干預弄不好反被告，罪名是「　毀名譽」。想必，那位女學生不願再承受二度傷害之痛，只好隱忍下來。

此刻，事件鬧大後，好一段時間，聽聞老大離婚消息，阿土仍是驚訝又遺憾！老大前妻溫柔清　影像，閃入腦海。深深爲他們兩位原本看似一對佳偶，竟落得如此結局，感到惋惜！

農曆年，除夕夜，忘記採買做什錦菜食材。年夜飯後，冬夜近十點多，阿土和家人走路到住家附近愛買大賣場補些年貨。走進地下一樓食品雜貨區。先逛一圈，竟很意外地看到遠處新鮮水果攤前，老大和他前妻現身。兩人看似忙著張羅年貨。

「他們爲什麼不早幾天準備年菜？這麼晚了才出門購物？是因爲擔心撞見同事熟人？」繼續疑問：「他們兒女早都長大了吧？」

憑良心講，阿土不會像旁人在內心排斥他。雖然知道老大深具爭議性，但從另一個角度去想，曾自省：「誰能擔保我們哪一天，搞不好會落得比他更不堪呢？」基於此，雙方要是在校園內碰面，阿土總是會主動打招呼，釋出善意。

日後，阿土聽人說，老大因爲帳目不清、經常出國參加研討會報帳浮濫，遭院長私下委婉指正，兩人因此正式鬧翻！

至於大頭和院長之間恩怨，卻是事關男女。話說，幾年前，院長剛從美國東岸一所大學退休下來，被校長　請回台灣擔任現職。彼此一聊，大頭和新上任院長的太太兩人竟是高中同班同學。可惜，院長太太仍遠在美國一所大學內圖書館任職，以致夫妻無法團聚，昔日同窗無法敘舊。原本看似一樁佳話，不料，基於大頭舉止間，常表現出令人不安殷勤舉止，例如不知何時起，經常愛閒晃走廊上藉機和院長搭訕，或手拿一塊鳳梨酥送到院長辦公室去。三番兩次下來，老練世故高中同學之夫，終於有一次，按耐不住，不苟言笑婉轉：「　！妳不要對我太好！」這話一出，可惹惱了看似糊塗、偶爾敲　打鼓自我吹　，但絕對敏感的大頭。那次以後，大頭四處散佈不利於新樹敵的言論，包括鳳梨酥這一段，並揚聲　之以鼻：「他認爲他是誰啊？」可想而知，老大也是當然聽眾之一。

私下，院長曾　惡地對人抱怨：「女河馬像遊魂一樣，常常在走廊上我辦公室門前晃來晃去。」

日後，老大和大頭你一句我一語共 院長，兩人好像找到彼此。從此，先前一支木 、單槍匹馬的局面結束，兩人 速集結形成相互火力支援、不可輕忽的一雙 子了。又沒多久，讓 子變得更有力如三支木 團結綁在一起發揮威力，是阿勇的加入，三劍客終焉成型。從此，院長任何重大政策要推動落實，都會遭到三劍客杯 和 面下反向操作。

大頭得意地笑說，老大用手機的照相功能偷拍到院長開會時打 態。他們又忙著散佈，在台灣獨居的院長「性侵菲傭」，這毫無任何根據傷人指控。

提到阿勇和院長兩人衝突，阿土聽聞，早先院長私下口頭內定升任副院長的阿勇，最後人事發佈名單上卻另有其人所燃起。至於兩個男人攻防，院長始終未置一詞，倒是聽到阿勇逢人便指出：「他這個人常瞧不起人！」一句帶過。因此，兩人結怨真正原因，無法得到任何證實。

說來，阿土對阿勇印象最深刻一幕，是某個黃昏近五點二十分左右，接近下班時間。那時辰，系裡大部分沒教課老師也都該回家了！整棟樓層，理應寂靜下來。

出乎意料地，室外有人連續 ，巨大聲波從走廊另一頭，清楚地傳到正在研究室內批改學生作業的阿土。痛斥激憤吼聲不斷，令人坐立難安。

「萬一發生了什麼意外大事，總得有人出面解危！總不好冷漠不關心吧！」心想著。開了門，循聲走去，確定它是從 著門、銀白日光燈一團亮的阿勇研究室內傳出。

看到破口痛斥者背影男子，毫無顧忌高分貝：

「你這個鐵　李，你打老婆！你還是男人嗎？」

一向笨口笨舌，阿土顧不得一切急慌連忙勸說：「好了！好了！有話好說！」

待看清面貌，原來是阿勇家小舅子，他正憤憤不平地爲姊姊向姊夫討個公道。姊弟倆都是在學校服務的行政人員。

阿土見狀，身處兩個大男人相互回嘴對吼激烈　火中，見機急忙扮起和事　：「小舅！好了！沒事！沒事！」不知該說些什麼適當說詞，只會重覆地說出這一句話，又一邊拉著怒髮衝冠的小舅，將他一直推向電梯方向，拍拍肩，又勸不停：「小舅！拜託，沒事！沒事！」直到電梯開門、再次關門下樓。阿土這才再走回阿勇研究室，安慰幾句後，折返，回到自己研究室內。一　股坐在沙發上，阿土頓時無言發呆一陣。

瑞典人

秋季開學，系上新　來一位外籍專任教授。馬克原籍瑞典人，求學生涯的留學足跡遍佈英國、法國、美國三地名校。太太是美國人，夫妻擁有四個女兒，掌上明珠們個頭是一個挨一個，高矮有序、一列排開，煞是壯觀且賞心悅目。由於辦公室緊鄰隔壁，初見面，阿土即刻意識到馬克那份屬於西方人幽默風趣。

「最近過敏，所以戴口罩。」怕洋人同事有所誤會，阿土先解釋道。

馬克瞪大雙眼，故做驚訝狀：「你對學生過敏？」

羨慕家有四仙女，他收回笑臉，　眉又做無　狀，故意放輕聲音：「她們小女生　喳喳，　吵鬧，又挺難管！」

馬克辦公室另一邊緊鄰大頭。她靠著英文流利，不但很快地和馬克混熟了，而且和馬克太太　蒂一聊就頗爲熱絡狀，

「我們女孩們應該抽空一起購物逛街什麼的！」大頭拋出聯歡社交語。

「當然！那太好了！」

幾年下來，馬克夫婦從未邀請過系上任何男女老師爲座上賓，除了大頭，而且先後邀大頭家庭聚餐共三次。因此，當夫婦倆知悉大頭在多年後一場期中系務會議上，提臨時動議，要討論馬克私下擅自離校受　到大陸上海一所大學任教，並私下找自己太太代課失職　處案，甚爲驚訝。消息傳開，校長極爲震怒，下令查辦。

據聞，馬克原本打算等待期末辭職，轉赴大陸上任新教職。但是得不到上海那所大學耐心等待，因爲求才若渴。因此馬克權宜之計私下找來在台灣一所私立大學教課的太太、　蒂代爲教課。據私下瞭解，那班學生對於　蒂教學反應尙無任何不滿與異議。不料，大頭這個臨時動議，使得學校教師評審委員會三級三審最終結果，是解　。大陸學校方面，由於大頭投訴而知情後，亦要收回馬克　書，馬克落得兩邊落空　下場。至於馬克當初爲何沒有即刻辭去台灣教職展開大陸行，事後得知，那是因爲當時如果他失去台灣的大學　書，就得面

對台灣工作簽證居留和妻女必須離境這兩種因素考量。

會後，大頭一方面抱怨系主任，爲何將她名字列在會議紀錄上？爲此，就表明了這個臨時動議是她提案，搞得天下皆知。另一方面，她斷然地與馬克夫婦切割，並說：「我這樣做，是爲了政府。政府應該感謝我才對！」

意外地，因爲這件事，也被捲入暴風眼，陷入泥　，被逼得透不過氣來爲資深教師老程。老程研究室位於大頭研究室對面。以前，他總會想到大頭其實也　可　，孤伶伶一個人。所以，長久以來，不　對她表現出友善。

之前說到，因爲外籍教師馬克擅自離校竟跑去他校教起課來。校內課程由美籍太太代教一事，那時，被大頭　舉，提案到系務會議上討論。決議是，本案提送系教評會、院教評會、校教評會三級三審。系務會議開完後，走出會議室，老程開玩笑對大頭說，她這樣作，就像台灣一句　語所講，該被放進麻布袋裡綁　起來。

大頭勃然大怒：「你威脅恐嚇我生命，我要告你！」

這一次上法院，不是自己被銀行告發，反倒是大頭把別人告上法院。

老程萬未料到，一句玩笑話，大頭竟然不顧對她之前恩情，很無情地一狀告到法院去。況且她告人不是民事，竟然是刑事部分。換言之，案件成立，老程可爲此進牢房。

不過，說良心話，老程有時候講話也　衝，挺傷人。一位知情教師曾經揣測，這是否跟他年輕時赴美攻讀博士學位無法攻頂，　羽而歸，心境難免偶爾失衡有關？

一天早上，阿土研究室房門洞開，有聲音從走廊不遠處傳到阿土耳際：

「我這裡有一張紙，上面列了幾點，你在上面簽個字！」大頭對老程溫和地講話聲。

事後，系主任說，紙上列了共十點，如果簽字，條條都會定老程於死地。

隔了一段時間，老程還真被法院傳去應訊。這事讓老程全家妻小備嚐煎熬，難度日。

早晨，阿土研究室房門又　開。這一次，阿土聽到大頭在走廊另一頭，以一種優緩平靜語氣對老程說，她親自打過電話給學校高層和教育部，訴說自己是如何生活在驚恐中，無法平靜度日之苦處。老程倍感壓力，家中老婆陪著擔憂，暗嘆這個女人何以難纏至此？

而鬱鬱寡歡終日。

假髮

戴了一頭烏亮光澤大捲花、長及肩青春假髮，大頭跑來阿土辦公室當面問：

「我這樣漂亮嗎？」

一驚，匆促間，不知所措，急智下阿土想到阿勇常常帶早餐來學校給她吃，於是忙推給阿勇：

「妳要去問阿勇！」

近六十三歲，大頭不知怎地，開始在意起老同事多年的阿土？

早上九點左右，來到學校。稍事休息，阿土都會從研究室出來，走到系上閱報室翻看當天數份報紙。

起頭，三、兩次不以爲意。次數多了，就不太像諸多巧合。「怎麼早上看報紙不到三、五分鐘，她就會出現在門口。言出：『There you are! 你在這啊！』然後，就說起話來，藉機聊天！」阿土悶頭想，有點猜不透。

「還是自己想太多？」阿土也自問。

「她怎麼知道這個時候我在這兒看報？」又疑惑著。

「天天這樣碰頭，不是有點奇怪？是老同事，又不是情人！」內心怪異。

爲了求證，於是悄悄地做了一個實驗。一早，阿土一如往常來到閱報室看報。不過，他把報夾帶到對面大會議室長桌上，不開燈，靠著晨光透進窗內光源，站立低頭看報。還是沒錯，夾腳拖鞋走路腳步聲逼近。阿土閃躲到靠走廊前門牆邊，這樣，從外經過者看不到室內有人影。循著步　聲近遠，阿土猜測，正在走路那人該是到後門方向了！阿土微側身子瞄了一眼洞開後門，「就是大頭！」旋想：「日前，她不是都會走進閱報室，今天怎麼不進去？因爲我不在場，所以才將就地朝　所方向繼續走下去？」這樣試驗結果，重複了幾次，屢試不爽。

一天，報紙報導內容實在太吸引阿土。所以，一旦聽到熟悉腳步聲，然而不想中斷閱報，於是，在大會議室桌上、近前門口處仍低頭細讀報刊。暗　一下：「大頭還會有興趣和我搭訕？」

一看到阿土，大頭　裝不期而遇，「There you are，你在這兒啊！」晃進室內後逕自說將起來。不願失禮，阿土也應付幾句。談話內容聊到某位同事，阿土溫和地回憶：「對啊！好像那個時候妳也在秘書室幫忙。」心存善意地想製造些交談話語。未料，大頭否認她曾在行政單位待過，堅決地說她一進大學就是以教職身份進入教學單位。阿土心想，這也沒什麼好爭。猶記，一位資深老師老　就曾在系上聯誼聚餐上聊天時，當眾點名大頭以前在行政單位服務過憶往。「既然她否認，就否認吧！沒什麼。」阿土心忖著，但也就靜默下來，簡單應對過去。大頭靜靜地離開，阿土則延續閱報活動。七、八分鐘後，大頭再次踏進會議室。這時，把一份約二十年前學生對教師所做教學反應問卷，丟在桌面。然後用不客氣語氣說，剛才離開就是回到研究室找出這份證明，它可顯示當初進入大學就是以教職身份進入大學工作。上次，老　認定是「專任教師」還是「兼任教師」或「行政人員轉教職」，對阿土來說都不重要。因而靜聽她不悅口氣後，「噢」了一聲，不再出聲。出乎意料之外，她拋下狠狠一句：「我要告你！」，掉頭就走！

阿土驚愕地留在原地，腦際快速閃過念頭：「她要告我什麼？」「她實在是個不可理喻！說變就變，非一般常人可比擬。以後還是閃她遠點，少惹爲妙，免得沾得一身莫名其妙　味！」但又轉念：「現在就去跟她道歉算了！雖然不知道要道歉什麼？既然她因爲我才這麼不高興，男子漢大丈夫能屈能伸！去找她當面　不是，少自惹麻煩。不過，從此，對她可要百分百敬而遠之，不要不信邪！No就是No！No！No！」

摔下報紙，衝向大頭研究室。敲了門，「請進！」回聲。一見面，阿土連說對不起，急忙解釋他完全沒有任何用意去提到「行政單位秘書室工作」稍前談話，當初只是順應她先前話題而已。

「好啦！沒事！」倒也爽快地一筆勾消狀，仍留坐在電腦前說：「你過來看看這個網站，有些聖樂真好聽！」阿土趨前，站在她身後且盯著電腦螢幕。她手指輕輕一點，點進特定選項之際，一頁畫面上文字是摘自聖經，大意是要與人和　相處。數秒後，聖歌響起。聽了一、兩分鐘，「哇！好　！」阿土應和地說。「對啊！我覺得很好聽！」大頭接腔。眾知，大頭有時喜歡當眾高歌聲樂。

面對面，早晚迎面相遇在走廊、校園小徑、赴圖書館路上。這時，阿土不得不維持一個表面上打招呼場面，圖個清靜，少惹爲妙。大頭絕對是個聰明人，看得出來自己處於一個被護位置。她喜歡這種被男性捧著感覺，老少不拘。如果不幸被她列入黑名單，絕不心軟，內心還會變本加厲轉成一種心理上霸凌、凌　，殺無赦。這樣察覺，令阿土心寒不已。事情發生在一個下午，她研究室門　開，傳出她在室內對老大說，最近上網搜查阿土資料，看看有什麼把柄，然後絕不手軟。這段對話剛好聽在路過阿土耳中。他極爲氣憤及不齒大頭這般可悲行爲，認清她絕無　慈善心腸後，當機立斷：「她不是上帝！維持友善態度，對她一點用都沒有。不再伺候她。她又不是上帝！」心意已決，　視她，從那一刻開始，擺明了一見到她掉頭就走。以前阿土辦公室大門都是　開，因爲她，現在都會關上門。「此後，由於我這樣斷然將她視爲拒絕往來戶，要是被她背後擺一道，我認了！就是不要跟她有任何瓜　。」阿土心意已決。

「大家怎麼都把門關了？」在辦公室內近門旁，靜靜收理東西。由於隔音設備乏善可陳，故阿土無意間聽到緊閉辦公室外，大頭邊走邊輕聲好奇地問句。

早上，習　一定要上完　所，這樣，整天心情會因爲完成一件大事，比較輕鬆。原本都待在家中完成，近來，也習　一早吃完早餐走路去學校研究室，稍事喝茶休息片刻，再如　。男、女　所內各有兩間茅房，且相互隔著一道牆。十多年來，未曾發生過詭異情形，怎麼怪異地令人不可思議？爲何最近關上茅房　所，培養便意，每每還不到二十秒鐘，就聽到女　有人大　地走進並關門聲？阿土猜想是有一兒一女、研究室對門女老師？樓層東西兩側都有　所，況且這東邊走道兩側不是閱報室、大會議室、工作坊室、系圖書館室，就是系辦公室。加上，剩下研究室空間在男多女少比例下，以及整座樓層沒有一間學生教室。

「要不然是有兩個女兒系上女助理？」

「是女學生來系辦兼職的工讀生？」但沈重又張揚腳步聲，實在不像一位年輕女子該有那份輕盈、含蓄。

「剩下來，那只有是大頭？」

前面幾次，安慰自己，別想太多。雖然異常了些，畢竟這都是巧合吧。男女上　所，是最自然不過、天經地義！

寂靜一片，不雅來自肚子排氣聲、或連續使勁用力時口發出「　、　」微聲、或舊報紙、書冊翻頁聲，阿土總覺得這種隱私卻在牆面另一側，一直有個女人在旁靜待著什麼事要發生？這不安確實帶來不自在與　。奇怪？隔壁女　都未傳來如往常自然撒尿等聲音。隔壁女性，好像豎起一對耳朵，仔細靜聽男　所內細微動靜？

這不打緊，隱私最被　莫過於，每當大便「啪！啪！」入池聲響起，隔壁女　神秘女子故意又　速又大聲、粗枝大葉地張揚開門，走人。這種　，有點像每天夜裡年輕夫妻隱密做愛，每當男女達到高潮後釋放出微聲之際，隔牆有耳。隔壁馬上有人故意弄出聲響且拂袖離去。示意？示威？

對阿土而言，這已經變成一種　擾和憤怒！

「爲何她這麼精準地尾隨我每次來大便？」

「她是哪一位心理變態女子？」

隔日，爲了證實，他不動聲色、按部就班打開研究室大門走向　所。這次，走到大會議室門口，放輕腳步像隻貓，然後閃入室內，藏身牆沿，守株待兔，準備抓賊般。腳步聲愈來愈近，走到洞開後門光亮處，阿土再側身一瞄：「果然不出所料，就是大頭！有病！」

爲何她把時間抓得如此精準？左思右想，終於恍然大悟。原來是鑰匙串惹禍。阿土鑰匙環上串有宿舍房門、學人新村大鐵門、村子後門，以及打開校園裡研究室門上兩道鎖等多把鑰匙。每天，來到研究室，阿土會用整串鑰匙環，撞擊叮噹作響地打開木門上一道　鎖和一道旋轉鎖。僅在走廊同側隔壁的隔壁研究室內，大頭聽得一清二楚。

算後，次日早晨，教學大樓電梯門開後，阿土放輕腳步像是在做賊。右手抓住其他不需要的數把鑰匙，再輔以左手，兩手緩慢一點一滴、儘量不作聲地完成打開研究室門的兩道手續。一向習　花腔歌劇般或打擊樂器般雙耳，一下子對這種低分貝如默劇的轉變，大頭沒有及時反應過來。喝完茶，出門上洗手間如　，也是躡手躡腳前往。一、兩次奏效。阿土微喜！

大頭，六十多歲，平日一派傻大姊模樣，其實她可靈巧如蛇、耳聰目明到不行，阿土可見識到：「這個老女人可鬼靈精怪得很！」阿土心想連這麼細微鋪陳，沒幾天就被她識破！不得不佩服她，一旦耳朵轉動，極端靈敏內耳，猶如一隻具備某種特殊才能的貓。

因爲，　所，一片安心、安靜裡，忽然間，怎麼聽到平底鞋一步步小心起步、落腳。沈重慢動作「　」然後「　」緩緩接觸或抽離地面，有如象腳著地聲。阿土微驚！大頭像是在緊閉研究室內，隨時埋伏，花上長時間豎起雙耳耐心地等待鄰居動靜？

隔天，阿土想出一個對策。他開門關門聲刻意微揚，讓對方聽到。如常，閃進男　內，但不走進茅房　所，卻站立　開門前。沒多久，象腳慢步一個個「　」、「　」聲掩藏不住地照舊響起。算準時機和距離，阿土故意用手正常關　所門的聲音傳出去，其實人仍站在門外等候。此刻，只聽到隔壁女　的大頭走進　所關門動作聲響。這時，阿土輕步無聲地溜走，演出空城計。「妳慢慢等吧！」阿土一　怨氣般。

忍耐很久。阿土終於忍不住向系上一位常聊天男老師透露，大頭偷偷跟蹤男人大便，聽者笑到不行。當晚返家，男老師告訴老婆這樁奇聞，夫妻倆直嘆不可思議。

　沒幾天，系上開始作業填寫下學期要授課的課名、人數及教室地點。多年來，教室地點阿土都會指定四樓四〇二教室。主要是因爲其空間大小是一般大教室橫切一半，塞進四、五十位學生剛好。只盼圖個近距離師生互動熱絡些，上起課來有點生氣，又可掌握學生聽課情況。阿土總覺得大教室超寬空間，使師生之間距離無形加大，有時教師得使用麥克風傳聲，這種教與學環境益顯冰冷，故極少使用一般大教室。

　常態而言，學期中，系裡秘書　集好專任、兼任老師們第一次填寫下學期選課時刻表資料。送系教評會審議後，再將時刻表寄給老師們參考，是否同一時段開課數量過多或過少，教師要作任何調整否?作最後一次確認後，更新版會再寄給老師們存檔。這時就會提交給學校來製作新學期正式教學時刻表。

　阿土這一次，不知受著何種奇妙力量牽引，隨意看了一下全系老師們初版教室地點安排。不看還好，一看，震驚不已!大頭有一節課安排在阿土教室對門四〇一的大教室!又是一股莫名憤怒襲上:「這些年來，她不是都把教室排在一樓階梯式大教室一〇三或一〇四教課嗎?跟　蟲!」

　二話不說，拿起電話打給系上行政助理，不動聲色輕描淡寫地表示關掉這門課。下次會把教學時數補上去。阿土自以爲神不知鬼不覺地擺了她一道。

　誰知?隔了兩天，阿土去系辦公室影印一些講義。系主任一看到他，好像看到久盼竟入的獵物一樣，睜眼張嘴打了聲招呼說：「你來！」阿土尾隨主任進了她辦公室。

開門見山迫不及待：「　！你和大頭怎麼樣了？」

「沒怎麼樣啊？幹嘛？」阿土一直爲大頭保留顏面至今，不願揭露任何細節。

主任說出：「昨天，大頭氣呼呼衝進系辦。一手拿著更新版學生選課時刻表，一手氣憤吼叫地指點爲何你星期二的課不見了？」主任還說大頭質疑：「他怎麼可以少教課？我要去告他！」

主任回答她，老師有權利分配上、下學期排課時數，只要整年度教學時數加起來符合教育部規定即可。如此持平據實答覆，對大頭而言，猶如火上加油！音量突然增強　說主任爲什麼幫他說話。主任雖然覺得莫名其妙，不過忍了下來，平心靜氣表示這是任何老師的權力。站不住腳無理取鬧，但又不願顯出理虧，氣勢即擺出來，怎麼好縮回去？於是，大頭轉身用大腳猛力狠　勁　門好幾腳，留下一個窟　大洞，憤然離去。主任見狀，不好說什麼，趕緊吩咐助理小姐打電話給廠商來換個新門，以維護系辦公室保全。

一聽完，事態發展如此，阿土只有如實全盤拖出。但一開始，他什麼都不先說，只叫主任去助理那兒拿出第一版本和第二版本下學期排課表。接下來，阿土指給她看自己下學期星期二的課抽掉了。另外指著課表說，大頭刻意排課在教室四〇一，而不是她一直以來大都排在一樓大教室上課。爲了證實，阿土請主任從助理架上拿取這兩年來所有學期時刻表，白紙黑字寫著每學期大頭選擇教室，都安排在一樓不假事實。

「這就是她火大的原因！因爲她發現到我儘量閃躲她！她這次把上課教室故意排在和我同時段，而且就在我的教室正對面。妳知道，這麼多年來，我所有授課教室都會排在四〇二的。」阿土說完，接著抖出早上如　時被跟蹤滑　趣事。

「你這麼一講，我倒想起來了！的確，她多年來一直會去上另外一邊西邊的女　所，我們兩個女生常常在　所內相遇、打招呼什麼的。還有，這整件事，如果你剛才不挑明地講出來，我都不太相信她跟隨你去　所。沒有人會相信！今天，你說了，我才相信。」主任接著說：「不過你放心！那天她　門氣呼呼臨走前拋下一句『我再也不管這個男人了！』所以，你可以安心了。」

「妳不瞭解她。她還是會的！等著瞧吧！」阿土堅定地說。

幾天後，星期六上午，返回研究室想批改學生作業。學校爲了保全，走廊兩側大門都關上。教職員得用服務證　卡片在感應器上晃一下，大門的鎖就會自動地被打開。整層樓看似　然無人。喝了杯熱茶，阿土想去上　所。一開門，瞬間，難免懷疑大頭在不在研究室內？她又會不會不住聲地跟隨在後？日前，雖然系主任十足把握地叫人寬心大話言猶在耳，可相信？還是自己多年觀察所得經驗法則無誤？不知爲何，直覺上，總是不放心。尤其在這週末靜寂廊道上、緊鄰男女　所間內、和寂然空氣中，意　，像是無形張牙舞爪似乎更漫散開來，鋪天蓋地以逞　至極！走出辦公室房門二十三步，是右側牆面末端死道。然而，往左微轉彎，直行下去，走它十七步之遙左邊，是包括有公共閱報區和三間研究小間所形成「教授休息室」，右邊是「大會議室」。再走個十步，左邊是「兼任教授休息室」。再兩步，右轉，就是女　，然後接著才是同側的男　。如果，不去洗手間，直接從「兼任教授休息室」門口直走七步就是窗邊，窗外下面就是數丈遠地面。

當阿土邁了二十三步來到右側牆面末端，沒有前行朝男　所路線，反而是身子往左跨一步，坐在靠牆　型沙發上，靜待任何動靜？

「有了！有了！她來了！」阿土感應到細微開門及帶上門刻意輕緩聲。接著，耳後，走廊一端又傳來躡手躡腳地提步「　」聲，再偷偷摸摸落腳「　」一聲，又小心翼翼踏腳「　」，——　——……

大頭慢步，直視前方，專心一意奔向意　角落，眼角餘光反而遲　下來。因爲，她錯過並未察覺到，正端坐左邊牆面末端、旋即左側下方沙發長椅上的阿土。於是，阿土眼前，有如一台移動式起重機或一隻河馬在太空中漫步。目睹醒目體型，竟然不成比例像一隻看到獵物野山貓，眼睛專注獵物方向，小心翼翼，安靜無聲潛行。由於體重，因此腳掌摩擦地面時，仍無法避免——　——……聲響。看著碩大女人身影，阿土默想，看在局外人眼裡，可能挺逗趣，但他可是緊張中倍增無　。

接著，七月初是大學指考，阿土得去一所高中考場協助監考。

擔心要是早晨晚起誤了大事，那還得了？導致整晚睡不安寧，一下子近憂，鬧鐘電池夠不夠？要不然就是遠慮，電子鬧鐘如果停電？折騰到凌晨三點多仍無法入睡。這下子，更緊張！索性不睡了，起床，摸黑從教師宿舍村子走回校園。盼準時赴中正堂前搭乘大學交通車，隨同其他試務人員一起赴高中考場。

用鑰匙環開門，進了研究室。看了一眼牆壁上掛鐘，時間是清晨四點。心想，就算大頭在她研究室內睡覺，理應不可能刻意起身，大玩跟蹤遊戲。不過，心頭上還是覺得不放心。所以，喝了熱茶後，稍微起了便意時，悄悄出房門。這次，不去系辦公室樓層東西兩側公　，反而按了電梯按鈕，下了兩層樓，走向該樓公　。

「這下子可安全了吧！」

仍是黑漆漆的天與地。

　所不到一分鐘，驚訝諦聽到隔壁女　所有人進去並傳來扣門聲。

「是誰？」不解，四樓哪有女人在這個時候現身？剛才整棟四樓不還是黑洞洞嗎？難道是大頭尾隨？她確實曾經有提過年紀大了，有時候凌晨兩三點在研究室內起床，不是上網就是看電視。

「我看還是趕緊穿上褲子離開嗎？」但是便意已蓄勢待發，「還是上完　所吧！」於是，不多時功夫，大便就批哩啪啦地入便池。無法控制如　聲響，確實　。

旋即，叫人無法忍受　重演。因爲，才剛大完便，就立即聽到隔壁女　傳來　毫不掩飾開門聲和大　拖鞋行走離去聲。對方擺明就是要告訴阿土：「我來過了！」女人進出　所不到一分鐘，也沒有聽到女性撒尿聲響。

阿土無　：「大頭！是她！這就是她可笑行徑。已經是什麼年紀了？六十好幾了，還……」

後來，星期五，由於要交一份教學報告給教育部，於是央請工讀生幫忙文字建檔繁重工作。那一天，研究室內師生兩人從黃昏一直忙到晚間九點。當打字工作告一段落，工讀生準備離去，阿土也打算在稍後離開辦公室返家。開了門，依照往常，阿土在門口送走了工讀生。接著，阿土背著書包也離開了研究室，由於想小解，所以在燈火光亮走廊上走向公　。進了　所，小解完畢。一出　所，整棟樓一片漆黑，連　所外小廊道幾秒鐘前還燈亮，竟然也都被人用開關全部關燈。

阿土走進伸手不見五指黑暗裡，完全看不到任何開關位置。於是摸索中，靠著長期累積下來的方向感，加緊腳步，朝向側門方向逃離，逃離有理說不清麻煩老女人，才是守身之道。一直告訴自己不是怕事，而是忍　，爲了脫身，爲了清靜，可不想太平生活中節外生枝。三步併兩步時，背後傳來刻意地大聲呼氣　氣聲音，一聲接一聲，　地噴　出來。阿土知道此時此刻，沒有人會在樓層，只有住在研究室內多年的大頭。

相約吃晚飯

期末，阿土和一位好久不見、轉到他校任教好一段年歲的女教授相約吃晚飯。閒聊中，她順道一提，大頭偶爾會電話聯絡找她聊天。

出於好奇，阿土趁機探問她對大頭近況瞭解？

「還不是一樣。很 horny 吧！談的都是男女這檔事，這是你知道的。」接著：

「前天晚上，她才打電話給我，叫我要小心結婚多年的　明，因爲他可能會叫我拿錢出來搞投資！她叫我千萬不要答應。」

阿土：「好久沒聽到　明了！他仍和大頭有聯繫？」

阿土接著又說：「憑良心講，她這是一番好意，希望妳不要被　，錢丟進水裡。不過，她是不是有投資下去，結果落得錢財上有去無返，才趕緊警告妳？」

「我猜她有！因爲，我有問過她。她只是在話筒上默然不語，不作任何否認。一般人，如果沒有，大都會立即澄清表態的。」

深夜

在校因事　擱，所以阿土搭上最後一班客運夜車去表弟家度週末。到達台北轉運站，下車，出了客運大廈，這時，已是子夜時分。走在台北火車站西側門附近，正朝著新光大樓方向要叫輛計程車。驚見一熟悉身影，只見她抬頭直視前方，按著一定速度步伐行進著。

暗叫：「這麼晚了！大頭一個女子怎麼獨自在深夜人稀台北街道行走？」眼看愈走愈近，但是，還是不想碰頭，所以阿土即刻左轉，鑽進火車站大廳內。暗想：

「她應該有看到我！不過，她眼光直視且　行，不急不緩。實在難以從她無動面部表情，看出任何思緒波動。多年來，她一直是如此，絕不　婦　街！旁人無法想像，不少人，尤其是男人，在她看似優雅言行裡，只要被設定爲目標，都給她整得死無葬身之地，毫不留情！算她狠！我可是怕死她了！能閃就閃，千萬別不信邪！」

沒幾天，阿土從研究室走出來準備上洗手間。剛要走近大會議室門口，大頭恰巧走出大會議室大門，張大口　笑兩聲，臨去，且拋下一句給仍留在會議室未露面老師聽：「哈！　！我的錢都花在男人身上！」

一直以來

大頭退休前最後一個學期，意謂著即將年滿六十五歲。偷閒，圓圓去學校活動中心地下一樓美容院想洗頭。兩位女店員咯咯地笑說，大頭最近常到店裡串門子和唱歌給她們聽。

認識大頭多年的女教師圓圓疑惑：「來洗頭？」

「沒有！應該說她特地來和我們聊天！」她們像是被逗得更發笑不已，重述大頭對她們說過：「我雖然已經六十幾歲了，可是我皮膚還是很光滑！沒什麼皺紋！」再逗趣接腔：「她還唱歌劇給我們聽　！」

系辦公室門口，阿土和系主任不期而遇。

阿土得知大頭要提前一個學期退休，二月一日也，而非原先六十五歲屆齡退休日期，即暑期八月一日。聽聞大頭最近在網路上認識了一位人在美國加州男網友，男方迫不及待希望她能早一點退休去加州和他相會。根據大頭說法，該君是位年紀和她相當、開一間高科技公司、事業有成之士。一次系務會議中，有人當眾戲言，大頭要退休去美國當老闆娘了。

阿土預測：「休是會退，但是她一定會回來台灣繼續兼課。」

系主任不解？

阿土：「不見到本人，以她年齡來說，聲音　年輕又甜美。光靠聲音，男人對她多少會有些幻想。但是雙方一碰面，男人一定會離她而去！」

系主任存疑。

阿土繼續：「另外，她是一個不甘寂寞的人。她和老程在法院恐嚇案件未結，不可能甘休。她不會錯失這種讓她存在的意義！」

果然，如阿土所料，寒假後新學期，大家又見大頭以退休教師身份在系裡兼課。這說明了「老闆娘」夢想，可想而知，肯定幻滅了！

開學一個月後，春假期間，據聞法院裁定所謂「老程對大頭恐嚇」一案不成立。這一則消息傳至耳朵，阿土這次十分篤定地對系主任表示，大頭此後不會再兼課了。因爲告人告上法院一事卻讓老程全身而退，發展至此，大頭留在校園兼課就沒什麼趣味和興致了！因爲，阿勇退休了，老大被解　了，三劍客只剩下她自己孤單一人，頓失生活重心。再加上，老程官司沒戲唱了，生活重心全失，了無生活中律動樂趣可言。

漫長暑期過後，秋季班開學，系主任還真就再也沒看到大頭回來兼課或逗留了。

系主任有天帶著慶幸眼神看著阿土說：「還好，你後來對她採取斷然拒絕來往。現在看起來，當時決定和觀察好像沒錯。要不然，把人告到法院去，不是老程，說不定是你　？」

阿土有天在圖書館前，巧遇認識多年但久未見面電機資訊學院副院長。和大頭一樣，是基督徒的他，順道向阿土詢問大頭近況？阿土微　，因爲他們兩人是如此不搭　？這讓阿土默思：多年下來，不論系內系外男女教師們，似乎都對大頭存著容忍，不敢惹她。「何以至此？」再細想，阿土好像整理出一個頭緒，那就是，旁人曾經告訴過他，剛好大頭也看清且體悟到：「人嘛，只要心一橫，其實大學男女教師們大都是色厲內　的書呆子。內心軟弱，面對一位　子，大都膽小怕事。」

身爲大頭多年老同事、新上任院長惋惜地對系主任說起大頭：「一直以來，以她聰慧天資，沒有好好在研究、教學上發揮，實在有點可惜了！」

獵物

強大寒流帶來雲層。北台灣白天約十度低溫，叫人直打　。窩在研究室裡，門窗緊閉。阿土點燃了銅板大圓盤蠟燭，　黃燭光，如北方火盆般多少溫潤了一室寒意。

批改學生作業一半，阿土伸手拿起鈴聲乍響電話聽筒。對方劈頭：

「　！我剛剛開車在大馬路上，看到『移動的山』在路邊一個人走路。天冷，她再穿上毛茸茸蓬鬆大披肩，整個人更是醒目！」

冷不防地乍聽之下，雙方不需解釋，就心領神會。

一隻個頭龐大的　魚，幽游地潛行。和它四眼相對，認清者，看到的是一身偽裝優雅，因爲骨子　，其實，是一隻不厭地尋找雄性獵物的掠食者。

午夜沙拉

「下流人真是虛空，上流人也是虛假。放在天平　就必浮起，他們一共比空氣還輕。」

——詩篇

「……我是耶魯大學藝術系畢業生。我有藝術家追求真相勇敢精神！真就是美（truth is beauty）。真相讓人自由！」克里斯說。

北美，兩個城市。雙城記。

一個是美國路易斯安那州的城市 Baton Rouge，在那兒，安迪曾住滿四年多，學會過自己日子方式。

一個是今年初夏，安迪在美國以台灣公民身分，申請技術移民來到了加拿大西岸城市，一個依山濱海新興都會——溫哥華。

人生如此遷徙，從美國到加拿大，會是一個全新開始？安迪誠心期盼著這將是一段重生旅程。

帶著一股新鮮感與好奇心，安迪嘗試著去了解這座新居城市。溫哥華城鄉發展歷史，可追溯至一八八六年，或者可拉到更久遠如兩百多年以前。西班牙人和英國人爲了利　，開始垂涎且踏足於這塊富饒海岸土地——當時，是麋鹿、豪豬與野狼經常出沒天地一片。

城鎮戲劇性風貌，全拜居於其間熙　終日的人們，他們個別奇異人生故事所編　串成。

好的人生故事比較值錢？抑或每一則飽經風霜力求存活的心情故事，仍莊嚴依舊？

人生的價值，不在數字堆砌，而在故事。數字不如故事。

確實，普通人日常生活史，難道不是與社會大眾各階層之歷史意識相吻合？換句話說，所有人都具有歷史價值，都可以作爲歷史研究的核心對象。

一個城市沒有歷史，就沒有未來。

歷史中每個故事，總有落幕一天。

偶聽人言，人生微不足道？一則屬於二十一世紀拼圖一角浮生掠影，情歸何處這則故事，誰寫？

赤裸的書寫，孤獨的書寫。

人在天涯

八月，序幕一掀起，溫哥華市區忙不迭地迎來一個繁華喧鬧週末。整個城市忙著歡慶詩省　年華（Celebrate BC），不但有大型演藝活動及展覽會，更有陽光下同志大遊行，以及月光下光明煙火節所帶來熱鬧和　。

依往年，今年預　約有五十萬民衆會匯集到溫哥華街頭和沙灘上，盡情享受繽紛盛夏週末。

這一天，星期五。

來自臺灣的安迪難掩興奮心情，正期待著日前因在交友網站上認識、並即將遠從美國西雅圖開車，越過邊境來此老美洋人克里斯，兩人能盡快相聚。

藉由手機相互聯繫尋覓，幾經波折，雙方終於在夜色下人車沸騰鬧區中 **Howard Johnson** 旅館前見面了。第一眼對克里斯印象，安迪有點大失所望，因爲對方長相實在有夠平凡。

「要是平常在夜晚酒吧夜店相遇，我絕對不會和他搭訕，更別提會帶他出場或回家！」他在內心自言自語著。

不過，旋即遐想到，和自己三十六歲大致同齡克里斯，可在當天晚上，兩人同床纏綿情景，安迪還是變得興致高昂起來。心中暗中算計像是　氣：「今晚，就算他不摸我，我也要摸他！因爲老子不做這檔子事好一陣子了！這下，可要好好玩個夠！」

未料，克里斯透露搭他便車同來溫哥華年約五十歲的　迪，爲了省錢，兩個老美得同住旅館一間房。還好，克里斯緊忙爲安迪釋懷道：

「我馬上用手機和　迪連絡，告訴他，你今晚會和我們同住一間，到時候你和我同睡在一張床就得了！」

接著：

「這一次週末停留在溫哥華所有旅館費用，都是　迪出錢。我只負責開車及付汽油錢。

平常，他在西雅圖有事情，都會電話通知我，我就會四處載他來去。所以，這一次，他付旅館夜宿費，我也覺得心安沒啥負擔。」

果真，手機很快地就連絡到 迪，於是，晚上住宿安排，總算搞定。安迪和克里斯像吃了定心 似地輕鬆起來，心想這下子總算可以玩樂了。

經由克里斯口中，安迪這才知道，曾在日本教過英文的老美 迪，前來溫哥華途中，還重其事地告訴克里斯：

「我今天一定要有一個性愛。我要到同志書店裡逛逛，好 獵今晚慾望獵物！」

根據這些年來對 迪的了解，克里斯笑了笑說：「基本上， 迪是個有決心的人。只要他立意堅定去做一件事，終將都會實現自己想法！」

一彎明月如一葉扁舟，人在天涯。

鑽石

走進同志酒吧裡，耳際傳來DJ正播放著美國女歌手雪兒（Cher）用她特殊低沉 音，唱著輕快節奏歌曲Believe。酒吧一角舞池上，正上演著一位身材看似虎背熊腰、男扮女裝又濃豔抹 首弄姿、且對嘴誇張賣力地唱著雪兒冠軍歌曲表演者。不久後，是另一位男扮女裝演出者來一段脫口 。

來到吧台，準備先點杯飲料。以地頭蛇身分，安迪請克里斯喝啤酒，一杯兩塊五加幣。

安迪手持著大肚啤酒玻璃杯，毫不顧及遠客感受，以半開玩笑口吻告訴克里斯，他要先自行在場內繞一圈。半似玩笑、半似認真地說，目的是看看今夜能否遇到帥氣速食男伴，以及給別人接近自己一線機會。另一方面，安迪也想藉機瞧瞧今晚群聚在酒吧裡男人是些怎麼樣貨色。結果，毫無　獲。

安迪再次走回到克里斯身邊。此刻，他們倆不約而同親睹一位體壯男人，正和另一位身材　長男子親切搭訕。沒多久，那一對被目睹彼此交談甚歡陌生男子，起身相　離去。安迪望著他們背影，　人憂天地對克里斯說：

「你看，這兩個人！尤其是那個孔武有力　伙，這種男人大都偏愛　交。今晚，他一定會把男伴搞得半死！」

安迪和克里斯接著相約走進酒吧內另一間、僅一門之隔小天地裡：有吧台、咖啡桌椅、高腳椅、撞球台，及一個方寸大小預留爲跳脫衣舞男表演之用的超迷你舞台。

夜晚十點半，一位細皮嫩肉年輕白人Go Go Boy跳脫衣舞男子，先走到小天地裡迷你吧一角，靜靜地放置一台大型錄音機。他微屈身子，且安置好即將播放音樂卡帶。一待節奏音符流　之際，舞者開始以挑逗眼神、扭擺身軀，隨著一首首有快節奏和慢節奏穿插歌曲音樂，衣服越脫越少，終至一絲不掛。卻見舞者　頭上鑲了一小顆閃閃如鑽石貼身物，隨著舞曲上下左右閃爍。觀眾以男性爲主，當中，也有少數異性伴　相　飲酒觀賞。

酒吧內空氣不是那麼清爽，燈光幽暗，整個擁擠空間內瀰漫著一種塵煙味，這種味道沾附在每個人衣服上、鼻腔間。

表演完畢，看了看手　都快十一點了。興致高昂老美克里斯建議去另一間更有名氣酒吧，好趕場喝酒尋歡。

旅店的床單

從西雅圖開車來溫哥華老美克里斯，平凡外表，「長得不帥」是安迪對克里斯第一印象。水相逢，克里斯又是何方神聖？深夜回到旅館，睡前隨興交談，才有個機會多認識他一些。

原來，大學在美國西岸一所學院唸藝術。畢業後，克里斯將一些創作做成幻燈片寄給東岸耶魯大學藝術研究所。結果　試通過，並用兩年時間完成碩士學位。克里斯最近才爲一本剛出版美國小說擔任繪圖、並設計封面重任，他的名字也被印了出來。這本小說，克里斯還興奮地從行李箱內翻找出來，得意地將它呈現在安迪眼前。

天南地北沒事窮聊，「最近真倒　！」來加拿大前，剛被一個日本餐館老闆炒　魚的克里斯，氣憤地對安迪抱怨：

「日本老闆把生意不好都怪在我這個侍者頭上。我不服氣，和他爭辯說，生意不好，是因爲老闆他自己經營不善，既不改善刻板菜單，又不讓中國大廚發揮創意翻新菜色，只准一天到晚牛肉炒青花　菜。另外，老闆捨不得花點錢　用一些年輕美貌女服務生，叫她們身穿日本和服打知名度，以招攬生意等等。因爲這麼一頂嘴，結果就被老闆解　啦！」

目前，克里斯住在父母家裡，平常就靠做些陶器及畫作給藝廊去展售，50/50 分帳。父母鼓勵這位極具藝術天份兒子能多做些作品出售，以期改善自己生活。

安迪和克里斯聊開後，彼此也增加了一些瞭解與自在。

安迪對克里斯說，他要去　個澡。

「下午我已經　過了！」克里斯回應著。

待安迪從浴室出來，赤身鑽進白色床單裡加入已躺在床上的克里斯。邊聊，兩人雙手忙不停地在對方全身上下、及敏感部位縱情地撫摸挑逗。

安迪一時驚嘆，因他發覺克里斯的陽具是個少見大草　形狀（**mushroom head**），心中直呼怪誕。如此模樣，他還是生平第一次碰到男子的那話兒是個這麼新鮮長相。

不知是否克里斯有潔　？因爲他竟然對安迪說：

「怕弄　旅店床單，我們去浴室好嗎？」

兩個裸體男人跳下床，一前一後走到浴室裡白色　地上。先是互相幫忙幾下使對方興奮起來，後來，安迪站著自己打起手槍。未射精前，會先流出分　液體精水，當滴下一兩小滴，克里斯竟然過分地趕忙用衛生紙　下身幫忙擦地，深怕弄　了　地面。

「爲何不好好在床上享受一番？等做愛完後再清理也不遲啊？這個人實在太怪誕！太沒情趣了！」安迪原先對克里斯難得昇起肉體慾望，頓時也跟著降低不少。

安迪自顧打完手槍，　精後，看著克里斯單手還正在他自己下體之間忙著，馬上有氣沒力勉強地帶著一種安撫口吻對克里斯說：

「沒關係！別忙了！我們去睡吧！」

因爲，從安迪過去經驗，有些西方男人在　精方面，要比東方人稍微持久，另一方面，又那話兒長度也較東方人長些。比方說，年前，人在美國南方，當時自己和同居多年老美凱瑞相較，勃起時長度，安迪的不到六英　，而凱瑞竟有八英　之長。　精方面，凱瑞較耐久，而安迪是屬於較快早　的一族。

美國國家詩人

第二天，星期六。起床後，在旅館對角一家咖啡店，安迪請克里斯吃早餐，一杯熱咖啡及一個藍莓瑪芬鬆糕，以聊表回　昨晚免費睡在旅館房間。

早餐後，兩人閒步在繁華摩登溫哥華市區逛街觀光。

搭乘大眾公共運輸系統高架列車 **sky train** 兩站後，兩人下車走向中國城方向，都屬意去嚐嚐中式午餐。

邊走邊聊：「同性戀？更正確的說法是，我是雙性戀者。」安迪對一旁克里斯說。未詳細抒發的是，那時候，從台灣申請插班到美國大學部留學，於中西部大學校園裡選修過一門美國文學。課堂裡，驚訝被尊爲美國國家詩人（**national bard**）十九世紀大文豪惠特曼（**Walt Whitman**），其詩風之大膽自由。「惠特曼是雙性戀者？」當安迪讀到「草葉集」詩句：「我是女人的詩人，也是男人的詩人。我是肉體的詩人，也是靈魂的詩人」。

惠特曼歌頌肉體，頭、頸、髮、嘴、鼻、肩膀、　部；陽剛外在的鬍子、　、陰莖；陰柔的子宮、乳房、乳頭。這些肉體詩歌，也是屬於靈魂詩歌。尤其，閱讀到「我們兩個男孩緊緊相繫在一起（We two boys together clinging）」，啊！隨身佩帶武器，兩人難分捨，誰也離不開誰。兩男無所忌諱，一塊兒吃喝玩樂、共枕同眠、熱戀著。完全不拘泥於律法，除了自我約束。拂身而過輕柔酥　的風兒，有如「陽具摩擦觸摸我，一定是你！」安迪讀惠特曼詩句，有時候，感覺自己好像在閱讀古典小說金瓶梅一樣。不過，惠特曼先見之明似的，在「自我之歌 Song of Myself」一詩裡寫著：我，自我矛盾嗎？很好，那麼就算我自相矛盾，那是因爲，我是既廣且大，我包羅萬象。後人解讀惠特曼是位對性愛著迷的人、具天真無邪人格、偉大民主主義者、言必稱「我」且念念不忘自我主義者；歌頌平民百姓，卻也崇拜社會英雄人物。這位美國詩人是位社會主義者、共產主義者，是一位顛覆份子。他也是一位自命不凡者、沙文主義者。總結來說，他是象徵美國民主偉大詩人。對安迪而言，猜測惠特曼是雙性戀者，這好像會讓自己覺得泰然些！

兩人越聊越開起來，一點也不像剛認識陌生人！是否身爲同志特殊身分，就讓彼此有種一見如故之感？是那份因爲互相了解包容，而滋生相惜之情？進而相互　開各自成長之路？

安迪說他有一個哥哥和一個妹妹，他們兩人均各自結婚成家之外，還有一個弟弟。家中，只剩下小弟和安迪尚未結婚。

安迪的父親，在台灣台南鄉下原是水泥匠，父親家中四兄弟一度合夥經營辦公室鐵製家具，包括書桌、保險箱。

祖父留下祖產田地，父親拿去建一棟棟公寓出售， 進大把大把 票，自不在話下。所以，這就是爲什麼，家裡後來有經濟能力送安迪出國唸大學。

多年前，安迪由台灣二專畢業，當了兩年兵。工作一年後，約在二十五、六歲，申請到美國中西部堪薩斯州一所大學插班，從大三唸起。大學畢業後，繼續留在該校，利用兩年時間，修畢企管碩士班資訊系統管理組（**Management of Information System**）研究所課程。簡而言之，安迪現在專長應是屬於熱門之一的**IT**（**Information Technology**）資訊科技。

既然是雙性戀，來自美國的克里斯難免好奇地問安迪，以前交過女朋友經驗？

「以前在台灣讀高中，我曾追過一位女生，但失敗了。後來，留學美國初期，我也有兩段追女生嘗試，但依舊是無疾而終。」

「當時，你和那些女子上過床嗎？」克里斯想進一步追問詳細情節。

「少開玩笑！不可能。高中，年紀尙輕而且膽小。至於來到美國的初期，正是我剛走進教會沒多久！」

安迪繼續：

「我身高一六四公分。在交友欄或網路上徵友，東方女性大都要求男子最起碼要一七〇以上，你知道嗎？」

走在緬因大街（Main Street），兩人一個轉彎，來到一家中餐店。星期六午餐時間食堂擠滿了東西方臉孔食客。安迪點了在國外難得吃到中菜如炒豬肚、炸小鮮魚，外加一道西方人常吃如青花　菜，一共四塊半加幣，不用加稅，可謂物美價廉。一待各自付完餐費，拿了一盤食物，又逕自去拿了一杯免費熱茶。兩人端著餐盤在擁擠吵雜食堂內，左右環顧找空位。不一會兒，看到一張可容下四人桌子，不過當時已有另外兩人正在用餐。彼此交換了眼神示意後，安迪和克里斯就一起在僅剩兩張空位那張餐桌，坐下用餐。

兩人坐定，於是一個台灣男子和一個美國男子在加拿大中國城並肩吃將起來。在這人多聲喧、杯盤四飛場所，每人只專心吃喝，沒有交換任何言語。安迪不禁有趣地意識到，爲何未曾謀面來自不同文化背景兩個男子，卻放心地大談自身過往雲煙毫無遮攔？是否　異於一般世俗生活圈，同志圈和幫派圈兩者相似處，只要踏進，那一份被接納與直接感受到自在與了解，竟可讓人安心地在極短時間內　開心懷，暢所欲言？源自於那一份獨特同質性使然？

走出飯館，再走回緬因大街，這次沒有折返，反而是繼續朝向前方走去。沿途，有不少中國式雜貨　或手工藝品店，而這些商　，安迪之前也曾偶爾停留過，瀏覽那些再熟悉不過東方物品。

走到橫向的亞歷山大街，這才意外地發現馬路導引他們來到了一座單行陸橋，橋下是鐵軌和馬路。兩人走上陸橋沒幾步再左彎下坡，迎面而來寬廣濱海綠地公園。過沒多久，克里斯雀躍地脫下涼鞋，跑在大片沙灘卵石上，最終將雙腳站立浸泡海水中，歡呼狂叫。未料，忽見巨大岩石下，一位黑人壯漢獨自　地痛哭。此景，突兀對比下，即刻使得克里斯收　起自己一兩分鐘前高昂情緒，抽腿走回沙灘，驟然靜默下來。

轉身，開始漫步行進間，克里斯指向前方一處樹　，不多時，兩人就在該樹　下席地而坐。晴朗少雲藍天下，吹著八月初輕柔海風，觀看大型貨輪或郵輪緩緩進出港口。藍天裡，三不五時有載滿觀光客小直升機飛翔其間，它悠然地從高空鳥瞰城市、山峰、海港美麗景致。它們忙碌地起降穿梭飛行，快樂地與海鳥同遊天際。

打從心眼兒裡，克里斯或許根本無意探人隱私或挖掘秘密。只是見面且剛認識安迪不久，不知如何打發漫漫午間時刻，於是隨意起個頭，期盼兩人對談能愈加　淡些彼此生疏感：

「你剛剛提到路易斯安那州 **Baton Rouge** 城市，你怎麼會想到從那兒來到加拿大？」

「當初，碩士學位拿到後，我就從美國中西部堪薩斯州一所州立大學城來到南部路易斯安那州，是因爲凱瑞這個白人男子。而今天，我之所以會再隻身從 **Baton Rouge** 決定移民到溫哥華來，也是因爲凱瑞這個男子。」

雙方即刻推展開來如行雲流水般問與答，只盼不致有冷場之　。兩人繼續向前行走，未語片刻。這時，剛從美國移民加拿大的安迪靜思自身既是北美移民、又是同性戀者雙重身分，可算是處境艱難。在美國，移民和同性戀，似乎成爲最後兩個至今仍在爲基本民權而奮鬥的群體。莫非，反對同性戀群體和反對移民都是　視的最後殘餘？

注視著前方海天、錯落在對面山腰聚落山城，安迪逕自繼續說道：

「來溫哥華之前，我在 Baton Rouge 工作並與凱瑞同居了四年半。話說，當初，我和凱瑞會結識相遇，都是藉由網路交友所賜。那一年，我二十五、六歲，剛來美國上大學不久，而凱瑞那時也才三十一、二歲。會面之前，兩人彼此在網路上已交換了相片。網路郵件往返幾個月後，趁著學校一個長假，我飛去路易斯安那州，準備和凱瑞初次見面。」

「凱瑞沒有因爲你是東方人而猶　和你交往，他照樣接納你是東方人這個事實嗎？你不要誤會，我的意思是，我自己雖然是白人，也滿喜歡和東方男人在一起。但不　說，我一些美國白人同志朋友，他們雖然被一般人貼上同性戀標　被　視，但反　的是，他們卻秉持種族　視這種　糕行爲觀念！所以，我只是好奇問問，希望你不介意！」克里斯解釋道，又笑言：「人就是　視來　視去。比方說東方異性戀者搞不好　視西方同性戀者，問題是，白人同性戀者還更嚴重　視東方人，管你東方人是同性戀還是異性戀。」

安迪了解克里斯心中問題後，說：

「凱瑞不會。我想原因之一是，他曾經和一位墨西哥男子成爲愛人多時，所以他能接受亞洲男子。當然，那個墨西哥男子終究還是回到墨西哥去了！」

安迪繼續回憶往事：

「第一次一個人飛到路易斯安那州那天，凱瑞來機場接我，然後開車去他當時租的公寓。那時候，他正和一對男同志情　住在一起，凱瑞自己擁有一間私人房間。」

「當晚，你就和凱瑞做愛了嗎？」

「當然！這還要問！哇！我們兩個人真像是乾柴烈火，熱烈得很。我們還做了兩次哩！你知道嗎？凱瑞身高五　十　，比我高挺。雖然抽煙喝酒，但是長相斯文標緻，即使今天，他也已經四十一、二歲了，但看起來僅僅像三十歲出頭而已！身上沒有肥油　肉，一雙湛藍雙眼尤其迷人！」

安迪若有所思地忽然抬頭，看了看克里斯且露齒笑道：

「你剛才講到白人和有色人種交友，你可知道，我基本上，只和白人男子交往做愛。我不會跟膚色較深像是中東人、非洲人或甚至亞洲人亂搞在一起。雖然我自己是東方人，但是像是菲律賓、越南、泰國等等，噢no！盎格魯薩克遜人種的白人，對我個人來講，好像比較親近些。其中道理，我本人也說不出一個所以然來。哈　，我這個東方人算不算也是有種族視？」

言畢，兩人笑出聲來。當下，笑聲夾雜著頭頂上海鷗飛處一、兩聲鳴叫聲。

安迪又說道：「那一次，因爲是個長週末 long weekend，所以到達 Baton Rouge 的第二天，凱瑞開車載我去會見他父母。啓程之前，當時我還真有點緊張。」開車在高速公路行進中，「凱瑞提到當初他父親知道自己兒子是同性戀，非常震驚外，更是皺眉不解地面對愛兒問說：『你有和女人睡過覺嗎？』『沒有！』『沒有？那你怎麼知道你只愛男人，不愛女人？男女做愛，那是多麼一種享受……』停頓兩三秒，父親建議兒子：『你要不要先試一次和女人做愛，再做決定？』『Daddy！有些事情根本不需要去試，你就是知道！就好像你愛女人，不需要先和男人做愛看看，才知道是否你可能會喜歡男人，是吧？』」

克里斯瞬間問道：「我先打個岔，只是忽然有點好奇！之前，你不是說有試著交女朋友，後來，怎麼會跨進同性之愛？」

安迪回應：「那要回溯到我在美國中西部第一次去色情錄影帶店閒逛有關。當時，在店內，我剛巧想去上　所小解。出乎意料之外，　所區內，竟然在大庭廣眾之下，一位白人男子將勃起陽具塞進　所隔板中，那是一個被人挖成的小圓洞裡。而隔板另一頭，另有一位壯碩男子，用力前後吸吮著塞進他嘴裡男性生殖器，我當場看傻眼了！不但好奇不已，此情此景竟然使我泛紅著臉第一次血脈　張起來。就是從那個時候開始的吧！」

不過安迪馬上又解釋說：「我不是天生的，而是後生的。我還是可以 straight 異性戀。今天，我絕對不會鼓勵其他人因爲好奇而去嘗試同性戀，畢竟，過程中，身處不同文化裡所承受，不論道德上、或宗教上煎熬，有夠瞧！就我個人而言，它不是一條不歸路，我是可以抽身。雙性戀（bi）是在兩者之間（in-between）遊走，知道吧？」

「你還是沒講到，過去爲什麼會在 Baton Rouge 這個地方，一待就是四年半？」克里斯忽然想到面前台灣男子離題稍遠，尚未導入主題。

「碩士畢業後，自己專心埋頭在準備考證照 certificate 事上。當時，我得應付 Microsoft 微軟和 Novell 各考七科目標上。最終，都考過了。接著，決定收拾細軟，從堪薩斯州飛到路易斯安那州凱瑞所居住城市，嘗試在那兒找工作。幸運地，才沒幾個面談機會，就被錄用。

工作性質是隸屬於州政府的路易斯安那州立大學校園內資訊管理員一職，年　三萬八千美金。」

那年，高興之餘，當下，安迪和凱瑞兩人在 Baton Rouge 城租到了一間三房兩廳公寓。一間住著安迪、一間住著凱瑞，另外一間，則是凱瑞書房兼喝酒抽煙小天地。

住在一起，安迪發現凱瑞碩士專攻教育心理　商，畢業後找到社工工作，錢　得實在太少。安迪於是鼓勵愛人室友，嘗試轉向資訊科技（IT）領域發展。安迪積極地把過去準備考執照時，花錢註冊上課或補習時留下來講義教材，通通借給凱瑞去唸。心想凱瑞是美國人，資料書籍內容的英文是難不倒老美。如願地，凱瑞也通過一關一關考試拿到證照。沒多久，他也在一家私人公司擔任電腦方面工作，而年　竟然有四萬二，比安迪自己高出一些。想必正因如此，除了早先愛慾關係基　，再加上經歷過這一層生活上、工作上緊密互動，凱瑞對安迪也漸漸地培養出依賴感情。

一開始，分屬於東方和西方男同志兩人，一起同居、工作、生活著，步調穩定。

白天工作，晚上回家。週末，兩人會尋找折價　coupon，看哪一家餐廳自助餐或晚餐是買一送一，如此，兩人就會開車到那兒去享受餐食。

每隔一兩個禮拜，這對同志伴　更會作伴開車約二十五分鐘左右車程，到城市郊區去探望凱瑞雙親。兩老當然知道自己兒子和愛人之間親密關係，同時，心照不宣地也把來自台灣的安迪視為半子般相待。旁人都可以感覺出來，這對美國老夫婦對這東方半子，好像心存感激之情，因爲他們愛子因此有人照應，而且感情上才不會寂寞吧！爲人父母者哪還顧得了世俗眼光與論斷？凱瑞可是他們兩老心肝寶貝。不得不也罷！心甘情願也罷！就這樣完全無條件地接納兒子凱瑞性向選擇。

每次和老夫婦倆見面，安迪都會入境隨俗、行禮如儀地擁抱且拍拍凱瑞老母親。但是對凱瑞老父親，有趣發現，雙方僅是禮貌性地握手致意而已。凱瑞母親每逢七、八月　蟹、鮮蝦盛產季節，就會下廚烹煮海鮮。依稀記得人人用手抓著蟹蝦大吃一頓快樂又滿足景象，甚是痛快。至於處於非海鮮季節，家常料理部分，她就會烹調美味例如將大紅豆、香腸紅燒後灑在白飯上、還有沙拉、培根肉炒四季豆、濃汁鮮蝦、油炸新鮮海魚、及　各式各樣糕餅甜點等可口美食。這些家常菜，至今仍然令安迪難忘。對照於平常上班日，安迪中餐經常一成不變，不是在麥當勞就是在漢堡王，點食雞胸肉漢堡、沙拉一盤及可續杯健　可樂。另外，離店時，總會帶著續杯滿滿可樂回到辦公室。兩者相較，凱瑞母親下廚張羅家常菜對安迪來說，無疑是一頓人間美味了。

兩人有了工作後，每年，安迪和凱瑞都會於秋高氣爽日子裡，排出兩個星期年假。因爲，每年九月、十月秋季，凱瑞父母會邀請並款待愛子及半子，開車同往北卡羅來納州森林小木屋住上一個星期左右，只是爲了賞楓。過去四、五年來，年年如此。

「不過，」安迪想起另一件事「每當華人教會，那些熱心弟兄姊妹要來探訪，我都會提醒凱瑞迴避，待在外頭一陣子。畢竟，東方人總是保守、多疑些吧！」

克里斯當下卻忽然想問，那麼平常他們倆人在 Baton Rouge，可有一起作菜同桌吃飯閒話家常嗎？因爲從這個角度也是探詢兩人共同生活某種面相吧。

「週末假期不上班，除了去凱瑞父母家打牙祭，一般來說，留在家，凱瑞下午兩點多才吃午餐，我是不可能挨到那麼晚。至於晚飯，我習 煮中式菜 ，凱瑞有興趣，他吃就吃，而大部分他都會等著吃他自己做的 midnight salad 午夜沙拉。我對他老兄精心調製午夜沙拉根本沒興趣，因爲那時辰，也正是我準備上床睡覺了！那都幾點了啊！」安迪回覆著。

「後來，你離開 Baton Rouge 來到加拿大真正原因是什麼？」克里斯顯現出極有興趣模樣直接再追問。

安迪還是耐心地解釋著：

「它有不少理由，不過，工作是主要原因之一。我在做事約四、五年之後，曾經向所服務單位路易斯安那州立大學表明，要辦理移民身分。校方也答應了。按照移民局規定，顧主要刊登求才廣告一段日子後，如果前來應徵候選人在資格與經歷審核上，都不比我來得更適任，移民局才會批准移民申請。」

「誰知，登完廣告，確實有不少應徵者異常優 ，都非常符合工作內容要求。換言之，我的美國移民無法再順利推展下去。」

「另外就理性而言，迫使我想離開 Baton Rouge 更關鍵原因是，我畢竟和凱瑞所處情況不同。凱瑞有全家人支持，尤其是父母。而我在台灣雙親肯定無法接受自己兒子是同志之外，二老更無法忍受來自親友異樣眼光。可以想像，來自美國文化的凱瑞，終究不可能承擔像我，來自台灣家人所承受無形壓力。」

「至於就情感來說，我不可能放得太深。雖然凱瑞是個善良人，但是我想，我怎麼可能一輩子和一個美國男子成雙入對，卻置台灣家人親友不顧？沒錯，說白了，在感情方面我不可能回到凱瑞身邊了。我們兩人現在相處關係，似乎變得比一般友人多一點，更像親人那種感覺吧！」

安迪又憶起，過去同居歲月裡，凱瑞多半待在屋內日日喝悶酒。一喝酒，凱瑞整個人就變得呆呆遲　，而且整個生活會一團　。酒喝多了，怎麼可能想到性生活樂趣之類？講得更明白些，那時候，同在屋簷下兩個人，情慾來時，互問可否一起做愛？如果一方無意願，那就算了。其實，兩人產生性愛衝動機會變得越來越少。加上，這四、五年來，雙方都有不同生活圈。兩人大都僅停留在關係穩定、生活上互爲伴　而已，嚴格說起來，交集並不多。平常是各自上班，週末兩人就一起出去吃飯、看電影或拜訪凱瑞父母。總結來說，最重要一點應該是，安迪現在真正想過一下所謂「一般正常人」感情生活。

「那時候，你沒有想到在美國其他州試著再找工作嗎？」克里斯迷惑地問。

「地理上而言，只要在美國其他任何一州工作，心理上，我和凱瑞之間多少總會有一種瓜　未斷感覺。爲了擺脫凱瑞，過一種新生活，我想到了移民加拿大這一招，遠走高飛到另一個不同國度。唯有如此，我才可能叫我父母來北美洲玩玩或與我同住。要不然每天和凱瑞廝混在一起的話，那怎麼可能？」

當安迪決定要慢慢而不是斷然地離開凱瑞，爲的就是以免對方受到太大打擊。當時，爲了這樣規劃，安迪私底下先上網查詢加拿大移民資訊，又默默地花了一千兩百塊美金，委託遠在加拿大西岸一家移民公司幫忙申請移民事宜。因爲九一一恐　份子攻擊美國事件發生，連帶使得加拿大移民案件在安全　查上更趨嚴格。因此，前後費時一年半才拿到加拿大移民通知。待這一切事成之後，安迪才當面告知凱瑞。

「凱瑞聽到你要移民溫哥華，他的反應是什麼？」克里斯又好奇地問。

「凱瑞當場痛哭失聲。因爲我告訴凱瑞我要離開，去尋求另一種新生活，那就是男女異性戀生活。」安迪回答著。

「那一次，凱瑞表現出因爲你要離去而難過傷心唯一的一次嗎？」

「不只。記得有一天，來溫哥華之前仍住在 Baton Rouge，隨意地推開他的房門進去看看，才發覺他竟然坐在椅子上哭泣。來了加拿大，電話上，凱瑞也哭了不只一次。他說他好寂寞！」

「你們在 Baton Rouge 的時候，你有安慰他？」

「有。」

「如何安慰法，和他發生了 sex 性關係？」克里斯突發奇想問出。

「當然沒有，我只拍拍他肩膀，說了些安慰話。比如，我會說，就算到了加拿大，也會一直常常和他聯絡之類談話等等。」

「現在你真的有和他常聯絡嗎？」

「應該說是彼此雙方吧！不是單方面。不過，大多數他打手機來的機會是比較多。凱瑞父母待我如半子，由於和他一家人這幾年下來互動情誼，我不忍心一下子離棄凱瑞，而是想慢慢地擺脫和凱瑞之間糾纏。」

「那些年來，你和凱瑞住在一起，就你了解，你覺得他的寂寞可有其他原因？」

「其中一個原因，我想，是凱瑞年輕時，曾經和很多男同志友人交往過，而他們大多數都得到了 AIDS 愛滋病。不少人原先在凱瑞身邊出現過，後來也都先後過世了。而凱瑞自己，也算幸運，沒有染上任何性病。現在上了年紀四十出頭，不似以往那麼經常留連同志酒吧，追逐感官肉慾了！」

「當初你不怕凱瑞有性病或愛滋傳染嗎？」

「從小地方可以觀察出來，凱瑞是安全無　。我最初和他在一起，在這方面有和他確認過，還好當時他沒有說　。後來我們兩個人住在一起，他每天單純地上班、下班回家，不再去酒吧和人廝混！」

口哨

夏季，週日上午。沿著英吉利海灣附近，溫哥華街道，熱鬧上演著同性戀歡樂大遊行。

此次，第二十五屆同志自豪日活動，吸引了近十四萬人潮臨街觀賞。

克里斯站在安迪背後，一高一矮兩人在 Denman 街上看遊行，無不引頸在人頭鑽動擁擠群眾中，試著爭得一個清晰視野。

過了街，就是英吉利海灣。那一個早晨或午時，街旁及海灣沙灘每個角落，都擠滿了人。眼前，目不暇接正在行進眾多遊行隊　中，男女同志個個無不以光怪陸離裝束來吸引路人目光：有女同志坦胸露乳行走著、有些男同志幾乎渾身赤裸，僅從頭到腳　上一層銀色粉末。

還有聯邦、省府、市府三級政府官員代表，加上工會、體育組織以及身著黑袍教會牧師（United Church）都參與盛會。

分屬不同社會群體，讓每個人都有自由表達自己內心世界機會，成了這一次遊行所訴求主題之一。

遊走橫跨彩虹世界內與外，安迪置身在一波波口哨掌聲喧鬧中，不禁靜思著：「真正毀滅世界，不是被區劃爲彩虹子民或非彩虹子民的某一方，應該是兩者所共同擁有部分人性，那就是被衍生出來各式各樣、千奇百怪不同理由的仇　！」像是宗教信仰、社會地位、政治理念、族群、年齡、性別、體重等差異，造成人與人、群體與群體之間壁壘，所引燃莫名其妙　視和仇　。社會中人與人之間仇　和對立，甚至人類戰爭動亂，離不開種族、階級、宗教、權利和地方意識所挑起一條條敏感神經。

同志大遊行曲終人散。迎面，有一對男同志手牽手愛　身影，一老一小，年紀稍長者爲洋人，年輕臉孔爲亞洲人。安迪對身旁克里斯有感而發：「同性也好，異性伴　也好，兩者之間年齡差距，實在不是一個重要議題，而是兩個人在一起相互依存的感覺！」

兩、三分鐘後，他們倆人在路上又不期而遇擦身而過是一對年輕、狀似甜蜜異性戀戀人。男人爲個頭高、身體健碩、臉貌　洋人，女人是一位身高適中、長髮披肩、身材　好東方年輕女子。安迪一邊看著這對佳偶，一邊讚嘆著：「我真希望我自己是那位帥哥，身旁也有一位亞洲妙女　爲妻！」

隨後，眼前出現一家父母兒女結伴走過，安迪這時略顯不安地補上一句：「如果我是個，我會帶我的孩子們遠離且選擇住在一個沒有同志色彩的社區。我絕不會讓兒女們住在這麼一個充滿同性戀文化的社群裡。」

當人群漸漸散去，克里斯看了一下手　意猶未盡地建議：

「現在是中午十二點多，快下午一點鐘。要不要到麥當勞吃個漢堡喝杯可樂後，我們再去英吉利海灣沙灘那兒走走，看看海，看看人？」

「現在，麥當勞排隊人潮是可以想像到，我看，我們這下可要排很久隊　才吃得到漢堡吧！」安迪回應著。

果然，一條人龍蜿蜒地在金色拱門招牌下活現，緩慢地走走停停。龍尾雖然有時加入三兩位生力軍補位，龍身或長或短不一，但基本上始終是一條長龍圖像。兩人前後排隊的當下不便交談，眼目緊視前方且耐心等待前移。百般無聊片刻，安迪又靜想一些快速流過畫面：

「彩虹子民如果被仇視，那麼非彩虹子民掩藏在黑暗角落泛濫情慾，又如何？」沒忘記，不久前，住在美國東岸紐約華人同志網友查理，飛來加拿大西岸溫哥華度假並拜訪親戚。

午夜，慾望地帶

至於查理際遇人生，他今年二十八歲。就在他二十六歲那年，靠著不久前於美國獲得英文系碩士學位文憑，幸運地在紐約社區大學比較文學系擔任專職助教。之後發現，教書外，還要分擔行政工作，於是壓力不小。居住美國如同在台灣，每個人都像水　裡　蟹，拚命往上爬，把其他　蟹拉下來。年　美金一萬八千元，扣稅和房租外，真正用來過日子餘錢只剩下九千元。今年秋天，查理申請到哥倫比亞大學人類學系博士班就讀，每年學雜費全免又有兩萬五千美金獎學金。不過經濟上壓力是沒有太大問題了，那是因爲現在他和一位六十歲白人老同志同居。同居人老美在曼哈頓擁有一棟價值美金六十幾萬小房子，同時在長島買了一間度假小屋。老小同住在一個屋簷下，查理每個月分擔九百元管理費。

話說，查理和老情人相識是在一個學術研討會上。彼此開始交往以來，由於和查理在一起，老情人因此天天進健身房保持容貌和體力。更甚者，像父親的情人竟然去做拉皮手術，手術後有傷口和敷臉醫療。令人驚訝，遠從台灣來的年輕人查理非常有耐心地照顧對方。查理身邊同志朋友簡直不敢相信，因爲當任何一個人動這樣手術，可想見，面貌一定是血肉模糊慘不忍睹，查理是怎麼辦到？曾經聽說有女人爲了男人去做拉皮手術，復原期間都儘量迴避男人，不希望男方看到模糊不堪容顏。無論如何，老情人的手術還算成功，現在看起來可像四十多歲而已。早在一年前，查理就帶老情人回台探親。實情，一直以來查理和嚴父兩人關係不太親近。早在高中和大一那些年，查理暗地裡在網路上開始結交新加坡和日本同志朋友。而那次回台灣，查理介紹老情人給家人就說是「我的教授」。私底下，查理告訴母親自己性向選擇，母親聽聞後，回覆只有一句話：「不要得愛滋病。」要是說查理的父親不關心他，那也未必，因爲當查理申請哥倫比亞大學和康乃爾大學博士班，父親還在台灣特地上網，去比較這兩所大學在人類考古學領域排名和學術聲望。

查理在博士班上課要修八門課，他已經修完了兩門，現在只剩下六門課。未來論文將會是田野調查研究成果。人類學強調質性研究、長期參與及觀察，更要旅行去接觸不同人群、語言和文化，來做民族　。因爲所學領域，查理最近買了一台三十二　Toshiba 液晶電視，因爲影像分析對考古人類學　集資料很重要。相機則選購一台高解析度 Canon 相機，他還購買了一台錄影機作爲研究上有力工具。博士班第一年不用教書，查理也樂得享受作學問單純樂趣。

相遇於溫哥華，爲了盡地主之誼，安迪邀查理出來吃飯。這種純友誼，就好像異性戀之間純友誼，不會發生肉體接觸那種模式。請他吃飯理由?很簡單，建立一個社交網，不但擴大生活圈、人多熱鬧些，況且，改天說不定去紐約遊玩，有人接待，不是穩　不　？挑了一家位於大衛（Davie）街上名爲 Stepho's 希臘餐廳。這家烤羊肉不但大塊多汁，配上米飯、馬鈴薯、希臘沙拉和番茄料理，這美味一餐加起來才八塊九毛九加幣，就算加上稅和小費，還是非常划算。

進餐間，查理聊到紐約華人教會情況。他說，一個星期天，主日崇拜，來自台灣溫文雅朱牧師在講壇上證道，說到移民他國所面臨寂寞、艱辛。證道當中，為了印證所言，竟以平靜口吻講到，一對母子在寂寞北國歲月坐移民監，父親在台灣掙錢養家。冰雪孤寒？人際孤立？母子在太寂寞、太寂寞歲月裡，竟然陷入亂倫大悲劇。乍聽之下，查理簡直不敢相信自己耳朵！震撼太大！當天聚會流程，在會眾誦讀主禱文和牧師祝福後結束。照往常，弟兄姊妹三三兩兩走下地下室，享用咖啡點心和彼此交流談天。人人手上拿著一 家庭 糕餅、手持一杯咖啡，三兩成群地高談闊論或 哈。查理找到朱牧師難得空檔，急忙切入。走近牧師，一看，無旁人，僅兩人時，他趕緊以一種不急不 、清風明月地和牧師確認亂倫悲劇，是否聽錯？結果，再一次，朱牧師柔聲且帶著誠 面容，微微點頭確定，言表散發著遺憾！達到證實目的，適巧有一對夫婦來找朱牧師，想要討論下星期主日崇拜後茶點預備某些細節。這時，查理也識趣地藉機轉身，加入另一個聊得正起勁小團體。不過，查裡內心依舊懸念著：

「午夜，慾望地帶。

月光下，花園與森林，不但是精靈登場，也是人類慾望 醒橫流時刻。白天，不可告人秘密儘量掩藏住尾巴；夜晚，肉慾的 齒牙，各自出鞘勃發。

陽光下，情慾被收 且隱沒得天衣無縫，無色無嗅無味。然而，一旦夜幕緩緩落下，不論是月河彎彎、星光點點，還是夜空沒有月亮也沒有星星?男人女人腎上　熱情火苗加溫，所有、所有的界限與禁忌，脆如　片，模糊難守，終至火焰澎湃，泣鬼神。」

那時，一聽查理提到他們紐約華人教會牧師所言，安迪不置一詞，然而　速閃入腦海畫面是台灣山城一幕。多年前，有一次，去山城訪友。互爲鄰居兩戶人家都是安迪多年朋友，男主人們各自妻小均不在場，只有三個男人談天。如今，實在想不起當時來龍去脈，只清晰難忘男主人　兒一反　笑，沉下臉幽幽講起他所認識一位朋友家不幸遭遇。兒子結婚後，兒跟守寡多年婆婆同住。

新婚夫妻甜蜜沒多久，　婦靈敏耳目，似乎總感覺到身爲獨生子的丈夫和婆婆之間母子關係有點特別。要說母子感情好，也可以，但爲什麼年輕女人直覺上，就是感受到那麼一點說不出隱隱流波。新婚不久，　婦有天驚駭地撞見家中母子兩人裸身同床共眠。當下，新婦啞口張舌無言悲痛至極，在於這不單是結束了最短暫幸福，不只是失去了枕邊丈夫，甚至連和人生伴　共同追求未來子孫滿堂、夫妻恩愛如此　微幸福也溜走了!少婦不甘，殘酷無情地摧毀自己一生幸福第三者，不是外頭野女人，而是自己的婆婆。

原來，老公在床上日夜班交接不同女人　體，一位是妻子，一位是他自己的母親。她和丈夫大吵大鬧這樁有違天理人情亂倫　事，但未果。反而年輕丈夫一直灌輸她，老母守寡多年　苦含辛將他扶養長大，他這麼做，只是爲了滿足自己母親在生理上需要。更叫新婦氣憤難平，丈夫講明他不會切斷和老母這層關係。　　、氣憤失眠，她一狀告到法院。可悲，法官判緩刑。這種結果，對她而言，又有什麼差別？除非離開這個剛嫁進的夫家？

　　獨愁！從此，這個家瀰漫著不安與詭異。每天，當天色漸漸黯淡下來，新婦就急欲將自己消失在暮光中，實在不想在懸崖邊緣跳三人舞。

　　回神過來，安迪意識到查理又繼續述說了另一則人生情境。未遇到老情人之前，夏天查理獨自生活。盛夏紐約郊區，優美舒適，讓人完全忘卻它近半年期酷寒嚴冬。一個周六上午，逛了一下購物中心，手上提著菜正準備等巴士回家。在公車轉運站，碰巧遇見久未出現在華人教會兄妹倆，彼得和黛絲。一方面關心地詢問近來可好？何以未在教會再見到他們？一方面當日閒著無事，閃念，興起邀他們回家便飯，順便聊聊近況善意念頭。三人歡喜地回到家，查理來回地邊在廚房裡忙著炒菜、 湯，邊返回客廳招呼客人幾句。父母因香港九七而辦美國移民，千辛萬苦把這對兄妹留在紐約生活，彼此照顧，才安下心來。兩老仍留在香港掙錢，一切都是爲了兒女未來前途賣命幹活兒。

　　飯菜上桌，賓主盡歡。盛情感動下，投桃報李，黛絲說家裡有鮮魚數條，要不晚餐轉移陣地，換由他們兄妹倆下廚來待客？

　　夏日黃昏，晝光絲毫未減弱。三人換了場景，歡聚在一棟孤零聳立高樓第十一層樓公寓大廈裡。居高落地窗外大多是筆直行道樹路，和散居住宅區，一片孤寂大地景像。黛絲進出廚房忙碌張羅晚餐，主人之一哥哥彼得驚喜地描述，有一次，夜窗外有如極光輕跳之美景閃過哩！趁著空檔，黛絲偶會鑽出廚房，走進客廳熱情加入談天，見回家後脫下襯衫僅留汗衫彼得哥哥，略帶興奮語調誇獎結實肌肉。讚美聲中，受激勵的哥哥更掀起衣角露出肚臍和部分胸肌，雙手握　高舉，比出一個大力士氣概來示壯。這時，妹妹自顧地趨前拍胸，兄妹雙雙　皮話和笑聲之間自然愉快互動中，查理站立一旁，內心卻困惑著：眼前是一對情人嗎？

此情此景，在告別返家途中，查理回想早些時候，教堂裡還常和他們兄妹每週見面話家常。那時，黛絲就讀大學，帶著一副　氣眼鏡，臉面淡　得宜，衣著端莊。彼得從香港大學畢業後，被父母催來美國陪妹妹，否則不放心寶貝女兒一個人生活起居及安危。彼得眉清目好青年模樣。兄妹結伴定期參加每星期五青年查經聚會和星期天主日崇拜。

一、兩年平靜地過去，但不知何時？爲何緣故？教友們在教會裡就再也見不到兩人蹤影。關心連絡電話另一頭，無人接聽，終至斷線，像似從人間消失。因此，當在街上相遇，可想查理驚喜之情！不過，一天下來，共進午晚餐相處與觀察，查理不敢也不願去解惑：「爲什麼黛絲口紅畫勾，今日擦得有點花糊，不像以前那麼地精準優美？」「兄妹倆爲何自我封閉起來？」「言談眉宇神態間，爲何流　出丁點秘密，恰似一對情人？」是移民國的地景、人際、家庭、情感都太寂寞，導致近水樓台、方便行事？

聽到這，不置一詞，安迪嚥下咀嚼後的羊肉，並拿著水杯喝下一大口冰水。再抬起頭來，僅回應查理說，剛從美國移民加拿大溫哥華時，安迪約了律師吃頓飯以表感謝。遊走移民法多年華裔律師說，他接過一個案子，爲一位台灣年輕女子急欲移民北美，故和一位年紀稍長加拿大男子結婚。未料，洋人丈夫竟經常強迫嬌妻，赤身裸體在他朋友面前表演做愛活春宮，讓女子尊嚴掃地，痛苦不堪。

「異性戀中曲扭近親亂倫和人獸戀、　童戀等不倫……」查理說。

微驚，安迪　異查理也意識到，男女情色女男肉慾多貌且盤根錯節。

「人類的情慾……算了！不談這些。我們聊點別的吧！　，在紐約那……」安迪欲言又止，最後，還是選擇不想去面對人類慾望真相時，挑起的驚嚇與不安，故不提也罷，就岔開了話題。

河流大海

星期天，溫哥華海灣，讓安迪想起當地人是如何津津樂道每年一度煙火節盛況。過往，仲夏一連幾個週末夜，年年起碼共有三十五萬民眾聚集英吉利海灣，面海觀賞施放的煙火。好幾個週六夜晚，每場煙火表演來自於不同國家精心設計規劃，彼此較勁，爭取冠軍榮譽。

日落前後，海岸邊總是吸引成千上萬人潮湧至。每個人都興奮地手持毛毯、大浴巾或小椅在沙灘上或岩石上找個好地點，要好好享受那夏夜　爛光芒。

入夜，當萬人所期待煙火表演終於展開時，瞬間，海灣上空，五彩煙花隨著擴音器播放出音樂旋律起舞　滅。群眾歡聲雷動，喝采與讚嘆聲不絕，此情此景，硬是把現場眾人歡心揪到最高點，昂揚不已。

今夏，安迪和克里斯一同遠望廣闊海面，仰看著明滅在星空煙花夢幻。安迪不自覺地當場比較起在美國和加拿大兩處觀賞煙火不同經驗，兩地可能得到現場感受略異：

「在路易斯安那州，濱臨著密西西比河，因爲背景有城市燈光，加上兩岸短距離因素，視野畢竟受限不少。然而，現在你看，溫哥華英吉利海灣，在黑夜裡，一望無際海洋中央發射煙火，多彩清晰煙花倒影拓印在無　海平面上，煙火會被襯托得更爲明耀動人。

「和河流相比，大海，應該是展現煙火最　舞台！」安迪如此地認爲。

熱鬧過後，兩人沿著沙灘，一路走向更僻靜小道。

安迪告訴來自西雅圖的克里斯：「聽說，不少男同志於夜晚來此物色獵物或幽會。有時，他們以大地爲床做愛做的事！夜，是個又詭譎又奇幻催情　吧！」

這般情景，克里斯忍不住問起安迪難忘做愛經驗，這下子，話夾子又被敲開：

「當初還在堪薩斯州讀書，曾經透過網路　到一位年輕美國白人大兵。我們相約見面，當然也跑到汽車旅館去做愛。然而和這位軍人最刺激的一次，是有一回，那天，他正值放假，巧不巧，他父母旅遊外出。他帶我回他父母家，我們兩人就在他父母床上，那個時候，你知道嗎?我可是好好地搞了他一頓！」安迪又想起：「另一個難忘經驗，有一次我和凱瑞在路易斯安那州大搞三　，三人同床。不過，搞到最後，還是以一對一爲主吧。」

欲罷不能，安迪：「如果說最興奮最有成就感，那要回溯到在一個深夜酒吧裡，邂逅了一位年約二十二歲年輕　美金髮藍眼美國青年。要是在平常，對方肯定不會看上我這麼一位身材矮小東方人。那天晚上，你可以感覺到他喝了很多酒有點　大醉。我們兩人相約去一家汽車旅館大戰一場，那時我不但像是　到了，同時，想到自己可能還有一點　力，而沾沾自喜好一陣子哩！」

愈講似乎愈帶勁兒。安迪話鋒又一轉到其他故事：

「剛才講是肉搏戰，不過有一次則是網上經驗！」人在溫哥華只會看上年齡小他一輪或更小的安迪，迷上了一位台灣網友，對方是高雄醫學大學住宿學生。在感情上，只要認定目標，安迪大都會以　而不捨精神，天天連絡死纏爛打，除非被明確峻拒才方休。網上視訊設備，更可眼見彼此長相神態。大學生打從開始雖沒有看上安迪，但還不至於將太平洋彼岸怪　列入拒絕往來戶。心想，能和居住外國的台灣人聊天、互通訊息和生活經驗，未嘗不可。講著講著，安迪對克里斯說：「哈！一天，我和他終於在網上宣　激情。他先對著鏡頭打手槍，隨後，我上場對著鏡頭回敬對方。」不過，後來，醫科大學生和另一位同齡男同志交往，而漸疏離。深陷虛擬世界網路愛情，讓安迪備嘗折磨、歡愉兩者相互拉扯的悲喜。然而，日後努力將自己抽離無果單戀之苦，安迪仍擔憂地對克里斯說：「這一場台灣南部發展的戀情裡，愛太深，對方竟然甘做零號被人從後插入。雖無緣，但一直喜歡他，所以，我多麼希望他是一號，他就不會那麼痛！」

「不過，」安迪轉爲喜悅滿足口吻繼續：「近一個多月來，走了醫學院學生，卻和一位俄羅斯十八歲青年甜蜜交流頻繁。他常提供　相片給我。」安迪完全折服在一張張天使臉孔、肌肉身材一級　少年　無窮想像相片堆裡。深陷幻境中，日日上網數回表達愛慕之情。

俄羅斯少年一再傳達願望，想來加拿大會見情人。這對於朝思暮想多情安迪來講，正中下懷。安迪曾深情地在**E-mail**電子郵件上寫著：「等我存到買機票的錢，就會迎你來溫哥華！」事實上，安迪來到溫哥華不到三個月時間，加拿大政府就立法通過同性婚　合法化這個法案。想到這法案，安迪浪漫地想到，俄羅斯少年如果順利來相會，不排除男男結婚，和戀人廝守下半生。

克里斯出乎意外直言提醒安迪：「聽起來當然夠　，但是，現在網路　很多，要留心，不要錢被　走了！」此語一出，驚醒夢中人安迪。下意識，安迪想去辯護什麼，因爲深怕美夢幻滅？怕被　笑一直是個呆子卻不自知？

克理斯爲安迪想出一個權宜之計：「不然這樣子！你下次寫個電子郵件告訴他說，你去俄羅斯看他。這麼做，你親自走一趟，同時，你也判斷一下是不是　集團愛情　子所爲？」

「你這麼講，似乎有點道理。」安迪不得不承認，經人一指點，自己還是留意一下網路愛情陷阱才好，千萬別落得勞民傷財又傷心。

雙方沉默一陣。

接下來，安迪微仰著頭，反問人高馬大同爲三十六歲白人克里斯：「你呢？」

「啊！我記得，有一次，美國海灘上，正和一個男子打野戰非法性交。因爲擔心被警察逮到，就草草結束。又有一次，約了一個日本人相　去台灣見一位當地男同志，結果你知道發生了什麼事嗎？他們兩個亞洲人竟然相互看對了眼，完全忽視我的存在。結果，我被拋棄了！我可是氣急敗壞！」

海邊上走著走著，手機聲響起。安迪哈 了一聲，當他知道對方是何許人時，立刻露出燦爛笑容，神情高昂說笑對答。一旁聽不懂中文老外克里斯，只能耐心等安迪講完話。

克里斯隨後跟上，且好奇隨意地問了問安迪：「你剛才在跟誰講話？」

「他是大衛，我今年用年假兩個星期從美國飛回台灣過中國農曆年，約他出來見面。當時，持著美國 **H-1** 工作簽證回了台灣一趟。忘了提，大衛是在網路上認識的一個台灣男孩。對方今年才二十六歲！」

大衛是從美國東岸名校匹 堡大學 **MBA** 企管碩士畢業後，整裝回台灣。目前，進入台南市一家中小企業銀行外匯部門上班，任職以來，前後才幾個月光景。大衛 高年輕約一百八十公分左右，比安迪一百六十五公分身高相較之下，自然是高挑，和美國舊情人凱瑞身材相似。

安迪曾一度將自己限定在僅與白種男子翻滾慾海，然而，今天會和同爲台灣人大衛搞上一腿，全拜回台灣老家台南縣時，無聊上網交友殺時間所衍生小插曲。說穿了，安迪還是被大衛如日初升、盈盛著生命美汁年齡吸引住。

大衛有點戀父情節，坦承自己喜歡和年紀稍長男人交往。

原來，大衛在家中是獨子。就讀台南一中，很不幸，他高二下那年，母親驟然過世。旋即讓大衛更無法忍受傷痛，爲高三上他父親也相繼往生。如此人生打擊，使得大衛情緒低落好一陣子。大學聯考，幸好還是考進了淡江大學商學系。

今日，姊姊已出嫁，只剩下大衛自己仍然住在父母遺留下來、位居台南市一棟　村房子裡。

大衛挑人　有自己獨到見解，曾告訴安迪他　在乎「人品」這一項。

說起那晚初相見，安迪和大衛兩個男子都赤裸躺在大衛家大床上。安迪原想狂吻大衛與對他　交獲取快感，瞬間想到，大衛是在網路上交友認識。如此一來，安迪擔心大衛是否太輕易與其他網友見面，人來人往以致染有任何性病？因爲這一層疑慮，結果他們兩人僅互打手槍發　了事。

安迪帶著一種欣慰神情對身旁克里斯說：「大衛剛才在電話裡問我，移民初抵加拿大正在尋找工作當下，沒有任何收入，錢夠嗎？他還問我，你需要錢嗎？」「當時我聽完後，你猜，我怎麼回答？」安迪逕自又接著說：「我大笑對大衛說，哈！我看我要跟你睡很多次覺了！」

「如果，你要邀請，你衷心希望誰能來溫哥華？現在，你只能二選一，題目是，目前你非常希望看到哪一位？是舊雨，和你同居多年美國人凱瑞？還是新知，剛才通話台灣人大衛？」克里斯好奇地問，因爲他想知道這兩個人在安迪心目中份量爲何？

「當然，他們兩人我都歡迎。但是非要做選擇，我會選擇大衛！」

「爲什麼？」

「我對凱瑞幾年相處下來實在是太熟了，至於大衛，我們只是剛熟識沒多久，還在熱頭上！坦白說，我是一個沒有辦法過那種一成不變生活的人。感情上我善變、喜新厭舊！」

「你會和大衛再發展出一段感情嗎？」克里斯依據幾分鐘前，兩個台灣男人隔著太平洋在電話兩端熱絡來往，而不得不如此猜測一番。

「不會！」安迪語氣堅定回覆，且旋即解釋道：「因爲這次，我一開始就明白地告訴大衛，我會找個女子結婚！他心裡有數！」

跟婊子一樣無情

天邊，前落雨，後陽光，幻化成彩虹光譜，奪目卻也縹緲如煙。

「同志跟　子一樣無情！」這是安迪在彩虹世界玻璃海裡打滾多年來所領悟出。

城市西邊臨海地區，溫哥華Davie大衛街兩邊，是一列列直立街燈鐵桿，桿上撐起了上下固定好一面面紅、橙、黃、綠、藍、紫直條紋並列的彩虹旗。緊靠彩虹旗是印有「Davie Village」大衛村布旗。

這兩面不同設計布旗，暗示著行人他們來到了同性戀文化區。

當安迪和克里斯兩人走進大衛村，尋找餐廳吃晚餐。安迪意外地和迎面一位亞洲男子巧遇，彼此打著招呼並停下腳步交談。克里斯未曾等候，向前走了約莫十幾步左右才停下，轉身駐足等候安迪和人說完話。

沒多久，眼看安迪笑著走向前，來到克里斯身旁，這時兩人才再相　繼續往前行。

行進間，安迪自行地說：「來到溫哥華之前，我在美國上網連絡到剛才那位亞洲男子。他在我到達溫哥華的時候，約了其他四位華人男同志一起聚餐見面爲我洗塵。他們五個亞洲人都操著英語，感覺只有他對我比較友善些。他們當中，有三個亞洲男人，舉手投足之間太娘娘腔，我不喜歡！和這種太女性化男同志在一起，會有巨大心理和社會壓力。」又繼續：「說到娘娘腔，你知道，我現在正在找房子。原因是現在房東家裡孩子太多，而且同一屋簷下其他房客也有小孩，實在太吵了！於是，幾天前，我在同志書店內廣告欄上發現了幾個招租廣告。連續打了幾通電話。有人不在叫我留言，有人說已找到房客。不過，其中有一個男人講話娘腔娘調，真叫人受不了！沒問幾句，我就掛了電話，就是不喜歡。」

邊走安迪再聊到：「也就是剛才那個亞洲年輕男子是我比較看得順眼的同志。他人還不錯。上次，我來市區尋歡而且不準備回房東住處，只想和同年齡一對同志檔結伴進餐並出遊夜店酒吧，想好好整夜狂歡吃喝玩樂。當時，也碰巧在 Davie 街上碰到他，當下詢問這位識途老馬，可知附近有什麼便宜旅社可過夜？他建議我何不去同志三溫暖裡獨立小房間過夜，才加幣二十塊錢左右！結果，那天晚上我也就如他所建議，待在三溫暖直到凌晨約六點才坐頭班巴士回家睡覺。」

克里斯問：「你以前在美國的時候就已經去過同志三溫暖了嗎？」

安迪：「其實，我當初會去那種地方，也是凱瑞先帶我去見識大開眼界的！」

「真的？我倒很好奇，在三溫暖那種地方，你們兩個人是不是分別和不同男人親熱？」

「沒有！那個時候，凱瑞和我還是一對，而且我們兩個人還同居在一起。所以，凱瑞不准我和別人　搞，因爲他認爲那些人背景不明，擔心萬一被傳染到性病，豈不失算！不過，來到加拿大，我也只去過幾次而已！」

「你的感覺如何？」

「在溫哥華，第一次進去，我沒有和任何人發生關係。當時不知何故？竟然有一種淡淡失落感，而且告訴自己，就此不再涉足其間。但是，後來幾次還是難抵精蟲作怪，第二次再進去，卻讓我快樂滿足不已！」

安迪意猶未盡：

「還有一次，我和一個年約二十八、九歲　國男子觀光客翻雲覆雨。對方邊做愛竟然邊自言自語重複了幾次：『你知道嗎？在　國，我是位受人尊敬醫生，週邊人都很尊敬我！』聽多了，我不免好奇地問，他在　國有愛人嗎？他說沒有。接著　國醫生竟然又逕自地說出：『一個星期當中，我都要自打手槍五次！』我聽了心裡一直覺得好笑，他跟我講這個幹什麼？實在有點題外話。不過，我還是認爲他真是有趣！另外，我和一位已經結婚多年但妻子不知丈夫是同志、又三不五時會來同志三溫暖銷魂的人夫聊上幾句。」

克里斯忽然想到一個相關邏輯而不解地問：「上次，你不是說，你當初要離開凱瑞移民到加拿大來過另一種異性戀新生活？那爲什麼，你還是跟這裡同志聯絡、見面鬼混在一起？」

安迪微抬起頭白了對方一眼，詭異地嘴角微揚反問：「哈　！我發現你的問題很多！你在調查什麼嗎？」

「　！別忘了我是耶魯大學藝術系畢業生。我有藝術家追求真相勇敢精神！真就是美（truth is beauty）。真相讓人自由！」克里斯　地給自己打了一個圓場下台階，接著說：「自由！一定値得擁有。

想作一個不完美但獨一無二自由人。這是我自己決定。

傾聽自己心聲。坦然去接受自由的後果，這才是真正擁有自由了！」

不過，內心一直認爲，來回問答之間，會讓兩人忘了「陌生人」這個身分，輕易融入對方步伐，清楚看到彼此真實一面。

逗了對方一下，安迪才又繼續：「來到一個完全陌生國家，我怕無助寂寞。想到，唯有在同志圈尋找一些即時友誼，好來度過這過渡時期。等到一切都上軌道，那麼，我就會刻意地漸漸離開同志圈而去。」

「凱瑞知道你剛才提到仍滯留彩虹國度的現況嗎？因爲，你來加拿大雖然時間不長，然而，到目前爲止，你們幾乎加拿大、美國兩地天天通電話！」

「起先，我只是隨便提一下和同志圈接觸。誰想到，凱瑞竟然在電話上大哭大吼、不滿抗議地說，這根本就違背了我當初告訴他要移民加拿大初衷！」

「對此，你怎麼回答凱瑞？」克里斯追問著。

「我告訴凱瑞的，就是我剛才提到：第一次來到一個完全陌生國家，很多方面，我都需

要朋友啊！」所以，

「有了一次教訓，就再也不會跟凱瑞主動提到去同志酒吧，或見了那些同志朋友之類的，否則，真累，還得編不同　言去解釋去遮掩。開玩笑！我愛去那兒就去那兒，他管得著！」

吃完日本料理晚餐。

「今晚你要跟我和　迪去參加溫哥華裸體派對嗎？」克里斯問到。

安迪當場峻拒了。因爲他無法突破克服那種在眾目　之下裸露，挺　。他心知肚明自己陽具尺寸真象，想想還是不露也罷！

既然即將告別，兩人不會在一起活動同遊，乾脆省略掉社交客套。

出其不意，安迪忽然轉身，用一種　釘截鐵地對克里斯語帶禮貌、但堅定口吻說：「好吧！我們在此分手！我想回去了！」

另一方面，安迪想到經過幾晚兩人不浪漫、甚至可以說是荒誕無比肉體接觸，對克里斯已不感任何興趣。不想知道今夜克里斯會夜宿何處？或可有其他行程？不關心克里斯計畫今晚深夜還是明天一早，會和　迪作伴回西雅圖？這些都與他無關。安迪用中文在想：「反正，同志跟　子一樣無情。同志間互相尋找，只是一夜情，任何承諾或尋覓一種長相守親密關係，大都是緣木求魚！」

安迪不留戀地掉頭遠離，徒增留在原地的克里斯，一陣錯愕與一股難掩挫折感襲上心頭。安迪棄絕了克里斯，分道揚　，料想兩人永無再見之期。

北美楓葉國度，天蒼蒼，野茫茫，最易叫人百般寂寞起來！

當晚，安迪回家，迫不及待上網，跳進虛擬網路世界，幽會俄羅斯小狼狗，那個令人晨昏望眼欲穿夢中小情　。

這次，想到克里斯先前提醒警告，是有幾分道理，於是，安迪在電子郵件裡寫道：「要不然我從加拿大飛到俄羅斯去和你相會。」信件內容依舊是充滿了愛慕之情，只　沒有翅膀，不能奔飛，前去將珍愛情　擁抱入懷。打完信，手指在鍵盤上輕按「傳送Send」鍵，這時候，安迪開始等待東歐　男立即回覆情書，如昨。

分分秒秒過去，心中奇怪，怎麼沒回音？

日日夜夜流逝，不解，何以東歐那端，就再也沒有任何動靜？

曾經爲　一　一笑張張照片，意亂情迷起來。這段爲　　迷日子，未料，一紙「我去俄羅斯探望你」，而不是先前所言「你來溫哥華」，這封電子信件竟然隨風忽報秋。歡愛春情忽轉秋涼，無疾而終。

驚訝人心善惡、人心不古。

驚覺自己夠　蠢，差點成了網路　　一樁笑柄。

嘆息中，帶著更深憤怒。

台灣牛肉麵

星期四。下午五時左右，安迪剛看完一位從台灣來、但嫁給洋人女房東所展示要出租房間。其中一間在二樓，月租六百加幣且包水電。而地下室那一間是月租七百五十元，但不包水電。如果要包早晚餐，則要多付一百五十元加幣。想了一下，還是沒有承租下來。再四處瞧瞧吧，安迪心想著。

隔天，又到了一家姓鍾的房東家看房子。房東鍾先生也是從台灣來，之前，就在溫哥華開了一家店名爲「台灣牛肉麵」並身兼大廚。他滔滔不絕地說，牛肉要先炒過以後再做成牛肉麵才夠味。坐在客廳沙發上，鍾先生表示，兩個女兒都長大了，如今都在東岸，一個唸研究所，一個是大一新生。不禁令他感慨，有子女相隨一　移民人生，有如升空火箭，一節一節丟棄，最後只剩下一個彈頭進入太空，再也回不了頭：

「我真想單身！」鍾先生戲言。

鍾先生真會聊，一起頭，就一發不可收拾。

安迪臨走前告訴鍾先生，他要回去考慮是否要承租他們家雅房。走出戶外，陽光清朗，人天氣。安迪走在夏日林　大道 **King Edward** 路上朝向 **Graville** 街，準備用月票搭公車。手機響起，一聽，是凱瑞從美國打來長途電話說：

「我正準備去參加每個月第一個星期四的『家庭派對聚會（First Thursday Party!）』，

這交誼活動是由路易斯安那州男同志所發起，會員輪流做主人。」

安迪在手機上敷衍著凱瑞一會兒，心想：「這樣也好！否則每天死纏著我！」

未料，幾天後，凱瑞在電話上落淚向安迪哭訴著自己有多寂寞。安迪也了解，這些年來，凱瑞已把他這個台灣人看成是自己最關心的人了！畢竟朋友一場，不忍心凱瑞陷進哀傷情緒；另一方面，安迪也不想自己一個人在加拿大過聖誕節，於是，安迪安慰凱瑞說：「我會回 Baton Rouge 過聖誕！」

凱瑞像孩子般興奮叫好。同時，也表示，有天他也想來加拿大一遊。

表面上敷衍凱瑞，而不是絕情來個斷無音訊戲碼，實際上，安迪內心則一直策劃著要漸漸離開那個美國男子。

又幾天過去，夜晚，安迪準備去看晚間七點三十五分好萊　喜劇電影「美國式婚禮（The American Wedding）」。進場前，安迪打了個電話給凱瑞，告知溫哥華房東已把原先借給他使用的電腦給搬走了。因此，近期內不可能上網。再加上手機 Fido 電話卡又快用完了，所以最近一兩天無法互相聯絡。心細地預先告知凱瑞，要是聯絡不上他，就別慌張。從這些細節中可看出，這個時候，無論如何，安迪畢竟還是顧念及照顧到凱瑞反覆不安情緒。

盛夏，安迪開始盤算：「不管在加拿大找到工作與否，現在就開始訂機票吧，這麼一來，聖誕節週末就可啓程南飛美國。」要不然另一個選擇是「九月份就回 Baton Rouge，這也不錯。要是待上一個月，這樣，就可以幫凱瑞搬家了。」沒錯，凱瑞從八月份起就會陸陸續續地搬家。凱瑞想搬回位於 **Baton Rouge** 郊區鄉下，一棟屬於家產土地上小木屋，一棟凱瑞自建房子裡住下。之前，凱瑞告訴安迪有返回鄉下安居想法，安迪反對。原因是，如此，凱瑞父母就比較難照顧到住在鄉郊野外的凱瑞。有一次，凱瑞的妹夫開玩笑地對凱瑞說：「你搬到那兒，一定會寂寞發瘋去自殺！」不過，排除眾議，凱瑞還是決定要搬到鄉下去住。

想到當初移民加拿大離開美國，安迪留下一台二十七　電視給凱瑞。這下子，電視也可以隨著凱瑞搬到鄉下去了，這一點，倒讓安迪欣慰。同時，安迪猶疑地思量：是不是等到先在加拿大找到工作後再去訂機票回美國呢？但是究竟什麼時候才能找到一份工作？卻又想像：「啊！如果找到工作，我要開始追女朋友，靠台灣父母　之言結婚也無妨！」

溫哥華公立圖書館

文森和凱文這兩個人和安迪一樣都是三十多歲男子，也是安迪來溫哥華之前，在美國經由網路而認識。

文森是香港人，不胖不　，一百七十五公分左右，曾在英國、加拿大受過高等教育，現今在溫哥華任職會計師，換言之，是一位有正常收入上班族。

凱文是加拿大白人，大學畢業，一百六十八公分身高，挺個啤酒肚稍胖。半年前，凱文還曾在台灣待了幾個月，一度想試試看可否找到教英語教職。由於沒有工作著落，最後還是回到加拿大。然而，在台灣，讓洋人凱文難忘，是所謂理應執法的警察和非法擺地攤謀生者之間你來我走，可是，不一會兒工夫，你前腳走，我後腳馬上回到原點心照不宣抓迷藏遊戲；以及一位年輕大學女學生向這位以英語為母語的凱文抱怨，校園內英語教育不足。這些，都被凱文視為台灣經驗之一，一五一十地和安迪分享。安迪笑了笑輕描：「噢！攤販不僅是一種生活方式，說它已演變成台灣文化也不為過。」

凱文失業賦閒在家，已有好一段時間。每天忙著家事及接送同居人文森上下班。這兩位男子，一起生活，居然也堂堂進入第七年。對安迪初來城市，文森和凱文已經表現出極友善態度。例如，他們倆人約安迪出來共餐，並好心不　煩地於深夜開車三、四十分鐘送他回家。如此費神，前後共兩次。又例如這一次搬家到本那比（**Burnaby**）去，凱文也慨然應允開車幫安迪搬家。雖然文森和凱文沒有對安迪當面所提議「可不可以先搬去和他們倆人小住，等到找到較合適雅房後再搬出去」同意點頭，不過，安迪還是滿感激。

不過，話也說回來，安迪自己也盤算著，搬到新家後，打算不再會常常主動去和他們兩人聯絡互動。原因是，他想漸漸遠離同志朋友、同志圈。新住址，也盡量不讓太多人知道，因為顧慮到要是被男同志纏上，三天兩頭來　人，這太不安全。「精蟲作怪」想和男人做愛，盡量在外解決。畢竟，兩個陌生男人邂逅，尋找一夜情刺激，雙方不但得擔心對方是否有性病，還得顧慮人品！前者可備有保險套以減低風險，後者就防不勝防了。

凱文藍眼金髮看似短小壯碩，卻毫不費力地來回從二樓幫忙搬些裡面塞滿書籍等笨重紙箱到車上。正要再走進屋內時，手機響起，是文森從辦公室打來。安迪只聽見凱文誠　、自然、關心地講電話：「你說你在辦公室會忙到四點半？」「好！我會在四點四十左右，街角老地方接你回家！」「你說幫忙安迪搬家搬得怎麼樣了？我想，會按照既定時間內告一段落吧。」「OK，Bye！」

當下，安迪爲文森和凱文慶幸，因爲一個東方男子和一個西方男子兩個人卻也可以在一起共同生活這麼多年，還真不簡單。憶往，想到自己和凱瑞在美國同居那幾年，除了在外用餐或開車回凱瑞父母家吃飯外，兩人很少在家裡餐桌上共餐，或彼此談心。兩人之間，貌似同居日子，實則爲各過各成分居多。

日前，積極地去溫哥華公立圖書館四樓 Business & Economics Division 部門，詢問尋找工作與人力市場資訊。安迪被告知，每星期二下午五點三十分以及每星期三下午兩點半，各有一場由圖書館員爲新移民或讀者作求職專題簡介。又不久前，他來加拿大一個半月後，正式註冊去上課，由移民局爲新移民所規劃求職技巧課程。其中介紹技巧之一，是建立聯絡網（Network），安迪於是當面把一張自己動手 DIY 製作好的個人　歷名片遞給凱文。

「工作有在找嗎？」幫忙安迪搬家的凱文開著車駛向本那比方向時，途中問道。

「等上完移民局所主辦訓練課程後，我會開始積極地去申請政府部門工作。」安迪又皮地回道：「上次我去同志三溫暖，人泡在水池裡，快樂地和左右兩位年輕白人，三人在水中鬼混，」他轉頭面向凱文搞笑說：「這也是建立聯絡網一種方式啊！」

這下，逗著凱文也大笑起來。

爲了回　對方關切，安迪反問凱文目前有繼續想去台灣找工作？

凱文回答：「再看看！文森在溫哥華的工作是固定性質，我看，我留在溫哥華找工作可能性更大些！」

橄欖

八月八日，午時。

在 **Pender** 及 **Granville** 街角，正有一位街頭藝人彈著電吉他在獻藝。

電吉他盒蓋是攤開，以收納過往行人或駐足聆聽路人丟出來的銅板、紙　。

一輛電車優雅、　緩地穿過縱橫街道。來往人與車，或快或慢，但是，不論在車內或在人行道上，不少人都清晰聽到那街頭藝人所彈奏，竟然是結婚進行曲目。

風和日麗，這一天。

安迪在路邊等巴士。隨想。

此情此景。默想：「結婚！」「男歡女愛，鳳求凰！」。

憶想到自己，因爲個人興趣，覺得文學不論是以戲劇、小說、詩歌、散文任何形式呈現，都是在述說人生故事。因而當人在美國堪薩斯州校園時，選修了一些大學部文學課。課堂上，教授曾介紹著名情詩詩人 **John Donne** 等作品。

字句裡被塡進男女陷入熱戀、難忘愛情氣氛。追求真愛，如願實現，所帶來狂喜；或者

在　愛中兩性結合，所帶來無限喜悅。

或者是羅密歐與　麗葉。奧賽羅。安東尼和克麗佩脫拉。

戀愛信物可以是：一條金鍊子、一只鑲玉戒指、手鐲。

陽光，喚醒躺在床上男人和他深愛的女人。「一天清晨，可以這樣幸福地轉醒。」安迪神思。

至於得不到愛人愛戀的男子呢？獨自在春天花園裡鬱鬱寡歡。隻身在冬季難熬深夜裡，男人因爲情人她永遠沉睡不再醒來，獨自悲嘆：冬季荒涼固然孤寂，怎能和自己失落心境相比呢？

男女之間堅貞愛情，在這千變萬化芸芸眾生，卻可以奇妙地展現出一種忠貞不　。試問男女兩方愛情？友情？兩者相較　重？姑且不論友人曾經發表過高論：「友情是水，愛情是酒。雖然酒很美味，但是人不能光靠酒而活。」或妙論：「友情像牛奶一樣，香純濃厚，給人一種溫暖感覺。愛情就像咖啡，有濃厚香味，有美麗顏色，給人一種幸福滋味。但有時也因含有大量咖啡因，卻也給人些許副作用？」

「愛情無價？」如此一說，對於佇立在溫哥華市區街頭等巴士的安迪而言，是何等生疏！何等奢侈！

安迪不禁地感　：自己多年在那由紅、橙、黃、綠、藍、青、紫調和而成彩虹世界裡，沒有異性戀中那些澎湃洶湧的激昂，也沒有迷離恍　的靜中見美。就他體驗，有的，只是假體的肉慾短暫交歡，它是肚臍以下，非性理而是生理需求。兩個男人，不會爭議，到底是爲了爲愛？還是爲了性？用這種議題來困擾自己。因爲，似乎，一切都是爲了性，肉體，一種現象。

「精神與肉體是相互依存，所以構成一則生命。」這話語，對曾經在五顏六色彩虹裡翻滾者而言，雖然嚮往，但在實際生活中，大抵是有些陌生與距離

不知何種原因，就安迪記憶，此時此刻，他始終無法忘懷四十二歲老美凱瑞，他是如此寂寞，如此空虛和無助。

接下來，不知是否因爲自身心情反射，總覺得城市中大多數擦身而過男女，縱使無語，眼睛像似會悄然流露出真相般；容顏也好、雙眸也罷，無不默默地　露了一抹枯　寞落或的秘密！

人類空虛感從何而來？追逐享樂，是虛空。追求知識，還是虛空！連最有智慧所羅門王都體驗到，盲目追尋世上任何慾望，其所帶來的只是愁煩憂傷。

日光之下，無新鮮事。已過世代，無人記念；將來世代，後來人也不記念。教會牧師曾引用傳道書：

「神造萬物，各按其時成爲美好，又將永生安置在世人心裡。然而，對神，從始至終，人不能參透。」

永生，永遠。永恆。

上帝爲萬事特定了適當時間，祂使人類有永恆意識，卻不讓我們完全明白祂一切的作爲。

原來，人類心靈層次之高，遠遠超過想像。讓人真正滿足不覺虛空，唯一王道，是領受那生命的糧和真理，和找到「永遠」的生命。人會寂寞，是來自於心靈拼圖中缺角——「永遠」。這個缺角有幸被找到、還原，人才不會那麼寂　？

伯玉透過使者向孔子請益，如何使自己「朝日新又新之目標來自勉、減少自己過錯。還有就是追求『不朽』智慧，來完成自己理想。」西方詩人狄金遜「永生」概念，以死後的永恆和時間觀點來闡述。梭羅以道德、心靈面切入。愛默生說，法則何其多，然而，他只尊崇「永恆」的法則。

靈魂深處，人人藏著「永遠」於一角。不巧，人們常被環境所影響，信心漸失，忘記自己是誰？忘記自己始終所擁有的珍寶！安迪也相信，每個人都是「　」，獨一無二尊貴王子。如果把自己想得很　微，有時，可會阻　了人生風景中理想和夢想之實現。找回一個被人隱藏很久的「永遠」，就能找回一個人清澈本性、本心。

安迪頓然覺得有一種疲累湧上。

「午夜沙拉，Midnight Salad！」他站立街角面無表情默誦一遍。

真確，這些年來：「雖然曾經和凱瑞同居，如今回顧，不免令人感嘆！我和他就連在平常生活中，幾乎很少同時坐在飯桌邊用餐、談心。很少！」安迪再一次地追想到那段時光。

「沒錯，等我在加拿大找到工作後，一定會開始追求女子並結婚，就算在台灣靠　之言，也無妨。我想做一位父親。我想和妻子兒女圍在桌邊吃三頓，過日子。最好，台灣老　、老母也來和我們一起在加拿大圍桌吃飯。

「不再想過獨居生活。不再想獨自搭車到 Aberdean 巴士站下車，走進八　件購物中心內，在大　超級市場買了兩個小月餅回家，孤單地一個人吃著月餅過中秋，那是淒涼歲月！」安迪心中自言自語著。

過往，不少時候，安迪覺得自己好像山林中北美黑熊，只有在交配季節時刻，才會想到成雙入對。其它時間，大抵是千山萬水我獨行，各過各的日子。愈思，安迪自己生活型態，泰半時間，簡直像極了一隻離群北美黑熊：獨自覓尋野外蜂蜜、莓子與小野花來果腹，或翻動大木頭以飽餐聚集在木頭下的螞蟻；單獨地爬上樹幹，自己玩耍與輕鬆休息；沒有同伴相陪，落單地奔跑在荒野上，或逕自涉入溪水中游玩，以除掉沾附於身上蟲類；六月至九月間，獨自無伴地來到上游溪流畔，抓食肥美鮭魚。

近來，安迪經常渴望著自己，多麼能像記憶中，一度邂逅清涼初夏早晨雀鳥們，三三兩兩結伴飛降在結滿成熟呈黑色、及少數半生不熟呈淡紅色　的　樹枝幹上。彼此作伴且喳喳如家人般快樂、悠閒、滿足地在樹梢上或枝葉間啄食、談天、心靈交流及過生活？

三十六歲，安迪開始極度嚮往「妻子在你的內室，好像多結果子的葡萄樹；兒女圍繞你的桌子，好像橄欖栽子。」圍桌敘親情！

鮭魚節

八月下旬，週末午間，暖陽把夏日漁港　托地更爲親切可人，最想將它擁抱入懷。令安迪訝異驚覺到，在這兒漫步閒度，空氣中似乎少了點兒滄　濕味、與鏽鐵氣味，反而多了點休閒及輕鬆。

近午時分，大夥兒先在一家掛牌爲「海鮮中國餐廳」內，點了些　、麵食湯類等簡餐果腹。餐後，安迪和同樣來自台灣的房東先生太太及他們三個小孩子，前前後後卻彼此貼近地走向漁人碼頭。

途中，年約四十五、六歲房東先生對著走在前頭太太提議：

「我們夫婦倆要成爲安迪擇偶後援會。不過，這些日子相處下來，我發覺安迪不是一個果斷的人。換句話說，我們這個做介紹人的，搞不好會面臨他的優柔寡斷！」

三十八、九歲妻子轉身笑答：

「介紹一位有錢人家千金給他，讓他少奮鬥幾年。」

安迪高興地迎合著對答：

「　，她最好是長頭髮，又會彈鋼琴的女孩！」

房東太太：「爲什麼要會彈鋼琴？不是每個女生都會彈琴的。」

安迪笑著連忙解釋道：「我只是想到上個禮拜，黃昏時候，我剛好吃完晚飯路過公共市場的廣場。那時候，正巧，噴水池旁有一群男孩女孩表演拉小提琴，感覺不錯。會彈奏些樂器總是感覺起來比較有氣質！」

不多時，來到了漁人碼頭。這時，有不少艘停靠岸邊漁船。船主有白人也有一些亞洲人面孔，他們都忙著兜售新鮮海產。比方說捕獲上岸大隻比目魚或紅鮭、大蝦、魚卵、章魚，要不然就是　魚、海　等。販賣最多該屬鮭魚和鮮蝦。一般來說，大蝦一磅加幣五塊錢，處處皆是。而一位華人漁船前販賣小鮮蝦，一磅才一塊錢最划算，它應該是烹調時最佳提味食材吧！另一個印象比較深刻，單價一磅六塊錢一條重達十三、四磅大比目魚。鮭魚一磅也是六塊錢，每隻重量約五至六磅。鮭魚大抵是非養殖屬野生鮭。漁船順著 **Fraser** 河域，把船開到二十小時左右遠，溫哥華島 **Port Alberni** 附近捕鮭。

人鮭魚，使得一位陌生路過年輕男子和兩位朋友結伴遊客，三人停下腳步。忍不住想買點海鮮回家，不過年輕男子問船上漁夫：

「可以買半條嗎？」

「不可以！因爲當初我們可以賣半條魚的時候，誰知，這卻招來大批海鳥和老鼠，反而弄得漁人碼頭衛生奇差。」

沒買鮭魚，遊客看了看漁船甲板上大活蟹，決定買了兩隻，要價十五塊三角。付錢之際順便問漁夫：

「這要怎麼煮才好吃？」

「煮七分鐘。然後沾牛油、搗 吃就很美味了！」

走回行人步道區，有不少販賣油炸海鮮及飲料攤位，那就更吸引攜家帶 遊客了。均來自台灣大人小孩們都點了油炸比目魚、薯條及可樂。等候時間，少說也有十五分鐘之久，才嚐到美食。

「你怎麼點了大杯冰可樂?喝的完嗎？」房東隨意問著身旁安迪。

安迪承認：「今天曬太陽曬太久，頭有點昏昏。其實，我有偏頭痛毛病。今天中飯後加上曬太陽，有點昏昏欲睡。所以，平常我都會常喝咖啡或可樂，用咖啡因來提提神！」

「你的偏頭痛有什麼徵兆？」對方關心地問。

他回答說：「發作的時候，會 。所以，有的時候，我得吃藥或是上床倒頭大睡！」

觸目所及，無不都是一家人結伴來到 Stevenston（史帝文斯頓）漁村， 碼頭邊、參觀魚罐頭工廠、博物館和散步於休閒步道區之間。也有人出海觀賞海鯨蹤影，或是徒步海岸線靜觀海鳥和海獅。在這兒，一年一度加拿大國慶七月一日慶祝活動重頭戲之一，是史蒂文斯頓小鎮鮭魚節，因爲有花車大遊行，所以相當熱鬧。但是，往年許多參與遊行樂隊團員都抱怨：「遊行路線太長太累！」結果，這一年大遊行線路較以往短，因此，不再需要封鎖沿線街道。這下子，區內商店生意就不會受到大遊行影響。鮭魚節壓 戲，是黃昏時刻漁港邊公園區，施放煙火表演。這些全家人居家休閒樂趣，一再挑起了安迪更想過著一種所謂平和美滿家庭生活。

對我低語

晚，安迪和同住在樓上、緊鄰隔壁一間房客兩人，不約而同地在廚房內準備晚餐。這家獨門獨院經營民宿房東一家，很有默契，不會和房客們搶爐灶烹食三餐。於是，此時，只有他們倆個人忙著做飯。

「你有幾個小孩？」安迪問身旁房客。

「我和我太太結婚三年還沒有小孩！」

「，怎麼沒看到你太太，只看到你一個人？」

「，她在台灣。我這次來只停留一個禮拜，主要是來申請永久居民楓葉卡。下禮拜二就要回台灣繼續上班。」

「你在台灣的工作是什麼？」

「中國時報記者。你呢？你是來加拿大旅遊還是移民？」看似三十來歲男房客反問安迪。

「我是七月六號移民報到的。不過八月五號那天，就收到移民局寄來永久居民卡。」

年輕房客順便一提：「昨天看到一個海報說，明天晚上在**Royal Oak**附近一個華人教會裡，好像有一個台灣原住民兒童合唱團表演。你對這裡地形應該比較熟吧，知道怎麼到那兒？」房客一邊問安迪，一邊從口袋裡取出在民宿附近一家台灣珍珠奶茶店拿回來宣傳單。並口中唸出正確地點、時間等資訊。

安迪接手過來宣傳單，　速瀏覽了一下，即刻回答：「我知道那個方向。這個表演看起來還不錯！乾脆我和你一塊兒去好了，我也好久沒進教會了。」

兩人依圖，於第二天晚上七點十五分前，已抵達高架捷運列車 **Royal Oak** 車站前並等候片刻。確實，沒多久，一輛教會派來接人的休旅車出現眼前。

走進教堂，一看到既高挑又寬　大會堂與完善周邊設備，令人通體舒適。

首先，會眾齊聲隨著琴聲唱著詩歌「你孤單嗎？」：

「你真孤單嗎？

真孤單嗎？

祂曾降生成為人子，受盡淩　和苦難，

祂曾孤單在城鎮間，曾孤單在加略山；

未見一人與祂分擔，試想祂心何　慘！」

接著，當晚，表演者為原住民青少年合唱團，團員們被訓練以義大利美聲唱法來表現歌曲。節目進行中，隨著三大神曲如海頓的創世紀、　德爾頌的以利亞、　德爾的　賽亞精選演唱外，合唱曲目還包括世界名曲、民　組曲和電影主題曲等混合表演。青少年美妙歌聲，質清、悠亮，音如天籟，彷佛身置仙境，當時台下觀眾無不深受感動。每一個節目表演完後，安迪都會熱烈地鼓掌回應。

表演節目進行到一位來自台灣六　育幼院女大學生見證，然後伴隨她是含著淚水詩歌獻唱。歌詞清晰地打印在舞台左右兩側小銀幕上：

「雖不見　，觸不見

但是我知，　正在對我低語

，主耶穌，我深知

一直就在這裡。

是　的手，釘痕的手。

重新撫慰，我那破碎的心田。

是　聲音，溫柔話語，

再度填滿，我心靈中的飢渴。」

表演完畢，房客餘光　異一陣，爲何坐在一旁的安迪這次沒有任何動靜沒鼓掌？忍不住轉頭往右查看，卻發現安迪臉龐已沾滿了淚光，正在悄悄　淚。房客輕聲問道：

「你還好吧？」

「這首詩歌唱到我的心坎兒去了！」安迪　笑應著。

散會後，安迪不但放了一些錢在奉獻箱裡，而且贊助買了一捲DVD，因爲這就可以隨時重溫整個節目聲音與影像。

當兩個人站在教堂前候車返回捷運車站之際，安迪忍不住沉思默想：

「以前，自己好像生活在沒有光明的地方，不被多數人所認同。所以，故意遠離教會弟兄姊妹們的關心。今夜，讓我好想回到教會，期盼漸漸地離開那彩虹世界生活。畢竟，不可能搖擺在兩者之間吧！慢慢地，要遠離那些同志朋友。目前，還是需要同志朋友幫我搬家或找工作。還有，我要和女子結婚。」

今夜，心情頗似昨日黃昏心情感觸。昨天，安迪吃完晚飯，出門，在住處附近散步，路過一棵結了不少香甜黃李子果樹。難抗　惑，於是折返樹下望著果樹，發現，有結果子樹枝都在較高樹幹上。靈機一動，安迪使力地搖起樹幹，這下子，黃李墜落一地。安迪高興地起幾粒果實放置鼻尖嗅了一下，味香　人，忍不住咬了一口，真是果甜。隨後，安迪右手掌上盛滿著黃色果子。那時，即刻夢想未來，心想，要是將來結婚，所擁有房子前後院落，一定要種上很多棵果樹。好讓台灣親友以後來加拿大玩，可以採果娛樂。

「又垂枝結果　，或者果落一地，這本身不也就是一個景嗎？」安迪認爲。

馬上，又進一步地確定：

「要是有子女圍繞身旁作伴，那時候，絕不會選擇住在有很多同志的城市，也不住離同志社區太近的地方。」因爲這些年來環顧他身旁同志，年老景況，哪一個不是無依無靠孤零零一個人？

「得了吧，男同志，他們只是炮友，沒有真情，僅僅貪歡一夜情的感官刺激而已！我要開始在加拿大重新過一種　新生活。」他一再這麼告訴自己。

神遊片刻，安迪立刻又意識到周圍是曲終人散，一群群忙著寒喧與找車回家教友們談笑聲，間雜著匆促疾走而來或而去腳步聲。

安迪轉過頭來，面對站立身邊但仍不是太熟悉、在台灣中國時報工作男房客，再度寒暄一二。希圖　淡不久前短暫沉默，開口說：

「如果將來有錢，我會幫助那些無依無靠孤兒們！我真的敬佩那些在不同領域上做出重大奉獻、侍奉上帝的人！」

語畢，兩人這時也看到教會專車漸漸駛近他們身邊，準備接人送回 **Royal Oak** 高架捷運車站。

假如

星期天，安迪從住處搭巴士去參加華人教會主日崇拜。節目單上印著講者陳牧師當天講題「假如我是個同性戀」。

牧師道：「……四周有耳語、輕　的眼神或嘲　。家人勸導要多讀聖經。也看過精神病專家，說要　正回來。教會牧師、輔導也來好言相勸或以聖經上的話恐嚇他。於是有同性戀傾向的青年人，於是在生命沒有出口的當中，在高速公路上跳下自殺身亡……一九九六年美國國會通過了所謂『同性戀者的人權』法案。當大部分人同情同性戀者的人權的時候，美國的教會就成為眾　之的，反而成為法律的抵擋者，情何以堪！好好的基督教大國就這樣像高牆瞬間倒　，而且如骨牌效應般，所謂的基督教大國都躺平，因為失去了立場教導『聖潔』。

而撒旦所建立的性解放運動就席捲了世界，奪取了整個歐美國家的『性別教育』大權……我們再仔細看聖經的話，就知道利未記中記載說犯了同性戀的人是要被打死的。為什麼西方的大牧者說寄望東方，甚至指名中國人——就是你、我啦。哈，我告訴你，是因為我們是基督教『小國』，一般人不懂聖經的教導，對教會還有一些尊敬。不是我們有多偉大，是上帝賜下中國人機會，好好學習自己天天承認自己還有許多不可告人的事，如何在悔改中努力愛神愛己罷了。再不努力，耶穌不會認我們的。現在就是我們認罪的時候了。既然是罪人，那麼你我就都一樣，互相是平等了，我可以向你公開我身份了。不好意思，我不是一個同性戀者啦，只是假裝的……」

移過去一點

這一夜，黑幕覆蓋著溫哥華市，大衛街轉角一家鮮果店幹練老闆娘，帶著香港腔中文向三位夥計宣布打　熄燈了。安迪最喜歡一天工作結束時刻。心情輕快地把鋪陳在店外走道上一籃籃鮮豔水果，搬進店內。清理一些垃圾，快速巡視店內不同角落後，打卡下班。

搭高架輕軌捷運交通，返回位於本那比市（Burnaby）的 Metrotown 捷運站旁居所。到站，從月台走下台階，出站，步行三、兩分鐘，就到了廣大一片兩層樓建築物，它們是上下分層的平價木屋公寓區。

上了二樓，進屋，喝點水，旋即坐在電腦前，開機。這回，安迪驚喜若狂，因為近期網交一位台北少帥要來溫哥華。兩人還相約會面。少帥在台灣算是稍有名氣彩　師，是一些藝人欽點專屬化　師。初夏，將隨著台灣民族舞蹈團來加拿大公演，他負責全團彩　重大工作。這份差事對少帥一個人來說，雖然需要打點的人多，但是多年歷練努力下來，這項工程，可說是駕輕就熟，易如反掌。只是這次幫演員打　，精準之外，手腳要快。

重點中的重點是，照片裡少帥外貌，不知是否爲修片關係，膚肌像是凝脂般潔白。況且眉宇　揚，衣著簡單但時尚。誰看了，都會同意，一眼看上去，少帥確是位　清爽美男子。

安迪興奮到了極點，像是　到一筆天外飛來夢　以求的豔遇。

安迪望穿秋水，這一回，眸子滿懷著希望和受到鼓舞的激　。一想到台灣少帥即將真實地出現在眼前，同時，兩人竟還約定同遊溫哥華，安迪整個人就精神抖　起來。這豈能和先前對俄羅斯虛擬美男的遠距　情、卻落得最後受　，相提並論？

那些日子以來，安迪常奢想著能一親少帥芳澤。

多日引頸以盼大日子，終於來到。

一早，兩人用手機約了在民族舞蹈訪問團下　小旅館轉角見面，以避開團員耳目。

碰了頭，一高一矮打招呼寒喧後，先搭巴士再轉搭捷運，回到本那比住處。

走近 Metrotown 捷運站旁公寓社區，少帥及時感受到木製上下兩層屋舍不但老舊，而且四周環境雜亂。完全沒有印象中北美住宅區風采。安迪用鑰匙打開一樓公用大門後，拾級走上二樓。樓上長廊燈光昏暗，土黃色厚地毯沾染　幾塊，一股陳舊氣味襲鼻。

再開一道門，脫了鞋，進屋內。客廳看似空蕩，僅見地毯上豎起一塊大彈　床墊。彈床墊頂著牆沿，沒有床架。一根尼龍粗線懸掛兩面牆壁之間，充當室內　衣服用。牆角處，一只黑色大皮箱。另有一張舊長沙發，椅背頂乃靠著另一面牆沿。

至於臥室，安迪布置一張設有床架的睡床、書桌和桌面上一台電腦、牆角一台老式笨重大電視。環視屋內一周，容貌不凡英挺少帥覺得自己像似一匹浪漫又色彩絢爛的彩　，卻飄進這殘牆斷壁如荒地。不過，嘴巴上沒說什麼，爲了一種禮貌。

不多時，安迪在陽春一切從簡廚房內，忙著開伙，鍋內加水，放入四整條金黃玉米，開始煮食。電鍋煮飯同時，安迪清炒青花　菜　末及洋蔥炒蛋。順便把昨日就已滷好一鍋雞腿再溫熱一下，總算飯菜香味四溢。

閒不下來，安迪又匆忙在黑色拼裝木餐桌上，擺好餐盤、叉匙、一人一杯黃橙橙冰柳橙汁和白色餐紙。總算擺好一頓家常便飯。

「這張餐桌要小心點。因爲大力碰撞，會搖晃不穩！」

「這是什麼桌子啊？」少帥忍不住調　。

還算愉快的一頓午餐後，兩人移步至客廳。少帥雙腿伸直整個身體舒適地坐在沙發上，雙手時而環抱在腦　頭後時而胸前。安迪拉了張　椅於一側，坐下。閒談。

談著談著，安迪問少帥最開始愛之旅。

「那是我在當兵的時候。」少帥說。高職畢業晃蕩兩年，屆齡服兵役，收到兵單赴新兵訓練中心三個月。期滿，分發下部隊，一位連長在一堆新兵中，銳眼來回掃視，可要好好挑選指揮官貼身傳令兵。結果，少帥被相中。從此，每天軍職工作項目，就是把指揮官照顧好，比如洗衣、　衣服、擦皮鞋、整理招呼一切生活起居。因此，每天晚上，打開行軍床睡在上級長官附近，兩人同室，方便隨時待命。

一開始，　畏懼指揮官威儀和軍容。關於服侍一切動作和軍禮，力求俐落、不敢怠慢。過些時日，一切上軌道後，多少摸清楚長官脾氣和好惡。況且，人相處久了，彼此也就不再陌生。

那天下午，權威不可一世指揮官原講好要下部隊巡視一下。午時三點左右，實在有點累，妙想趁機偷懶小眠片刻。內心盤算，只要在指揮官返回營區前起床，應不　事。於是，向來有裸睡習　小兵少帥，赤裸了全身，鑽進指揮官舒適大床上被窩裡，好好享受補眠樂趣。

這一睡，睡得天昏地暗，不知時間匆匆。

朦朧意識中，有人掀開棉被一角，拋下一句：「移過去一點！」當傳令兵，下意識裡，一聽到指令，少帥遵命稍微移了一下身軀留出空間。入侵者也是裸身鑽入，兩人肌膚緊密貼近。微驚，一轉身睜眼，「是指揮官！」驚異中，略帶著驚喜，微聲：「你來了！」這時，已是軍中黃昏晚餐時間。烈火　熱，火山爆發，流瀉千里！不但晚餐略過，兩人連當日部隊的晚點名，也都沒離開那張床，一直到次日黎明。

「退　前，我對指揮官索求無度，夜夜都要和他做，就是有這個需要。」

那時，心底可爽到翻了，因爲，每天，太陽照耀下營區內，指揮官有如太上皇不可一世權威在上；可是，一旦月亮露臉，他就成了少帥入幕之賓、生理情慾的奴隸。做牛做馬卻同樂。這種以小搏大所帶來異樣快感、征服感，少帥得意：「青春　體萬歲！青春無敵！」

「他長什麼樣子？很帥？」安迪好奇問。

「說不上多帥，就是軍人體健、結實又有軍威的那種。他是老大。只要有極大權力的人，是不是就性感？他的樣子，具體一點講，就像現在立法院長王金平。　黑皮膚，濃眉的。」少帥接著：

「有幾次，他老婆來部隊，他就會找　一點相貌平凡小兵來替代我。所以，我和他老婆從未面對面相遇過。」接下去：

「不過，我也很壞，快自軍中退　的時候，親自下海挑選來接我位子的小兵。你猜怎樣？哈！我挑了一位最　的新兵。」

「現在你有**BF**男朋友？」安迪再問。

「一位小朋友吧！每天纏著我。上次，我去大陸示範彩　表演，小鬼天天問什麼時候回台灣。我在電腦鍵盤上敲敲打打『快了！快了！快了！快了！』」

「你想和這小夥子固定下來？」

「還不至於！　！誰知道！不過我個人是真的希望未來對象，是一位能夠照顧我的人。」

「你到今天還會想念那位指揮官嗎？」

「信不信？我還會。他很性感……」講到這，少帥帶著主導命令口吻：「給你這麼一問、一答的，現在我的性趣有點上來了。走，我們進你房間去。」

一前一後進了房間。不到兩、三分鐘，少帥先整裝一下，走回客廳途中，像熄火般面無喜色，搖了搖頭，微 嘴角一兩下，嘆了一口氣！

面帶狼 ，安迪馬上跟出來，腦海裡：

「他褲檔內那 伙，實在有夠大。還是自己尺寸太小，怎麼看別人都覺得大？」

也算奇特，就這兩、三分鐘，兩人都不再對彼此有浪漫綺想！一個是失望心情，一個是自知不夠 力自 心情。不過，雙方更知道，場面話和未完成戲碼，還是要照原先預定劇本走下去。

「溫哥華有賣維他命保健品嗎？我要幫朋友家人買。」

「我們家前面大馬路對街，就是一個大購物中心，再過去一點，還有一個華人商店廣場。在那兒，有一家就是你剛才提到類似維他命商店，價格會便宜一點，我帶你去！」

午後散步到維他命專賣店，一位操著台灣口音、年輕清 女店員，親切招呼上門顧客。少帥看了些瓶瓶罐罐，轉頭請教店員某些產品時，女店員解說完，不避諱笑著直言：「先生！你長得好帥！」

買完維他命和補品，少帥說他要回旅館，因爲早上出門前，講好要和團員一起共進晚餐。

「我送你！」

「不用了！我知道怎麼坐車回去。」

「下次什麼時候見？」

「明後三、四天，我都要忙著團員表演節目！回台灣前一天，我空下來，你再帶我去逛溫哥華好了！到時候，我要給自己買些新衣服行頭帶回台灣。」

果然，接下來幾天，民族舞蹈團員登台表演，所有彩　工作，少帥一手接下。基本上，畫京劇、歌劇的油彩　，不同於畫戲劇和雜　的　，因爲主題不一樣。然而，這一次，少帥接觸工作面，雖然人多、雞飛狗跳難免，但一切均在掌握中。不論粉底、眼影、油彩、或冷色系、還是暖色系口紅、快速補　，甚至對於髮型和整體造型等拿捏，少帥又再一次證明自己在工作表現上的口碑，絕非浪得虛名。

任務圓滿達成後帶來巨大成就感，帶來更寬闊、一派輕鬆感。再遊溫哥華，少帥更添加了夏日異國旅遊興致與浪漫。安迪向水果行老闆娘申請休假一天，好陪少帥略盡地主之誼。兩人並肩在溫哥華市區逛街壓馬路，當時已是上午十一點左右了。路經一家比薩店，少帥以一種爽快語氣對安迪說：「走，我請你吃比薩、喝可樂。」

吃喝之間，安迪暗地稱讚少帥很上道，懂得禮尙往來，賓主盡歡。

夏晴。從這一個世界級都會市中心，兩人步行至英吉利海灣，再沿著海岸線，欣賞眼前山景海水、城市天際線、一棟棟直聳高樓建築。另外，有居民慢跑、騎自行車、或溜冰擦身而過。少帥隨身攜帶數位相機一直沒閒著。

走回城市繁華街道，少帥在街旁一家星巴克店停下腳步，示意安迪何不喝杯咖啡歇歇腳。沒有打算坐在咖啡廳裡，手持飄著香濃咖啡杯子，走向戶外人車熱鬧街邊咖啡座，兩人面對面坐下。聊著生活點滴，少帥談到一位男性彩　朋友，多年前，不但同樣在大百貨公司化　品專櫃主持發表會，對方也是一位同志。雙方原本互看不順眼，未料不打不相識，結果成爲彼此好友。忙碌起來，兩位彩　師都是上海、台北兩地跑。假如久未見面，一旦相遇，打趣招呼語是：「你還在搖　股嗎？」

安迪口說著遠在美國前男友凱瑞近況，還有兩人過往　。

「我們老家以前在北部，是開　女戶的……」少帥語出，驚到安迪。

不過，安迪沒有緊跟著問，這樣家庭背景，對一位少男性向轉移有何影響？

安迪這倒想起在台灣，親戚家一位女兒，外表美麗且在旅行社上班。她在一位細皮白肉、出身名門、十分有教養文化青年人不懈努力追求下，終於下嫁。夫家的公公可是全台灣知名　體人，無人不知、無人不曉。婚後，不捨犧牲掉手邊工作，她安心地讓老公赴香港發揮事業專長，自己在留在台灣，和娘家住在一起。日久，家人偶會擔心：

「年輕夫妻，沒子女，加上分隔兩地，這樣可好？妳要不要去香港守著老公？」

「　！放心啦！我老公家教很好又很有教養，他很　的！他個性很內向，他膽子小不敢碰別的女人啦！」後補上一句：「我很了解他，你們別　操心！」

由於丈夫工作關係，遊走在花花世界的香港。沒幾年，消息傳來，斯文多金年輕丈夫，私下和金髮碧眼金絲貓俄羅斯 女，產下一子。事後，丈夫告訴新婚才不久妻子，他只愛結髮妻。這時，她陷入兩難，十分痛心愁苦，舉 不定！

安迪和少帥喝完咖啡，走回大街，眼見一家 柏翠（Crabtree & Evelyn）專櫃門市，少帥說他要進去看看。店內逛了一會兒，看中護手霜買一送一促銷產品。少帥將樣品抹一點在安迪手背上，要他觸感一下擦 後皮膚，是不是柔滑多？

「在台灣，我都是用他們品牌這款護手霜，效果很好。買一送一，太划得來！我要買。也推 給你。」少帥熱心道。

下一個大採購行程，「我要買些新衣服。」少帥說。

沒隔幾個街口，一家連鎖男裝店正播放著快節奏歌曲，預示這家店專以青年男子顧客爲主要訴求。果然，店內所陳列款式、顏色都是二、三十歲流行口味，頗適合三十剛出頭少帥。計時一下，他們起碼在服飾店待上近一個半小時。少帥細心 賞、比價、試穿、前身後背照鏡子左瞧右看。一趟折騰下來，安迪也快精疲力盡。總算，買下衣褲數件，這才滿意地離開。

晚餐後，安迪陪少帥從市區直接坐 98-B 巴士回旅館。由於公車上不知如何打發時間，所以安迪隨意問了少帥他所從事彩 工作，到底是一個什麼樣事業？少帥於汽車行進間，興致勃勃地描述他工作內容概況。

季節不同，替形形色色女人化　。少帥深深體驗到，想要在這個美的行業裡出人頭地，成爲一個可　性大師，除了專注在工作上嚴謹態度不可嬉戲、技術經驗上追求技巧精良之外，保持冷靜和隨機應變，更是建立自己彩　系列重要元素。

多年拜師鑽研下來，美麗　容專業上，髮型、色彩與創造，是少帥強調基本區塊。然而衣裝，甚至是指甲，也都是彩　整體配合考量裡，不可漏失。

模特兒髮型上改變，少帥會推敲要做出波浪長捲髮？剪髮？短髮？染髮還是挑染？　底則要求完美清透，而飾底粉、古銅修容粉、遮瑕霜、閃亮身體乳和刷具、畫筆，這些都會隨機派上用場。至於顏色方面，強烈顏色太沉重？又淡色太柔和？還是調繪出溫暖色彩？

靈魂之窗眼睛，強調眼睛形狀，譬如畫眼線提升眼角，確實可改變整個人容　。上　毛、畫好　毛，來個煙燻感的眼　？或添上眼影珠光？使用　紅，畫上唇線，唇蜜的使用，最後會創造出時尚感彩　？搖滾風格？華麗風格？大地色彩又前衛感？這些種種可能性，少帥都會根據需要和靈感來加以　。無非讓女人在彩　奇妙改變後，感覺自己是明星，創造出美好、難忘回憶。然而，私底下，少帥還是欣賞自然乾淨加州風格。當少帥興　地講完這些，聽得一頭霧水的安迪再問了一些台灣近況後，他們也就快到站了。

旅館門前道別，少帥深深向安迪　了個躬表達感謝。再揮手一別，兩人背對背離去。每個人內心都知道，「就這樣啦！普通朋友！」根本談不上任何浪漫牽掛。

落單一人。不停轉頭張望返回溫哥華 98-B 公車是否及時出現遠端？有時雙眼被夜間川流不息行車前燈，照得刺眼起來。無　，仍不見巴士身影。顯得不耐，是因爲安迪想快快閃離少帥要過夜旅館區，回到本拿比狗窩。似乎如此，才可以擺脫兩人無緣所帶來淡淡　，和錯失良機看得到卻吃不到氣　心情。何！

還在等夜間巴士，手機響起，一接，是喬治。喬治說，他和阿鴻下個周末要回台灣，所以藉這個機會找一天大家碰面吃頓飯……

駱駝

說起喬治，得回到一年前，夏末。安迪　二樓陽台，終於巴望到，遠從台灣飛來溫哥華喬治和阿鴻雙雙出現。他們兩人拖著幾個超大行李下計程車，真像搬家一樣。安迪衝下樓迎客。

「台灣好熱！溫哥華的夏天　舒服！」見面第一句話，喬治脫口。

這是安迪第一次和台灣網友喬治相見。之前，均拜網路之賜聊天平台。

回想，近年來，網友魚雁往返或電話八　來去雙管齊下，最驚訝，莫過於三十多歲喬治，從台中稍來電子信　。喬治告訴安迪，剛擁有加拿大永久居留權，暗中規劃要和仍在逢甲大學準備升大四小男生阿鴻，私奔到加拿大結婚。

「同性婚　在加拿大已合法化。阿鴻想趁這個機會拿到加拿大楓葉卡，希望將來能居留加拿大求學發展。八月底，我會用移民簽證第一次 landing 入境。阿鴻用觀光簽證。到了溫哥華，我們再找律師辦理結婚。聽說，婚後住滿一年，阿鴻就可以拿到永久居民楓葉卡！」

爲了一個浪漫，喬治把在台中累積多年的補習班教職經歷，中途辭掉。阿鴻休學，然而，住在台北雙親，全然不知兒子規劃好爆炸性人生大事。阿鴻申請觀光簽證於九月一日入境加拿大後，先後奏，再打電話給台灣父母和弟弟，表示他會留在溫哥華，當然不提喬治。家境富裕，自幼被寵，長子阿鴻做了決定，家中父母沒有激烈意見，僅送上關心。

其實，未見面前，安迪十分好奇，一直想見阿鴻山真面目。說穿了，還不是連他都無法否認，阿鴻PO在網路上照片，色無邊。那一天終於來到。本尊現身，讓人訝異其間落差，阿鴻本人高胖，不似相片中所散發年輕靈之氣。至於喬治，皮膚黑高，黑白分明眼珠，鬍子得乾淨，但一看就知是個絡鬍。安迪把他們暫時安頓在客廳打地。略備茶水飲料，休息一陣，安迪帶他們步行僅一站之遠 Royal Oak 捷運站邊，有一房一廳，小倆口未來租屋，去瞧瞧。房東太太是台灣人，早在一個月前，安迪已先幫忙訂租下來。

自從喬治和阿鴻搬去 Royal Oak 後，三人也常會聚聚。但大部分都是在附近商圈共進中餐或晚餐，例如吃到飽西式自助餐、老山東牛肉麵、式小火鍋和商場內風味各異餐食。至於看電影？不可能！因爲喬治說，自己和小狼狗阿鴻在加拿大所有開銷，都是他獨自負擔。出社會，在補習教育界這些年來打拼存錢，大都隨著這次移民帶來，所以要小心理財。

「阿鴻父母都不會分擔一些錢？阿鴻目前自己的經濟就這樣全靠你？」

「對啊！阿鴻還是大學生怎麼會有錢？說到他在台北的父母，完全不知道我們在加拿大結婚。不但阿鴻父母不知情，連我守寡多年老母親也不知情！這種情形之下，當然由我來支付一切！」

「你太偉大了！我懷疑我根本做不到！」安迪搖了搖頭，眼露欽佩神情，接下來又好奇：「你們兩個人從此以後就在加拿大住下？」

「不可能。等到阿鴻拿到楓葉卡，我們就會回台灣！往後，阿鴻要不要用楓葉卡移民身分來讀書或發展，那就看他自己怎麼決定。

「我在北美待過。研究所碩士兩年半在美國唸的。對我來說，美國、加拿大都一樣。說實話，我不會喜歡留在北美，我寧願住在台灣。」

安迪沒有追問，既然如此，當初爲何要申請移民？

喬治聊著，從年輕一直到加州州立大學洛杉磯分校（California State University at Los Angeles）攻讀碩士爲止，喬治人生第一階段百分百比重，一直是讀書，任何事均以讀書掛帥，其他事情閃邊。

從那之後，進入第二階段，愛情，一切以愛情爲重。當即將從加州校園畢業前夕，認識了人在夏威　美國男友。爲了愛他、兩人能長相廝守心願，喬治拿到學位不久後返回台灣工作期間，想起了一條捷徑，就是申請加拿大移民。這樣子，美加兩國就可通行無阻。在台灣，喬治花了十二萬元請移民公司申請加拿大移民。世事難料，就在申請移民半途中，雙方卻分手了。後來，移民案件申請順利，拿到移民簽證。這時，就讀大三小伙子阿鴻，適時走進人在台中居家工作的喬治生命中。

兩人策畫夏末秋初，齊赴加拿大壯舉，對正準備升大四阿鴻來說，不想當兵，逃兵是他離鄉背井主要動機。至於，對喬治而言，熱戀中，佔有慾特強，加上如果延後赴加拿大，那麼移民簽證將會過期無效。簡言之，喬治希望阿鴻同行相隨，也是爲了愛情。

兩人同築愛巢於加西溫哥華。喬治原想自己可以工作　錢，同時，阿鴻可入學繼續學業，儘快融入加拿大當地生活圈，相依相伴過日。還算幸運，喬治在列治文（**Richmond**）當地一間華人家教中心找到教英文工作。幫助當地出生華人和移民華人學生，補習英文。

加拿大國內學生從七年級至十二年級中學生，年年要接受省考即　定考，一級級通過，才可畢業。喬治幫忙補習英文，學生對象例如出生本地高中生畢業後想赴美國唸大學，就需應考**SAT**英文寫作。另外是新移民學生在校一般課程銜接輔導、**ESL**英語爲第二語言課業、和申請加國大學得應考類似加拿大版托福英語測驗。中學「閱讀」課本裡當代小說和詩歌作品分析，還有英文文法等補習工作，這些對喬治而言，都不是難事。

家教中心華人老闆，一開始付喬治時　十五加幣，沒多久即調升至二十元。雖然後來聽聞老闆給洋人時　是四十加幣，但是分發給喬治學生個案算　多。因此，一個月下來，也可個一千六百塊上下吧！勉強湊合了。

深秋，喬治和阿鴻積極規畫結婚申請一事。他們在購物中心找到一家法律文件公證事務所，索取結婚申請表。對方並給了幾個專業公證人名片電話，當事人可依自己居住地區選擇一個較近的公證人選，自行聯絡　談婚事安排細節，例如繳交相片、簽字、移民證、健康查、驗指紋等手續得辦妥。趁冬天未來前，喬治和阿鴻會前去公證人家中舉行簡單結婚儀式。當天，同時得請來兩位朋友擔任見證人，也要簽字。這份正式簽字文件也得一併入檔，作爲阿鴻申請配偶移民必備資料。

沒幾天功夫，如昔，打卡下班，安迪從溫哥華西邊水果店直奔捷運站。回到本拿比住家，也都晚上十點多。口中正吃著從店裡帶回來蜜桃，手機顯示器上看到喬治來電。水果　吞後，立即對著手機講話。喬治請求一個幫忙：

「我把律師找好了！下個星期五結婚。你出面當證婚人，拜託了！」

「沒問題！還有什麼其他可以幫忙嗎？」

「你找一、兩位朋友，假裝是我的朋友，叫他們寄　卡給我。另外，結婚當天，你也幫忙照幾張相，這些，都要存證，供給律師幫忙阿鴻申請楓葉卡用的。」兩人在電話兩端再一次　查公證人住家地址正確方位。在國內外，參加過多少婚禮，唯獨這一次男男婚配，對安迪來說，絕對是人生第一遭。

婚禮，星期五一早，三個男人西裝、領帶全上身，套上皮鞋，一改過去休閒裝扮。

爲了省錢，三人等公車赴約。

走到一個花樹　人住宅區，終於來到一戶人家小庭園前，留步。

一位金髮碧眼、狀似女主人名叫安　出面，親切接待。律師也在場。兩位中年洋人，輕聲細語對談並討論事情，看似非常和　有默契。想必他們對這種公證結婚儀式，都非常地熟悉。

安　趨前調整了一下新人領帶或袖口，表示熱　。

在場只有五位人士。

正式婚禮進行，律師手上一本聖經，除了講述愛的真諦，也講到愛的承諾，一如任何一對異性結　正規流程與內容。然而，對安迪而言，簡單卻正式結婚儀式，仍流露出一道莊嚴光亮。一閃，靜默中，流瀉一種莫名感動。

婚後，安迪抽空探訪喬治和阿鴻數次。

踏進狹窄雜亂小屋，喬治現身招呼談笑。阿鴻只驚鴻一瞥打個招呼，返回房間，一直待在臥房電腦旁，上網和台灣朋友聊天。只有安迪、喬治兩人坐在老舊二手沙發上敘舊。不久，喬治留安迪吃晚餐。起身，「阿鴻天天上網！哪也不去！」喬治略帶抱怨繼續說：「他說將來想在加拿大把大學唸完，可是，我天天看他不讀書。英語在這裡很重要，我也不見他在語言上面下工夫。」一邊講邊走到廚房流理台，又不時地打開冰箱拿出些蔬菜鮮肉，準備下廚張羅一桌飯菜。

「他比以前更胖了！」安迪笑說。

「他不運動！只有出門買菜購物或偶爾上上館子打牙祭，才會起身四處走動。其他時間，都是整天待在屋裡上網，哪也不去！」

跟前是堆積雜物，兩個大男人散落四處鞋　衣物，那閉悶氣味，真談不上任何浪漫。或許，這就是任何典型婚　生活裡部份真相。安迪暗自慶幸，同志間，戀愛打　就好了，犯不著走進婚　找罪受。要是不幸，加上彼此性情磨合，或是生活上小細節不和　，在在都傷感情。

沒有豐餘預算，生活上一切開支都降到最低慾望和消費。買菜爲例，喬治只會採買特價食品，並且善用各式各樣折價　，精打細算，以便宜爲持家過日最高指導原則。申請和等待楓葉卡居留證核准期間，難免擔憂前途未　、患得患失。可想而知，同居夥伴日久在生活上意見難免相左，更催化相處無趣感。每個人偶爾會興起「此爲何來？」之慨。雖然如此，事情發展至今，衡量後，也只有硬著頭皮往前行，一切以阿鴻移民身份確立爲目標，才不辜負當初築夢傻勁。

一個假日黃昏，餐廳吃完晚餐後閒聊，喬治對安迪說，對某些人，移民之路，何其辛酸！他舉例，當年，人仍在加州州立大學洛杉磯分校求學時，一位同爲台灣骨肉同胞年約三十歲出頭男同志，爲了居留美國身份，竟和一位年過七十歲美國白人老太婆辦理結婚。用　蓋想也知道，夜幕低垂，情慾爬滿心房，洋婆怎麼可能放過送到嘴邊肥肉而不享用？

台灣青年爲了身份，在不得不做愛中，「有種被老太婆強暴的感覺！」痛苦不堪，痛不欲生，終於下定決心離婚。「拿身份，還是靠自己！」出賣靈魂和肉體勾當，絕對是無邊無際深淵。台灣青年重返洛杉磯校園，修讀特殊教育碩士學位。畢業後幸運地找到工作，最後也擁有了夢　以求移民身份，定居美國至今。

第二年，五月天，阿鴻拿到加拿大楓葉卡。當楓葉卡核准下來，阿鴻尤其興奮。這代表過去在加拿大辛苦忍耐日子，總算沒有白費。喬治鬆了一口氣，乃基於對阿鴻仁至義盡、信守愛情承諾這兩點上而言。苦盡甘來？

六月，阿鴻的母親從台北轉來一封逃兵警告信件。信中強調逃兵嚴重性。看完信，想到如果逃兵案成立，阿鴻二、三十年回不了台灣，也見不到父母弟弟等親人，除非他們來加拿大探望阿鴻。另一方面，眼看過去一段日子以來，阿鴻既不願申請溫哥華大學讀書，也沒興趣出去工作。還有，阿鴻英語能力差又不肯學語文，天天只顧宅在房內將自己掛在網上，忙著和台灣一些朋友窮聊或玩遊戲。這樣發展下去，也是喬治未來一大負擔。於是，喬治還是決定叫阿鴻回台灣，好好服完兵役，待想來唸大學時，再回溫哥華。

幾天後，惜別晚宴上，喬治當面感謝安迪，居住在溫哥華時安迪所提供種種協助。這些客套、應酬話，都由喬治來掌握。一旁的阿鴻，大都安靜地吃喝或聆聽。

七月下旬，阿鴻先行搭機返台，準備入　當兵。稍後，喬治也打算返回台中老家。當初申請加拿大移民，是爲了愛情，爲了一位夏威　美國男子；這一次乾脆毫不　戀地離開加拿大，也是爲了愛情，因爲阿鴻要離開身邊返國當兵。由於喬治的寡母哥哥　要來溫哥華遊玩，所以他先陪家人旅遊加西風景區後，再坐飛機飛回台灣。

飛回台灣，喬治擇期重返補習班教育業，重執教　教起課來。阿鴻一返國，即入營服兵役。除了周末回台北父母家，阿鴻在一星期中，也有一、兩天前去台中和喬治同住，雙雙吃飯聊天看看電影。不過，喬治多少感覺到，阿鴻對他已往熱情似乎漸淡，不似從前。

服完兵役，阿鴻退　離開軍營日子，終於來臨。喬治懷著與伊人同宿同飛心願，曾多次一腔熱情地打手機和阿鴻連絡。原先，是沒人接，接著演變成空號。阿鴻無聲無息地如人間發，令喬治擔憂不已。間接地從其他網友得知，阿鴻已義無反顧地隻身飛去加拿大讀大學。不給老情人喬治任何音訊，恩絕義斷。拍著豐厚羽毛，展翅高飛，去尋求另一個墊腳石和夢想中美好愛情。

一度，居住台中和溫哥華兩地，讓人感受到城市的心跳。戀愛時，彼此釋放溫度，雙眸看著對方，猶如一幅風景。一旦背叛者頭也不回地溜逝，傷心人雙眼，哀愁地閱讀一本有關人性的書。領悟出城市中兩個人心跳，從未合鳴過。

阿鴻劈腿，偷溜神隱後，喬治受了極大衝擊。此後，喬治比較小心放入感情，以免再度傷心。做愛的男人，人來人去，每一次，最多僅維持兩個月，終會走上分手一途。一直遇到一位二十八歲熱愛游泳、自行車和短程馬拉松運動員阿　，他家住在彰化鄉下一個小鎮。阿出櫃是最近的事，因爲一位男同志向他表白，做完那一次愛後，阿　才踏入同志感情世界。

阿　和喬治打得火熱，兩人許下承諾，每人套上定情戒指一枚以示忠貞。三個月甜蜜時光過去，一天，阿　暗示喬治，他無法從彰化鄉下搬來台中和喬治同居，因爲：

「要住在家裡，好照顧單親媽媽。」以及

「來自家庭壓力，將來會和女人結婚！」

聽後，喬治暗想，「我媽也是寡母，父親已逝。哥哥姊姊結婚成家，年前我還和母親同住。近來，想一想，我年紀已不小，還是獨立門戶另覓住處，需要全家團圓聚會，才會回家探母。阿　你也不小了，應該單飛過自己生活才是！」「和女人結婚？你是雙性戀嗎？過去這三個月，當我們翻雲覆雨，你看起來　投入享受，應該不是雙性戀吧？但誰知道？以前這種人我也見識過，這類人，對我來說，都有點怪怪的！」「我看，還是結束這段感情吧！別愈陷愈深，到頭來，損人不利己。」

分手後，喬治脫下戒指，好往前走。一日，阿　又來找喬治，喬治一驚，「我們不是已經吹了嗎？幹嘛還回來找我？」「什麼？你還戴著那枚定情戒指？脫下來吧！沒意義！」阿　說：「我鼓勵你再去找別人，因爲有人照顧你，我才會放心！」

阿　不知道，喬治沒當面說出口：「你是我現今再也不輕易墜入情網、和太早許下愛情承諾的——壓倒駱駝最後一根稻草。」

遠在加拿大，安迪這時也不知該如何安慰已返回台灣的喬治才好！只好靜聽喬治抒發一下情緒，作一名聽眾了。

大提琴

安迪從家裡附近鐵路鎮（Metrotown）捷運站上車。搭乘大溫哥華地區架空列車（Sky Train）捷運系統上下班，是生活中例行節奏。

今天星期六黃昏才出門，而不像往常工作日早上十一點，就得匆忙趕著上工　錢。那是因爲要回鮮果行，爲一位青年港仔同事代班打工。原本輪休一天，而這天碰巧也是一年一度溫哥華光明煙火節演出日子之一。港仔在這天約會女朋友，夏夜出遊，故請託安迪幫忙回店上夜班。安迪一口答應，因爲去年已瘋過城裡國際煙火節所有活動，今年，爽快地助人、成人之美！

鐵路鎮上有一間大溫哥華區最大購物商場，因此捷運站內人潮是湧進湧出。由於列車行經路段介於體育館和新西敏市（二　）兩站之間，捷運採高架運行。所以，當安迪擠進車廂內，面向透明門窗外，順道看看腳下閃過市景。擴音機播報：「派德遜站（Patterson）到了。」它不是什麼大站，僅少數人上下車，這意味著車廂內擁擠情況照舊。面無表情地　著嘴站立，緊挨在他身邊兩位乘客交談不停。

回想，對於車廂內陌生人彼此對談，稍有印象是有次架空列車離開哥倫比亞站（Columbia）後，沿著天空之橋橫越菲沙河，朝向終點站素里市的喬治國王車站（King George）。途中，見一位少女，憑口音推測，應是中南美洲新移民。她高　地向從家鄉來親友們述說，位居加拿大太平洋門戶和第三大城溫哥華有多美！當時，安迪心裡默認該城市的確迷人，不僅是北美太平洋沿岸最大天然良港，而且還幾乎四面環水。一個城市有了水，似乎就淨亮些！

車廂內人擠人。從喬依絲　哥靈　站（Joyce-Collingwood）開始，即進入另一段車票加價收費區。隨後分別停靠二十九街站（29th Street）和乃磨站（Nanaimo）後，擁擠情況才改善，不少人陸陸續續下了車。而且介於這三站之間，捷運車軌是在地面上運行。然而當列車駛向百老匯站（Broadway）方向，人車又在高架橋上飛奔。

總算，安迪找了一個空位坐下。面對的是一位　著端莊整齊髮　白髮老婦人，她把頭髮起來，　束在頭頂上優雅髮結。旁邊坐著年輕少男，透紅雙　、自然紅潤雙唇，胸前豎立著裝有黑色大提琴的盒具。老小談話，安迪原不以爲意，也沒啥太大興趣。不過，雙眼唯有向前看時，不經意地，看出少男恭謹地向老婦人問了幾句。而乾白無血色臉龐上，僅有畫上黑色眉毛和塗上紅色口紅人工色彩老婦人，矜持又　雅體態和手勢，禮貌作答。從他們謹體語言，可以確定他們絕不是熟人，他們肯定是搭車湊巧坐在一塊兒乘客而已，隨意搭訕。

安迪稍爲專心聽了一下雙方對話，婦人對少男講了些戲劇和藝術之類見解，以及說了幾個人名。少年聞後，態度愈是恭謹，完全沒有粗枝大葉言行舉止。

列車過了百老匯，也過了緬街——科學世界（Main Street-Science World）這兩站，正要朝向體育館——華　站（Stadium-Chinatown）方向前進。安迪忍不住猜想，優雅老婦人看起來有七十歲左右，她修飾過的儀容衣裝還有眼神、嘴角和手勢，大概是資深古典藝術表演者，要不然就是藝術學院教授。她又像極了來自美國東岸修養優美文化人。

少年呢？他不像大學生，因爲在北美，像眼前少年　兒肥的容顏和細緻到不行的肌膚，只有在高中生階段綻發。於是，安迪　度他不會是美國華盛頓州立大學溫哥華分校或溫哥華當地一間名叫新意象（New Image）藝術學院大學生。可是，手護著大提琴？爲什麼？啊！

想起來了，看起來成熟高大但　氣未消少年　，應該是溫哥華天主教藝術男校（Vancouver College, Catholic Boys School）高年級學生？

當列車放緩速度準備在體育館靠站，少年起身拿起大提琴走向車門準備下車。安迪驚訝少年個頭高大，渾身散發出血氣旺盛、蓬勃生命如東昇　日，從山邊燒到水涯。第二個驚訝，少年沒有向老婦人禮貌性道別序曲，就冒失從座位上站起走人，毫無預警。第三個驚訝，車門開啓，少年背對著老婦出門走向月台之際，女人快速從手提包中拿出一只口紅和一面小圓鏡。不顧四周旅客目光，一手拿鏡一手持口紅，全神貫注地在雙唇上描紅，有效率地在極短時間內補完　。兩手這才又優雅地整了整左右髮絲和衣領衣袖，再微挺腰桿抬頭端坐。不解爲何有此動作?當列車準備關門啓動刹那間，更戲劇性驚訝發展，少年抱著大提琴衝回列車，走回老婦座位旁坐下。這時，老婦面露驚喜但節制，依舊展現出美美風雅。少年轉頭面向老婦，相較先前拘謹，這回他的話更多且更自然些了。

架空列車一出體育館站，然後一直綿延至終點濱海站（Waterfront）之中間腹地，屬溫哥華市中心區，捷運路段因此採地下隧道行進。

長直列車伸進了黑洞世界，義無反顧。

安迪在終點站前一站，布拉德站（Burrard），下車。再沿著布拉德大街一路走向上班的水果行方向。對剛才在列車上發生那幕，由先前驚訝輕轉爲當前迷惑：

「少年和老婦在終點『濱海站』下車，會趁著日落前雙雙走向美麗海灘?去享受夏季微風、熱鬧人群，和煙火配合音樂旋律夏日故事？」

「相約去一家餐廳或咖啡廳或酒吧？」

「到了終點站，會相　搭乘海上巴士（Sea Bus）渡輪到北溫哥華，從那兒，回頭看溫哥華　夜景？」

「兩人會在月光下或楓樹林或印地安圖騰　前，讓笑語鈴聲　意地響起升飛？」

「煙火之夜，從海上平台往夜空拋射出一道道七彩光束，剎那間，在黑夜爆開四散出一朵朵耀眼亮麗金花。結束後，男女道別，隨之而來會是陣陣落寞？」

「還是，這夏天黃昏記事，短暫如雷擊卻絢麗，只需印記在腦海，慢慢地回味？存放在回憶小盒一角，微微閃亮？」

水果行醒目燈火顯現在眼前不遠處，安迪想了想：

「但願，撩起那一片　、一分醉，在每一個月滿時分，能釋放出閃亮如夏日螢火般心動！」

那該有多好

搬到另一處新家，一天早上，客廳裡電話鈴聲，吵醒了正在睡夢中的安迪。

推開棉被，起身，從狹窄臥室走到電視機旁茶　上的電話，拿起話筒。並瞄了一下餐桌上小圓鐘，早上十點半左右。一聽，是大衛從台灣打來長途電話。內容都是大衛抱怨美國凱瑞是如何不可思議。

出乎意料之外，安迪沒想到台灣大衛和美國凱瑞這兩人，是不是真不投緣？他們第一次在Internet 網路上聊天，雙方第一印象就互壞：大衛向安迪抱怨凱瑞動不動就中斷去聽電話（on the phone）；而凱瑞幾天前也曾向安迪埋怨大衛連問一大堆問題，然後就忽然間，人不見了，通訊忽然中斷。

於是，待安迪把他們美台兩方溝通實況，弄得水落石出後，他再扮演像似居中協調和事，爲他們彼此解釋說情：

「凱瑞不但常打電話給我，也常打給他父母朋友，凱瑞可能怕寂寞吧！所以非常喜歡和人在電話上聊天！所以上網同時，也會不忘和別人聊電話，一心兩用。」安迪盼太平洋彼岸的大衛能釋懷。

當晚下班時，安迪也好聲好氣地在手機上對美國老情人凱瑞說明：

「大衛都是在上班時候跟你上網聊天。半途中，當他發現有上司走進來，就會無預警地跳離和你連線。」

打從一開始，他和大衛在台南度過那夜之後，安迪認爲兩人之間僅是一夜情而已，船過水無痕。未料，當安迪回到北美後，當時，是先回到路易斯安那州，大衛竟然會在一星期中主動打來兩到三次電話和他閒話。因此，安迪漸漸感受到大衛其實還算是一位　有心腸年輕人。這種情況，一直從美國延續到安迪移民前去溫哥華。

彼此國際電話閒聊當中，安迪或多或少都會提到自己和凱瑞之間點點滴滴。某次對話中，大衛首先表露出對凱瑞好奇心，想直接和凱瑞聯繫認識一下。安迪一聽，喜出望外，因爲，第一，他想如果大衛願意和凱瑞一起生活，彼此照顧，他會很高興；第二，可扭轉凱瑞至今仍把全部心思和懷念放在他身上巨大壓力，於是安迪十分樂意爲他們兩人牽線。

安迪早先一度幻想，曾表達會想再出國唸博士而且程度不錯的大衛，到時候，會不會犧牲一下，申請在路易斯安那州大學而非東岸名校。如此，二十多歲年輕大衛就可以照顧四十多歲凱瑞。反過來說，對大衛而言也是好事，有個伴兒。因爲，安迪記得在路州時，認識一位從台灣來建築系學生，他是一位男同志。那時，安迪和建築系學生兩人之間只是純朋友，沒有性愛。他們同感，在白人社會裡打滾，亞洲人很難融入。如此說來，這樣，從台灣來的大衛和老美凱瑞可以互相照顧，這是安迪所樂見。

插曲之一，「就算是有另一個年輕白種男人願意陪凱瑞，我也會高興。因爲，說不定，下次去看凱瑞，自己也會和那個男子搞上一腿哩！（**I will check him out, too！**）」安迪一度暗中盤想著。

安迪頗有其他男人佔據凱瑞的心，以免自己天天得應付凱瑞三不五時打來電話，又得刻意擺出照顧凱瑞起伏心情，所產生疲　感。

回到現況。台南大衛，雖然曾經一度是凱瑞再理想不過同志愛人候選人，無　，安迪至今看來，大衛和凱瑞之間關係，按照目前發展並不是那麼順利。第二天晚上，安迪拿起聽筒，聽見隔洋大衛又是不斷地抱怨凱瑞時，安迪忍不住爆料：

「其實，當初，我要離開凱瑞，我覺得，主要是因爲他是個酒鬼。每天一瓶瓶一杯杯喝得　大醉！」

安迪繼續回憶道：「有時候在深夜，要睡覺準備第二天上早班，凱瑞卻會盡露醉態敲門，執意要我陪他聊天。這中間，我還幾度火爆地對凱瑞大吼，把門一關，才懶得理他，去睡我的大頭覺！當然，凱瑞曾參加過戒酒課程，但僅僅是一段時間有效而已，後來又故犯。白天，凱瑞上班，整個人表現得很專業、態度溫和。可是一到晚上，就會灌醉自己，鬧酒瘋、說酒話，連他父母都受不了！更何況是我？」

掛了電話，室內空間重回一片寧靜——較前更加深沉寧靜。安迪，不禁暗自遺憾：

「　！要是凱瑞和大衛能先睡上一覺，那該有多好！這樣，他們起碼就會有點感情基！」

最浪漫的人

冬日，一月三十日，黃昏。

來到城市的邊際盡頭。

英吉利海灣（English Bay）上靜浮著八艘巨型油輪。烏雲半遮天。另半邊是夕陽，黃亮亮霞光。

聲響，吹過安迪耳際是寒風　，以及一波波捲起海浪拍岸聲。聽濤。

望海——生命的無限深處。

環視，海岸邊街道旁，雖然草青，但樹枝蕭條。

面海城市，林立著棟棟住宅辦公大樓，靜默無語。

和夏日不同，此際，天空偶爾傳來鳴叫聲的海鳥，竟然比沙灘上的人還多。

天涯海角。紅塵中，追尋撫慰及一份寧靜。

異夢奇想：「從空虛混　到燦明光輝之路。」

風冷。

路漫。

「夏天，往日，我來到海灣；冬天，今日，我又來到海灣。」安迪心念著。

四季更替和情境轉換，雖然也是時間的過程，卻爲世界帶來了創新和生命力。

陽光、氣溫、水的變化，使大地有生命力，呈現生命縱深。

春、夏、秋、冬，是一種　，是一種智慧。

進入一個新季節，就會面對一個新挑戰。

每一天，都在走一條沒有走過的路。

珍惜生命重整與歷程。

「生有時，死有時；哭泣有時，歡笑有時；親熱有時，冷淡有時；愛有時，　有時……」經上記載著。

沒有最美麗、最浪漫、最哀愁、最寂寞的季節！
只有最美麗、最浪漫、最哀愁、最寂寞的人。

一隻小鳥

一隻小鳥，幽微地從　頁中翩飛而起！